Beginning Learner's Egyptian Arabic Dictionary

lingualism

ISBN: 978-1-949650-69-3

Edited by Matthew Aldrich and Heba Salah Ali

Audio by Heba Salah Ali

website: www.lingualism.com

email: contact@lingualism.com

Table of Contents

Introduction iii

Using the Dictionary iv

Tips for Looking Up Words vi

Arabic-English Dictionary 1

ا 1

ب 19

ت 27

ث 32

ج 33

ح 39

خ 45

د 50

ذ 55

ر 56

ز 61

س 63

ش 69

ص 74

ض 77

ط 79

ظ 82

ع 83

غ 92

Introduction

Whether you are a complete newcomer to the Arabic language or have previously studied Modern Standard Arabic or a colloquial dialect, the *Beginning Learner's Egyptian Arabic Dictionary* will help you gain a solid foundation in Arabic as it is spoken today. Beyond just being a reference in which to look up words to understand what you hear or express yourself, this dictionary is designed to be a self-study tool which you can explore to build your core vocabulary and understanding of the language through the headwords, translations, grammar and usage notes, example sentences, and free downloadable audio tracks.

I would like to thank Heba Salah Ali for partnering with me on this project to produce a fantastic and much-needed resource for Arabic learners. We adapted the materials from the Beginning Learner's Levantine Arabic Dictionary taking great care to make sure everything in the book is authentic Egyptian vocabulary, pronunciation, and style.

FREE ACCOMPANYING AUDIO

You can download or stream the accompanying audio tracks from our website, where you can also find other resources.

www.lingualism.com/BLEAD

Using the Dictionary

To use a dictionary in any language, you need to be somewhat familiar with the writing system and grammar. If you are not yet comfortable enough with the Arabic alphabet, phonemic transcription is provided alongside the Arabic script. For quick reference, at the beginning of the section for each letter, you can find its pronunciation, phonemic transcription, and its position in the alphabetical order. Remember, of course, that Arabic is written from right to left.

Each entry in the dictionary begins with a **headword** ① in large, bold font followed by its phonemic trancription②, its **part of speech**③, and **inflected forms** ④ including irregular plurals, elatives, and imperfect verbs. On the next line, the **English translation**⑤is followed by an **example sentence** ⑥.

① ② ③ ④

كِبير *kibīr* ADJECTIVE (PLURAL: **كُبار** *kubār,* ELATIVE: **أكْبر** *ʔákbar*)

⑤ **big, large** إحْنا عايْشين في البيْت الكِّبير ده اللي على التّلّ. ⑥ *ʔíḫna 3ayšīn fi -lbēt ikkibīr da (í)lli 3ála -ttall.* We live in that big house on the hill.

- Any relevant notes follow the entry in a gray box. References to entries or notes in other parts of the dictionary are preceded by the symbol ➲.

Entries, columns, and pages are arranged from left to right (as this is essentially a book *in* English *about* Arabic), but Arabic is written from right to left. So, when an example sentence wraps onto the next line, it continues from the middle of the line, that is, before the phonemic transcription starts to its right, as shown with arrows in the above entry.

We have included dozens of valuable notes about grammar, pronunciation, and usage in the dictionary (in gray boxes, as above). A lot of these apply to more than just the entries they follow. However, instead of grouping them together as extended grammar and pronunciation guides, they have been scattered throughout the dictionary to encourage exploration and so that you can see information alongside relevant examples. Linguistic terms are explained in the gray boxes after their first appearance in the dictionary. You can also look up terms in the English Index on p. 149 to find the location of their explanations.

Of course, we cannot explicitly highlight every interesting point of grammar for every headword and example sentence. The intention is to teach you what kind of things to look for in the entries and how to use the example sentences to learn more about the language from observation. The example sentences show how words can be used with other words in sentences. By studying these, you can see if a verb requires a preposition before its object, for instance, or get a better understanding of word order and how it compares to English.

Synonyms usually have parallel example sentences. This was done intentionally so that if you come across two words with the same translation, you know that they are interchangeable. This is important because, otherwise, learners are left with doubt in their minds about how to use new words: "Which one is correct? Can I say it this way, too?"

Notes on **pronunciation** appear at the beginning of the section for each letter of the alphabet, as well as in gray boxes under certain entries, especially in the first section (for alif). Each letter's **phonemic transcription** is also given. It is good to become familiar with these symbols, as we use them throughout the this dictionary and other Lingualism materials to show pronunciation and word stress, and whether vowels are long or short, which is not always apparent from the Arabic script.

Note that example sentences in the first-person singular ("I") are usually masculine, as this requires more basic forms of adjectives to which the feminine ending **ـة** *-a* can be added. For example, **أنا جعان** *ʔána ga3ān*. This is how a man would say "I am hungry." A woman would say **أنا جعانة** *ʔána ga3āna*. Although a female voice artist, Heba Salah Ali, recorded the accompanying audio, she reads the examples in the masculine singular as they appear in the dictionary.

Tips for Looking Up Words

Arabic dictionaries can be arranged in one of two ways: alphabetically, or more traditionally, by root (three or four consonants around which words are formed). Determining a word's root is an added challenge for learners, so we have opted for a straightforward **alphabetical arrangement** in this dictionary. This presents another challenge, however, as Arabic words can take prefixes and suffixes.

To find a word's basic form listed in the dictionary, you need to be able to recognize and remove any **prefixes** from a word you encounter and want to look up. (Suffixes pose less of a challenge since they appear at the end of a word.) Some knowledge of Arabic grammar is needed to do this with ease, so it may seem a bit daunting at first, but it does get easier as you learn more about grammar. In the meantime, here are some common prefixes to watch out for and (following the symbol →) what you should look up instead.

> *Note: This does not mean you should always remove the following letters from the beginning of a word. They may, in fact, be a part of the basic word itself. But if you suspect it is a prefix (from your knowledge of grammar or the context) or can't find it the first time you try to look it up, remove it and look up the word again.*

أ Elative adjectives begin with **أ**. So, if you are trying to look up **أكْبر** and can't find it under **أ**, try removing the initial letter and looking at entries around where **كبر** would be in the dictionary. You'll find **كْبِير** (big) has the elative form **أكْبر** (bigger/biggest). **أ** can also be the first letter of some irregular plurals: **أوْلاد** (children) → **وَلد** (child) ; or the first-person ('I') singular imperfect prefix: **أكْتِب** (I write) → **كتب** (write)

ال definite article: **البِيْت** (the house) → **بِيْت** (house)

بِ is the prefixed preposition 'in' when on a noun: **بِالبِيْت** (in the house). On a verb, it is a particle that specifies the present tense: **بِتْحِبّ** (you love) → **حبّ** (love)

تِ This can be a conjugated second-person ('you') or third-person feminine singular ('she') imperfect verb: **تِحِبّ** (you love).

فَ so, therefore: **فأنا** (so I...) → **أنا** (I) (But in practice, whether it is prefixed or not varies from person to person. We write it separately as **فا**.)

عَ means 'on' or 'to', especially before a definite article: **عالبحْر** (to the sea) → **بحْر** (sea). (We write it separetly as **عَ**.)

كـ as: كبوليس (as police) → بوليس (police)

لِـ on a noun means 'to' or 'for.' When added to a word beginning with the definite article الـ, the alif (ا) drops becoming لِلـ: لِلبِنْت (for the girl) → بِنْت (girl)

مـ has many uses. It can form a negatie verb, together with the suffix ـش: مكتبْش (he didn't write) → كتب (he wrote, to write). It can also form an active or passive participle. Some common participles are listed in the dictionary, but if you're having trouble, replace it with ا to find the verb it is based on. مِتْجوِّز (married) → اِتْجوِّز (get married). For another interesting use, ➲see the second to last note on p. 121.

نـ forms the first-person plural imperfect verb: نِكْتِب (we write) → كتب (write)

هـ marks the future tense: هَيِعْمِل (he will do) → عمل (do)

و means 'and.' Many people write is prefixed, as is correct in written MSA, but many Egyptians write it separately, as do we in our materials. وأنا (and I) = و أنا

يـ is the prefix for third-person masculine singular ('he') and third-person plural ('they') conjugations: يِكْتِب (he writes), يِكِتْبوا (they write) → كتب (write)

Also, keep in mind that many nouns (and adjectives) have **irregular plurals** formed by adding vowels between the consonants or even dropping them. Look around to see if you can spot the word you are trying to look up in the parentheses for plural forms: مُدُن (cities) → مدينة NOUN (PLURAL: مُدُن)

Tashkeel are the diacritics written above or below letters in Arabic. They show short vowels: (َ *a*, ِ *i*, ُ *u*), the lack of a vowel (ْ as in كتبْت *katabt*), or a doubled consonant (ّ as in إنُّه *ʔínnu*). Tashkeel can be disregarded when it comes to alphabetical order. To keep the text from being overly cluttered with tashkeel on every letter, in this book and other Lingualism materials, we do not write them when it would be redundant. Firstly, we consider **fatha** (َ *a*) the default vowel, as it is the most common. If a non-final consonant lacks tashkeel, assume it takes fatha. Secondly, sukuun (ْ) is not written on the final consonant of a word, as a final consonant is not normally followed by a short vowel (unlike in Modern Standard Arabic, which has case endings). Finally, the definite article is written without tashkeel, notably without sukuun: البيْت *ilbēt* (Here, we should not assume fatha is pronounced above the unmarked ل.)

As a primarily spoken language, Egyptian Arabic has **no official spelling rules**. There are popular conventions, but individuals may spell words differently or inconsistently even, sounding them out each time they write them.

An **English-Arabic Index** can be found after the Arabic-English dictionary to help you find words. Please see the introduction to the index on p. 149.

A **Phonemic Transcription Index** on p. 160 can help you look up words by how they sound if you have trouble looking up a word in Arabic script.

ا

ـا ـا ا ا
isolated initial medial final

Alif is the first letter of the Arabic alphabet. It can represent the long vowel ā (which can sound like the vowels in the English words 'can' and 'father,' depending on the word. Alif is also used as a carrier for hamza (ء) and/or short vowels. Because alif has so many roles, we need to take a look at each in more detail. Pronunciation notes can be found in the gray boxes on the following pages.

أبّ *ʔabb* NOUN (PLURAL: **أبّهات** *ʔabbahāt*)

father .الرّاجِل ده هَيِبْقى أبّ *irrāgil da hayíbʔa ʔabb.* This man will become a father.

- At the beginning of a word, alif with **hamza** (ء) written over it represents the short vowel *a.* We could also write it with **fatha** (َ) above it (أَ), but in this book, we generally omit fatha, the most common short vowel, to avoid cluttered script. If a non-final consonant is not marked, you can assume it takes fatha (that is, is followed by the short vowel *a.*

اِبْتِسامة *ibtisāma* NOUN

smile .دايْماً عنْدُه اِبْتِسامة على وِشُّه *dáyman 3ándu ʔibtisāma 3ála wíššu.* He always has a smile on his face.

- **Kasra** (ِ) is transcribed *i* and is usually pronounced as in the English word sit, but it can sound closer to the vowel in set depending on the neighboring consonants. It is best to listen to the audio and mimic the native speaker's pronunciation.

اِبْتسم *ibtásam* VERB (**يِبْتِسِم** *yibtísim*)

smile .هُوَّ ابْتسم عشان الصّورة *húwwa -btásam 3ašān iṣṣūra.* He smiled for the photograph.

- Both in English and Arabic dictionaries, verbs are given in their citation (base) form. For English, that's the infinitive: *(to) smile.* In Arabic, the most basic form of a verb is the perfect (that is, past tense) 3rd person singular (**هُوَّ** *húwwa*) form. So, in a natural context **اِبْتسم** *ibtásam* really means *he smiled,* but in the dictionary it's translated as the infinitive.
- The imperfect form (given in parentheses) has several uses in

Arabic, including to build the present and future tenses. Just by knowing the perfect and imperfect forms, you can conjugate most verbs if you know the rules of conjugation. (You can learn more about verb tenses and conjugations in our book *Egyptian Colloquial Arabic Verbs*.)

أبداً *ʔábadan* ADVERB

never مبْتِتّصِلْش أبداً. *ma-btittiṣílšᵊ ʔábadan.* She never calls.

- Alif with two fatha (اً) appears at the end of some adverbs and is pronounced *-an*. Some people write the two fatha on the preceding consonant: أبدًا

إبْرة *ʔíbra* NOUN (PLURAL: **إبر** *ʔíbar*)

needle مِش قادِر ألاقي الإبْرة. *miš ʔādir ʔalāʔi -lʔíbra.* I can't find the needle.

- Alif with hamza written under it is always pronounced i. We could write it إ with the short vowel sign kasra (ـِ), but this would be redundant, so we avoid this in this book.

إبْريل *ʔibrīl* NOUN

April الجوّ حِلْو في إبْريل. *ilgáwwᵊ ḥilwᵊ fi ʔibrīl.* The weather is nice in April.

إبْن *ʔibn* NOUN (PLURAL: **وِلاد** *wilād,* **أَوْلاد** *ʔawlād*)

son إبْني في المدْرسة. *ʔíbni fi -lmadrása.* My son is at school.

- Notice that the plural forms shown for **إبْن** *ʔibn* are actually those of a synonym **وَلد** *wálad,* as the actual plural of **إبْن** *ʔibn* is rarely used in everyday language. There are two variations to this plural, so the more common one is listed first.

أَبْيَض *ʔábyaḍ* ADJECTIVE (FEMININE: **بيْضا** *bēḍa,* PLURAL: **بيض** *bīḍ*)

white شعْر جِدّي أبْيَض. *ša3rᵊ gíddi ʔábyaḍ.* My grandfather's hair is white.

- Although we generally omit fatha in this book (➲ See note for **أَب** on the previous page), we do write it when it appears by the letters و and ي, as these letters can be used both as consonants and vowels. (➲ See p. 142 and 147)
- Normally, an adjective is made feminine by adding ـة *-a.* But some, as in this entry, use a different pattern, so the feminine form is given for you.

اِتْأخّر *itʔáxxar* VERB (**يِتْأخّر** *yitʔáxxar*)

be late بابا اتْأخّر على شُغْله. *bāba -tʔáxxar 3ála šúɣlu.* Dad is late for work.

- Shadda (ـّ) represents a double consonant. It is used in Arabic instead of writing a consonant twice: **اِتْأخّر** *itʔá<u>xx</u>ar* A double consonant is pronounced longer.
- Study the example sentences in this dictionary to better

understand how words are used in context and are connected to other words in a sentence. In English, 'late' can be followed by the preposition 'for,' but in Egyptian Arabic, the preposition is على *3ála* (lit. on).

اِتْأدّب *it?áddib* VERB (**يِتْأدّب** *yit?áddib*)

behave اِتْأدِّب و إنْتَ بْتِتْكلِّم معَ جِدّك! *it?áddib w ínta btitkállim má3a gíddak!* Behave when you speak to your grandfather!

- Notice that kasra, which is normally written below the line (under a consonant), appears immediately under shadda in most fonts. (Fatha, in contrast, would appear above it: ـَّ)

اِتْبسط بِـ *itbásaṭ bi-* VERB (**يِتْبِسِط بِـ** *yitbísiṭ bi-*)

enjoy اِتْبسط بِالحفْلة. *itbásaṭ bi-lḥáfla.* He enjoyed the party.

have fun, enjoy oneself اِتْبسطْت في الرِّحْلة. *itbasáṭṭᵊ fi -rríḥla.* I had fun on the trip.

- While the English verb 'enjoy' takes a direct object, the Arabic verb **اِتْبسط** *itbásaṭ* requires the preposition بِـ *bi-*. Keep your eyes out for such verbs throughout the dictionary. There are several. Some show the preposition alongside the entry word while others can be found by studying the example sentences.

اِتّبع *ittába3* VERB (**يِتّبِع** *yittíbi3*)

obey, adhere to, follow التّلاميذ لازِم يِتّبْعوا القَوانين. *ittalamīz lāzim yittíb3u -l?awanīn.* Students should obey the rules.

اِتْبنى *itbána* VERB (**يِتْبِني** *yitbíni*)

be built المطار اِتْبنى السّنة اللي فاتِت. *ilmaṭār itbána (i)ssána -lli fātit.* The airport was built last year.

- In the phonemic transcription, an initial vowel in parentheses means that it could be elided in relaxed speech (*itbána -ssána*) but was pronounced more carefully by the native speaker on the audio as *itbána ?issána* without eliding the vowel.

اِتِّجاهْ *ittigāh* NOUN

direction مِشي في الاِتِّجاهْ الغلط. *míši fi -l?ittigāh ilɣálaṭ.* He went in the wrong direction.

- When a plural form is not listed for a noun, you can assume that it is regular. For non-human nouns, as this one, the regular plural ending is ـات *-āt:* **اِتِّجاهات** *ittigahāt* (directions)
- The letter ه *h* is usually silent at the end of a word, but when it is pronounced, we will put a sukuun (ـْ) over it for you.

اِتْجوِّز *itgáwwiz* VERB (**يِتْجوِّز** *yitgáwwiz*)

marry, get married هَيِتْجوِّز الصّيْف ده. *hayitgáwwiz iṣṣēf da.* He will get married this summer.

اِتْحرّك *itḫárrak* VERB (**يِتْحرّك** *yitḫárrak*)

move القُرود بيِتْحرّكوا بِسُرْعة. *ilʔurūd biyitḫarráku bi-súr3a.* Monkeys move fast.

- You may notice that the preceding and following pages contain many verbs beginning with اِتـ *it-*. This is a common pattern for verbs, which we designate as measures V, VI, and VII. You can learn more about verb measures (patterns) in our book *Egyptian Colloquial Arabic Verbs.*

اِتْحكّم *itḫákkim* VERB (**يِتْحكّم** *yitḫákkim*)

control بيِتْحكِّم في مشاعْرُه. *biyitḫákkim fi mašá3ru.* He controlled his emotions.

- **Sukuun** (ـْ) is written above a consonant to show that it is not followed by a vowel sound: **اِتْحكّم** *itḫákkim.*

اِتْخانِق *itxāniʔ* VERB (**يِتْخانِق** *yitxāniʔ*)

fight الصُّبْيان بيِتْخانْقوا. *iṣṣubyān biyitxánʔu.* The boys are fighting.

اِتْخرّج *itxárrag* VERB (**يِتْخرّج** *yitxárrag*)

graduate هِيَّ هتِتْخرّج قُريِّب مِن الكُلّية. *híyya hatitxárrag ʔuráyyib min ilkullíyya.* She will soon graduate from college.

اِتْدرّب *itdárrab* VERB (**يِتْدرّب** *yitdárrab*)

practice بيِتْدرّب على البيانو كُلّ أُسْبوع. *biyitdárrab 3ála -lbiyānu kullᵊ ʔusbū3.* He practices the piano every week.

exercise هُوَّ اتْدرّب قبْل المُباراة. *húwwa -tdárrab ʔabl ilmubarā.* He exercised before the game.

اِتْدشْدِش *itdášdiš* VERB (**يِتْدشْدِش** *yitdášdiš*)

crash الطّيّارة اِتْدشْدِشِت. *iṭṭayyāra (i)tdašdíšit.* The plane crashed.

اِتْرعش *itrá3aš* VERB (**يِتْرِعِش** *yitrí3iš*)

shake كان بيِتْرِعِش عشان الجوّ برْد. *kān biyitrí3iš 3ašān ilgáwwᵊ bard.* He was shaking because the weather is cold.

- When fatha (ـَ *a*) is adjacent to consonants pronounced in the back of the mouth and throat (➲ See note for ص p. 74), it is pronounced as in the English word f**a**ther. It is not always possible to predict alif's pronunciation in a word, so it is best to mimic what you hear in the audio.

اِتْسلّق *itsállaq* VERB (**يِتْسلّق** *yitsállaq*)

climb بيْحِبّ يِتْسلّق جِبال. *biyḫibbᵊ yitsállaq gibāl.* He likes to climb mountains.

اِتْسوّق *itsáwwaʔ* VERB (**يِتْسوّق** *yitsáwwaʔ*)

go shopping راحِت تِتْسوّق. *rāḫit titsáwwaʔ.* She went shopping.

اِتْشاكِل *itšākil* VERB (**يِتْشاكِل** *yitšākil*)

fight الصُّبْيان بيِتْشاكْلوا. *iṣṣubyān biyitšáklu.* The boys are fighting.

اِتْصالح *itṣāliḫ* VERB (**يِتْصالح** *yitṣāliḫ*)

reconcile, make up اِتْصالْحِت معَ جوْزْها. *itṣálḫit má3a gúzha.* She reconciled with her husband.

اِتْصرّف *itṣárraf* VERB (**يِتْصرّف** *yitṣárraf*)

behave هُوَّ اتْصرّف النّهارْده زيّ العِيال الصُّغيرّة. *húwwa -tṣárraf innahárda zayy il3iyāl iṣṣuɣayyára.* He behaved like a child today [lit. like small children (do)].

اِتّصل *ittáṣal* VERB (**يِتّصِل** *yittíṣil*)

phone, call اِتّصلْت عشان أعْزِمْها. *ittaṣáltᵊ 3ašān ʔa3zímha.* I called to invite her.

- In English, we would have a direct object, but in Arabic, **اِتّصل** *ittáṣal* requires the preposition **بِـ** *bi-* before the object: **اِتّصلْنا بِالشِّرْكة.** *ittaṣálna bi-ššírka.* (We called the company.)

اِتْطوّر *itṭáwwar* VERB (**يِتْطوّر** *yitṭáwwar*)

develop المدينة اِتْطوّرِت معَ الوَقْت. *ilmadīna (i)tṭawwárit má3a -lwaʔt.* The city developed over time.

اِتْعشّى *it3áššа* VERB (**يِتْعشّى** *yit3áššа*)

have dinner اِتْعشّيْنا في المطْعم. *it3aššēna fi -lmáṭ3am.* We had dinner at the restaurant.

اِتْعلّم *it3állim* VERB (**يِتْعلّم** *yit3állim*)

learn العِيال الصُّغيرّين بِيِتْعلّموا اللُّغات الجِديدة بِسُرْعة. *il3iyāl iṣṣuɣayyarīn biyit3allímu -lluɣāt ilgidīda bi-súr3a.* Small children learn new languages fast.

اِتْغدّى *itɣádda* VERB (**يِتْغدّى** *yitɣádda*)

have lunch هُوَّ اتْغدّى في الشُّغْل. *húwwa -tɣádda fi -ššuɣl.* He had lunch at work.

اِتْغيرّ *itɣáyyar* VERB (**يِتْغيرّ** *yitɣáyyar*)

change الوَقْت بْيِتْغيرّ في الشِّتا. *ilwáʔtᵊ b(i)yitɣáyyar fi -ššíta.* The time changes in winter.

- This verb is intransitive. (➲ Compare with **غيرّ** *ɣáyyar* p. 93.)

اِتْفرّج على *itfárrag 3ála* VERB (**يِتْفرّج على** *yitfárrag 3ála*)

watch اِتْفرّجْت على المُباراة فيالتِّلفِزْيوْن. *itfarrágtᵊ 3ála -lmubarā fi -ttilifizyōn.* I watched the game on TV.

اِتْقتل *itʔátal* VERB (**يِتْقِتِل** *yitʔítil*)

be killed صاحْبُه كان اِتْقتل في الحرْب. *ṣáḫbu kān itʔátal fi -lḫarb.* His friend was killed in the war.

اِتْكتب *itkátab* VERB (**يِتْكِتِب** *yitkítib*)

be written كِتابُه هَيِتْكِتِب بِالإِنْجِليزي. *kitābu hayitkítib bi-lʔingilīzi.* His book will be written in English.

- Measure-I verbs (➲ See also note for **ممْنوع** *mamnū3* p. 130) can generally be made passive by adding the prefix **اِتْ** *-it* and have the same vowel pattern as this verb. These are known as measure-VII verbs. Only a few common measure-VII verbs are listed in this dictionary, but knowing this rule, you should be able to form more. For example, **عمل** *3ámal* (do) would become **اِتْعمل** *it3ámal* (be done).

اِتْكسّر *itkássar* VERB (**يِتْكسّر** *yitkássar*)

crash الطّيّارة اتْكسّرِت. *ittayyāra -tkassárit.* The plane crashed.

اِتْكلّم *itkállim* VERB (**يِتْكلّم** *yitkállim*)

talk يَلّا نِتْكلِّم عليْه! *yálla nitkállim 3alē!* Let's talk about it!

speak بيِتْكلِّم لُغات كِتير. *biyitkállim luɣāt kitīr.* He speaks many languages.

اِتْمرّن *itmárran* VERB (**يِتْمرّن** *yitmárran*)

exercise هُوَّ اتْمرّن قبْل المُباراة. *húwwa -tmárran ʔabl ilmubarā.* He exercised before the game.

اِتْمشّى *itmášša* VERB (**يِتْمشّى** *yitmášša*)

go for a walk, stroll يَلّا نْروح نِتْمشّى في الجِنيْنة. *yálla nrūḫ nitmášša fi -lginēna.* Let's go for a walk in the park.

roam القُطّة اتْمشِّت في الشَّوارِع. *ilʔútta (i)tmáššit fi -ššawāri3.* The cat roamed the streets.

اِتْمنّى *itmánna* VERB (**يِتْمنّى** *yitmánna*)

hope بتْمنّى أشوفك قُريِّب. *batmánna ʔašūfak ʔuráyyib.* I hope to see you soon.

wish بتْمنّى إنّك تِنْجح! *batmánna ʔínnak tíngaḫ!* I wish you success!

اِتْناشر *itnāšar* NUMBER

twelve اِشْتريْت اِتْناشر بيْضة مِن المحلّ. *ištarēt itnāšar bēḍa min ilmaḫáll.* I bought twelve eggs at the store.

- Notice that the noun **بيْضة** *bēḍa* is singular in the example–literally 'eleven egg.' Only the numbers 3-10 are followed by a plural noun in Arabic.

اِتْنفِّس *itnáffis* VERB (**يِتْنفِّس** *yitnáffis*)

breathe أَوْقات بحِسّ إنّي مِش قادِر أتْنفِّس. *ʔawʔāt baḫíss ínni miš ʔādir ʔatnáffis.* Sometimes I feel like I can't breathe.

اِتْنيْن *itnēn* NUMBER

two جرس المدْرسة رنّ السّاعة اِتْنيْن. *gáras ilmadrása rann issā3a (i)tnēn.* The school bell rang at two o'clock.

لاِتْنيْن *litnēn* PRONOUN **both** هُمّا لاِتْنيْن عيّانين. *húmma litnēn 3ayyanīn.* Both of them are ill.

- The word **اِتْنيْن** *itnēn* is used for counting, as in one, two, three… It is otherwise only used for emphasis, as the suffix **ـيْن** *-ēn* alone is usually used to express two of something: **كِتابيْن** *kitabēn* (two books) (➲ See **ـيْن** *-ēn* p. 148)

الاِتْنيْن *ilʔitnēn* ADVERB

(on) Monday عنْدي شُغْل الاِتْنيْن. *3ándi šuɣl ilʔitnēn.* I have work on Monday.

➲ See note for **الحدّ** *ilḫádd* p. 40.

اِتْهجّى *ithágga* VERB (**يِتْهجّى** *yithágga*)

spell الوَلد اِتْعلّم يِتْهجّى إسْمُه في

المدْرسة. *ilwálad it3állam yithágga ʔísmu fi -lmadrása.* The child learned to spell his name at school.

أُتوبيس *ʔutubīs* NOUN

bus الأُتوبيس ده رايِح فيْن؟ *ilʔutubīs da rāyiḫ fēn?* Where does this bus go?

اِتْوَقّع *itwáqqa3* VERB (**يِتْوَقّع** *yitwáqqa3*)

expect اِتْوَقّعْت إجابة أحْسن مِن كِده. *itwaqqá3t ʔigāba ʔáḫsan min kída.* I expected a better answer.

اِتْوَلد *itwálad* VERB (**يِتْوِلد** *yitwílad*)

be born البيْبي اِتْوَلد في المُسْتشْفى. *ilbēbi (i)twálad fi -lmustášfa.* The baby was born at the hospital.

إجابة *ʔigāba* NOUN

answer كتب الإجابة الصّحّ على الوَرقة. *kátab ilʔigāba -ṣṣaḫḫᵊ 3ála -lwáraʔa.* He wrote the correct answer on the paper.

أجازة *ʔagāza* NOUN

vacation أنا بِجدّ مِحْتاج أجازة! *ʔána bi-gáddᵊ miḫtāg ʔagāza!* I really need a vacation!

weekend بِتِعْمِل أيْه في الأجازة؟ *bití3mil ʔē fi -lʔagāza?* What are you doing on the weekend?

اِجْتِماعي *igtimā3i* ADJECTIVE

social المشاكِل الاِجْتماعية بِتْزيد في البِلاد الفقيرة. *ilmašākil ilʔigtama3íyya bitzīd fi -lbilād ilfaʔīra.* Social problems increase in poor countries.

أجّر *ʔággar* VERB (**يأجّر** *yiʔággar*)

rent أجّرْت شقّة جْديدة. *ʔaggártᵊ šáʔʔa gdīda.* I rented a new apartment.

إجْمالي *ʔigmāli* ADJECTIVE

total التّكْلِفة الإجْمالية لِلبِضاعة غالْية. *ittaklífa -lʔigmalíyya li-lbiḍā3a ɣálya.* The total cost of the products is expensive.

أجْنبي *ʔagnábi* (PLURAL: **أجانِب** *ʔagānib*)

ADJECTIVE **foreign** خالي عايِش في بلد أجْنبي. *xāli 3āyiš fi bálad ʔagnábi.* My uncle lives in a foreign country.

NOUN **foreigner** الأجانِب ممْنوع يِشْتغلوا هِنا. *ilʔagānib mamnū3 yištáɣalu hína.* Foreigners are not allowed to work here.

اِحْتفظ *iḫtáfaẓ* VERB (**يِحْتِفِظ** *yiḫtífiẓ*)

keep اِحْتفظِت بِكُلّ الرّسايِل اللي بعتْها. *iḫtáfaẓit bi-kúll irrasāyil ílli ba3átha.* She kept all the letters he sent.

أحْسن *ʔáḫsan* ELATIVE

better مقاس الجّيبة دي أحْسن. *maʔās ižžība di ʔáḫsan.* The size of this skirt is better.

best أحْسن حاجة إنّك تِمْشي. *ʔáḫsan ḫāga ʔínnak tímši.* It is best that you leave.

- **Elatives** (comparative/superlative adjectives) are usually listed in the entry for the adjective they are derived from. (➲ See, for example, **بارِد** *bārid* p. 19.) But we have listed some common elatives sperately on the following pages. (They all begin with **ا** *a*.)

- **أحْسن** *ʔáɦsan* is used as the elative of the adjective **كُوَيِّس** *kuwáyyis* (good), even though the words are not related.

أحْمر *ʔáɦmar* ADJECTIVE (FEMININE: **حمْرا** *ɦámra*, PLURAL: **حُمْر** *ɦumr*)

red لِبْسِت جيبة حمْرا. *líbsit žība ɦámra.* She wore a red skirt.

إحْنا *ʔíɦna* PRONOUN

we مبْسوطين أَوي إنّ إحْنا شُفْناك. *mabsuţīn ʔáwi ʔinn íɦna šufnāk.* We are very happy to see you.

أحْياناً *ʔaɦyānan* ADVERB

sometimes أحْياناً بشْتغل الحدّ. *ʔaɦyānan baštáɣal ilɦádd.* Sometimes I work on Sunday.

أخّ *ʔaxx* NOUN (PLURAL: **إخْوات وِلاد** *ʔixwāt wilād* [lit. siblings-boys])

brother عنْدي أخّ و أُخْتيْن. *3ándi ʔaxxᵊ w ʔuxtēn.* I have one brother and two sisters.

أُخْت *ʔuxt* NOUN (PLURAL: **إخْوات بنات** *ʔixwāt banāt* [lit. siblings-girls])

sister بِتْحِبّ أُخْتها. *bitɦíbbᵊ ʔuxtáha.* She loves her sister.

اِخْتار *ixtār* VERB (**يِخْتار** *yixtār*)

choose, select, pick اِخْتار هِدية لِمْراتُه. *ixtār hidíyya li-mrātu.* He chose a gift for his wife.

اِخْترع *ixtára3* VERB (**يِخْترِع** *yixtíri3*)

invent الكُمْبْيوتر كان كِبير أَوي لمّا اخْترعوه. *ilkumbyūtir kān kibīr ʔáwi lámma -xtara3ū.* The computer was very big when they invented it.

اِخْتِيار *ixtiyār* NOUN

choice, selection فيه اِخْتِيارات لِبْس كْتيرة في المحلّ. *fī ixtiyarāt libsᵊ ktīra fi -lmaɦáll.* There is a wide selection of clothes in the store.

أخد *ʔáxad* ➲ See خد *xad* p. 46.

آخِر *ʔāxir*

NOUN (PLURAL: **أَواخِر** *ʔawāxir*) **end** هُمّا عايْشين في آخِر الشّارِع. *húmma 3ayšīn fi ʔāxir iššāri3.* They live at the end of the street.

آخِر النّهار *ʔāxir innahār* **(in the) evening** (lit. end of the day) بحِبّ أتْمشّى آخِر النّهار. *baɦíbb atmášša ʔāxir innahār.* I like taking walks in the evening.

DETERMINER **the last __** آخِر مرّة شُفْتُه، كان عيِّل صُغيرّ. *ʔāxir márra šúftu, kān 3áyyil şuɣáyyar.* The last time I saw him, he was a child.

- **Alif maddah** (**آ**) represents *ʔā*, usually at the beginning of a word, but sometimes within a word, such as **القُرآن** *ilqurʔān* (the Quran).

- **آخِر** *ʔāxir* can be used as a **determiner**, which is a word that precedes a noun but is grammatically different from an adjective, which follows a noun in Arabic.

أخْضر *ʔáxḍar* ADJECTIVE (FEMININE: **خضْرا** *xáḍra*, PLURAL: **خُضْر** *xuḍr*)

green بشْرب شايْ أخْضر لمّا بعْيا. *bášrab šāy ʔáxḍar lámma bá3ya.* I drink green tea when I'm sick.

أخير *ʔaxīr* ADJECTIVE

last, final خلّصْت قِرايةْ الصّفْحات الأخيرة مِن الكِّتاب. *xallásṭᵊ ʔirāyit iṣṣafḥāt ilʔaxīra min ikkitāb.* I finished reading the last pages of the book.

أخيراً *ʔaxīran* ADVERB

finally أخيراً خلّصْت واجْباتي! *ʔaxīran xallásṭᵊ wagbāti!* I finally finished my homework!

أداة *ʔadā* NOUN (PLURAL: **أدَوات** *ʔadawāt*)

tool الشّاكوش أداة. *iššakūš ʔadā.* A hammer is a tool.

- The regular plural ending **ات** *-āt* is normally not listed in entries, except, as here, when an unpredictable buffer consonant (usually **ه** *h,* **و** *w,* or **ي** *y*) is inserted. That is, in this particular word, it is not simply a matter of adding **ات** *-āt* to the singular form.

اِدّى *ídda* VERB (**يِدّي** *yíddi*)

give اِدّيني المفاتيح. *iddīni -lmafatīḥ.* Give me the keys.

- This verb is **ditransitive.** It can have two objects (indirect and direct) without using a preposition, just as in English.

إذا *ʔíza* CONJUNCTION

if إذا ذاكِرْت هتِنْجح. *ʔíza zakírtᵊ hatíngaḥ.* If you study, you will succeed. إذا الجّوّ كْوَيِّس، هَيْروح البحْر. *ʔíza -ggáwwᵊ kwáyyis, hayrūḥ ilbáḥr.* If the weather is good, he will go to the beach.

الأرْبع *ilʔárba3* ADVERB

(on) Wednesday مبشْتغلْش الأرْبع. *ma-baštaɣálš ilʔárba3.* I don't work on Wednesday.

➲ See note for **الحدّ** *ilḥádd* p. 40.

أرْبعة *ʔarbá3a* NUMBER (SHORT: **أرْبع** *ʔárba3*)

four عدد الجّوانِب في المُربّع أرْبعة. *3ádad iggawānib fi -lmurábba3 ʔarbá3a.* The number of sides on a square is four.

➲ See note for **تلاتة** *talāta* p. 30.

أرْبعْتاشر *ʔarba3tāšar* NUMBER

fourteen بدأ يِتْصرّف بِشكْل وِحِش في سِنّ الأرْبعْتاشر. *báda? yitṣárraf bi-šáklᵊ wíḥiš fi sinn ilʔarba3tāšar.* He started behaving badly at [the age of] fourteen.

أرْبعين *ʔarba3īn* NUMBER

forty اِتْقابْلوا بعْد أرْبعين سنة. *itʔáblu ba3dᵊ ʔarba3īn sána.* They met after forty years.

اِرْتاح *irtāḥ* VERB (**يِرْتاح** *yirtāḥ*)

rest مِحْتاج أرْتاح بعْد اليوْم الطّويل ده. *miḥtāg ʔartāḥ ba3d ilyōm iṭṭawīl da.* I need to rest after this long day.

اِرْتفع *irtáfa3* VERB (**يِرْتِفِع** *yirtífi3*)

rise, increase درجةِ الحرارة بِترْتِفِع في الصّيْف. *dáragit ilḫarāra bitirtífi3 fi -ṣṣēf.* The temperature rises in summer.

أرْض *ʔarḍ* NOUN, FEMININE (PLURAL: **أراضي** *ʔarāḍi*)

land اِشْترِيْنا أرْض مِن جيرانّا. *ištarēna ʔarḍᵊ min giránna.* We bought some land from our neighbors.

ground بعْد العاصِفة، الشّجر كان على الأرْض. *ba3d il3āṣífa, iššágar kān 3ála -lʔarḍ.* After the storm, the trees were on the ground.

floor الأرْض مِتْوَسّخة. *ilʔárḍᵊ mitwassáxa.* The floor is dirty.

أرْنب *ʔárnab* NOUN (PLURAL: **أرانِب** *ʔarānib*)

rabbit عنْدي أرْنب أبْيَض. *3ándi ʔárnab ʔábyaḍ.* I have a white rabbit.

إزازة *ʔizāza* NOUN (PLURAL: **أزايِز** *ʔazāyiz*)

bottle بحِبّ أشْرب بِالكُبّايَة، مِش بِالإزازة. *baḫíbbᵊ ʔášrab bi-kkubbāya, miš bi-lʔizāza.* I like to drink from a cup, not a bottle.

إزّاي *ʔizzāy* ADVERB

how الكّلْب مات إزّايْ؟ *ikkálbᵊ māt ʔizzāy?* How did the dog die? إزّيّك؟ *ʔizzáyyak?* How are you?

- When a pronoun is suffixed, the form is **إزّيّـ** *ʔizzáyy-*.
- Notice that question words (what, when, where, how, etc.) come at the beginning of a question in English. In Egyptian Arabic, they usually appear in the same part of the sentence the answer would but there is flexibility.
- The question in the example **إزّيّك؟** *ʔizzáyyak?* is to address one male. To address a female, it would be **إزّيّك؟** *ʔizzáyyik?*

أزْرق *ʔázraʔ* ADJECTIVE (FEMININE: **زرْقا** *zárʔa,* PLURAL: **زُرْق** *zurʔ*)

blue عيْنيْك زرْقا أوي! *3inēk zárʔa ʔáwi!* Your eyes are so blue!

أساسي *ʔasāsi* ADJECTIVE

main عِنْواني الأساسي في إسْكِنْدِرية. *3inwāni -lʔasāsi fi -skindíraya.* My main address is in Alexandria.

أُسْبوع *ʔusbū3* NOUN (PLURAL: **أسابيع** *ʔasabī3*)

week بروح الجّيم مرِّتيْن في الأُسْبوع. *barūḫ ižžím marritēn fi -lʔusbū3.* I go to the gym twice a week.

- This word is also commonly pronounced **إسْبوع** *ʔisbū3.*

أُسْتاذ *ʔustāz* NOUN (PLURAL: **أساتْذة** *ʔasátza*)

teacher الأُسْتاذ بِيْحِبّ تلاميذُه. *ilʔustāz biyḫíbbᵊ talamīzu.* The teacher loves his students.

sir أُسْتاذ، مُمْكِن تِدّيني إسْمك، لَوْ سمحْت؟ *ʔustāz, múmkin tiddīni ʔísmak, law samáḫt?* Sir, could you give me your name, please?

mister, Mr. أُسْتاذ زِياد جايّ النّهارْده.

ʔustāz ziyād gayy innahárda. Mr. Ziad is coming today.

- Titles (Mr., Ms., Miss, etc.) are followed by the person's last name in English. In Arabic, they more often followed by the person's first name, as in the above example.

اِسْتحمّى *istaɦámma* VERB (**يِسْتحمّى** *yistaɦámma*)

shower, bathe .بيِسْتحمّى بعْد التّمْرين *biyistaɦámma ba3d ittamrīn.* He showers after exercise.

اِسْتخبّى *istaxábba* VERB (**يِسْتخبّى** *yistaxábba*)

hide .القُطّة اسْتخبِت في الدّولاب *ilʔúṭṭa (i)stáxabit fi -ddulāb.* The cat hid in the closet.

- This verb is **intransitive**–it doesn't take an object. (➲ Compare to **خبّى** *xábba* p. 46.)

اِسْتعْجِل *istá3gil* VERB (**يِسْتعْجِل** *yistá3gil*)

rush, hurry .اِسْتعْجِل عشان كان مِتْأخّر *istá3gil 3ašān kān mitʔáxxar.* He hurried because he was late.

.بسْتعْجِل عشان أروح الشُّغْل كُلّ يوْم *bastá3gil 3ašān ʔarūɦ iššúɣlᵊ kullᵊ yōm.* I hurry to get to work every day.

اِسْتعْمِل *istá3mil* VERB (**يِسْتعْمِل** *yistá3mil*)

use .بيِسْتعْمِل كُمْبْيوتِر في الشُّغْل *biyistá3mil kumbyūtir fi -ššuɣl.* He uses a computer at work.

اِسْتغْرب *istáɣrab* VERB (**يِسْتغْرب** *yistáɣrab*)

wonder .اِسْتغْرب ليْه متّصلتْش *istáɣrab lē ma-ttaṣalítš.* He wondered why she didn't call.

اِسْتمْتع بِـ *istámta3 bi-* VERB (**يِسْتمْتع بِـ** *yistámta3 bi-*)

enjoy .هُوَّ اسْتمْتع بِالحفْلة *húwwa -stámta3 bi-lɦáfla.* He enjoyed the party/concert.

اِسْتنّى *istánna* VERB (**يِسْتنّى** *yistánna*)

wait (for) !متِسْتنّانيش *ma-tistannanīš!* Don't wait for me!

- Notice that this verb takes a direct object and does not require a preposition as the English verb 'wait for' does.

أسْتيكة *ʔastīka* NOUN (PLURAL: **أساتيك** *ʔasatīk*)

eraser .التِّلْميذ صحّح الغلْطة بِالأسْتيكة *ittilmīz ṣáɦɦaɦ ilɣálṭa bi-lʔastīka.* The student corrected the mistake with an eraser.

أسد *ʔásad* NOUN (PLURAL: **أسود** *ʔusūd*)

lion .الأسد ملِك الحيَوانات *ilʔásad málik ilɦayawanāt.* The lion is the king of the animals.

آسِف *ʔāsif* ADJECTIVE

sorry .آسِف لَوْ جرحْتك *ʔāsif law garáɦtak.* I'm sorry if I hurt you.

excuse me, pardon آسِف، مُمْكِن أسْتخْدِم قلمك؟ *ʔāsif, múmkin ʔastáxdim ʔálamak?* Excuse me, can I use your pen?

- Keep in mind that the masculine singular adjective is the base (simplest) form and is used in many example sentences, even though the speaker on the audio is a woman. In reality, only a man would say **آسِف** *ʔāsif* (I'm sorry, Excuse me), while a woman would say **آسْفة** *ʔásfa.*

إسْم *ʔism* NOUN (PLURAL: **أسامي** *ʔasāmi*)

name مِش عارِف أسامي كُلّ تلاميذي. *miš 3ārif ʔasāmi kullᵊ talamīzi.* I don't know the names of all my students.

title مِش قادِر أفْتِكِر إسْم الكِتاب. *miš ʔādir ʔaftíkir ʔism ilkitāb.* I can't remember the book's title [lit. name of the book].

إسْم دلع *ismᵊ dála3* **nickname** سوسو ده إسْم الدّلع بِتاعي، إسْمي الحقيقي سحر. *sūsu da ʔism iddála3 bitā3i, ʔísmi -lħaʔīʔi sáħar.* Sousou is my nickname. My real name is Sahar.

إسْوِد *ʔíswid* ADJECTIVE (FEMININE: **سوْدا** *sōda,* PLURAL: **سود** *sūd*)

black الكّلْب إسْوِد و القُطّة سوْدا كمان. *ikkálbᵊ ʔíswid w ilʔúṭṭa sōda kamān.* The dog is black, and the cat is black, too.

اِشْترى *ištára* VERB (**يِشْترِي** *yištíri*)

buy مِش عايِز أشْترِي أيّ حاجة هِنا. *miš 3āyiz ʔaštíri ʔayyᵊ ħāga hína.* I don't want to buy anything here.

shop, go shopping بشْترِي حاجات معَ ماما. *baštíri ħagāt má3a māma.* I shop with my mother.

اِشْتغل *ištáɣal* VERB (**يِشْتغل** *yištáɣal*)

work كُلُّهُم بيِشْتغلوا في الشِّرْكة دي. *kullúhum biyištáɣalu fi -ššírka di.* They all work at that company.

أشْطر *ʔáštar* ELATIVE

best, top هُوَّ أشْطر تِلْميذ في الفصْل. *húwwa ʔáštar tilmīz fi -lfaṣl.* He's the top student in the class.

➲ See **شاطِر** *šāṭir* p. 69.

أصْفر *ʔáṣfar* ADJECTIVE (FEMININE: **صفْرا** *ṣáfra,* PLURAL: **صُفْر** *ṣufr*)

yellow الشّمْس صفْرا. *iššámsᵊ ṣáfra.* The sun is yellow.

اِصْفرّ *iṣfárr* VERB (**يِصْفرّ** *yiṣfárr*)

turn yellow لوْنُه بْيِصْفرّ لمّا بْيِعْيا. *lōnu b(i)yiṣfárrᵊ lámma byí3ya.* He turns yellow when he gets sick.

اِعْتمد على *i3támad 3ála* VERB (**يِعْتِمِد على** *yi3tímid 3ála*)

depend on السِّعْر بْيِعْتِمِد على الكِمّية. *issí3rᵊ byi3tímid 3ála -lkimmíyya.* The price depends on the quantity.

count on, rely on البيْبي بِيِعْتِمِد على أُمُّه عشان تِأكِّلُه. *ilbēbi b(i)yi3tímid 3ála ʔúmmu 3ašān tiʔakkílu.* The baby relies on his mother to feed him.

أعْمى *ʔá3ma* ADJECTIVE (FEMININE: **عمْيا** *3ámya,* PLURAL: **عُمْي** *3umy*)

blind عنْدُه كلْب بِيْساعْدُه عشان هُوَّ أعْمى. *3ándu kalbᵊ biysá3du 3ašān húwwa ʔá3ma.* He has a dog to help him because he's blind.

أغُسْطُس *ʔaɣústus* NOUN (NO PLURAL)

August .يارا هتْسافِر في أغُسْطُس *yāra hatsāfir fi ʔaɣústus.* Yara is traveling in August.

- **Damma** (ـُ) is pronounced as in the English word p<u>u</u>t or b<u>oo</u>k and is transcribed *u*.

أُغْنية *ʔuɣníyya* NOUN (PLURAL: **أغاني** *ʔaɣāni*)

song أيْه أُغْنيِّتك المفُضّلة؟ *ʔē ʔuɣniyyítak ilmufaḍḍála?* What is your favorite song?

أفْضل *ʔáfḍal* ELATIVE

better .مقاس الجّيبة دي أفْضل *maʔās iǯǯība di ʔáfḍal.* The size of this skirt is better.

best .أفْضل حاجة إنّك تِمْشي *ʔáfḍal ḥāga ʔínnak tímši.* It is best that you leave.

➲ See **كْوَيِّس** *kuwáyyis* p. 111.

اِقْترض *iqtáraḍ* VERB (**يِقْترِض** *yiqtíriḍ*)

borrow .اِقْترضوا فْلوس كِتير مِن البنْك *iqtáraḍu flūs kitīr min ilbánk.* They borrowed a lot of money from the bank.

أقلّ *ʔaʔáll* ELATIVE

less .بِيْنام أقلّ مِن الأوِّل *biynām ʔaʔállᵊ min ilʔáwwil.* He is sleeping less than before.

أكْتر *ʔáktar* ELATIVE

more الوِلاد بِيْحِبّوا العربِيّات أكْتر مِن البنات. *ilwilād biyḥíbbu -lʕarabiyyāt ʔáktar min ilbanāt.* Boys like cars more than girls.

- This is the elative form of the adjective/adverb **كْتير** *kitīr* p. 108.
- Notice the use of the definite article **الـ** *il-* here: We are referring to boys, cars, and girls in general, which does not require an article in English but does in Arabic.

اِكْتشف *iktášaf* VERB (**يِكْتِشِف** *yiktíšif*)

discover مين اللي اكْتشف الكهْربا؟ *mīn ílli -ktášaf ilkahrabā?* Who discovered electricity?

أُكْتوْبِر *ʔuktōbir* NOUN (NO PLURAL)

October .هزور المكان في أُكْتوْبِر *hazūr ilmakān fi ʔuktōbir.* I will visit the place in October.

أكل *ʔákal* ➲ See كل *kal* p. 109.

أكْل *ʔakl* NOUN

food .بحِبّ الأكْل الإيطالي *baḥíbb ilʔákl ilʔiṭāli.* I like Italian food.

أكِّل *ʔákkil* VERB (**يأكِّل** *yiʔákkil*)

feed .أكِّلِت البيْبي *ʔakkílit ilbēbi.* She fed the baby.

الـ *il-* PARTICLE

the .البيْت الكِبير أبْيَض *ilbēt ilkibīr ʔábyaḍ.* The big house is white.

- The definite article is a prefix in Arabic. There is no indefinite article (a/an), so **بيْت** *bēt* alone would mean 'a house.'
- The above example contains two adjectives. **كِبير** *kibīr* is used attributively (as part of the noun

phrase), while **أبْيَض** *ʔábyaḍ* is the predicate (➲ See note for **أنا** *ʔána* p. 15). Notice that the attributive adjective agrees with the noun in definiteness taking the definite article while the adjective in the predicate does not.

- There are several rules governing the pronunciation of the definite article:

  1. Its basic pronunciation is *il.*

  2. The *i* sound elides when the preceding word ends in a vowel: **شافوا الفيلْم.** *šāfu -lfilm* (They saw the movie.)

  3. The *l* is assimilated when added to a word beginning in any of the following consonants: **ن (ك) ل ظ ط ض ص ش س ز ر ذ د (ج) ث ت.** That is, the *l* is not pronounced (but is still written), while the consonant is pronounced doubled: **الشَّمِس** *iššámis.* (It is optionally assimilated before **ك** or **ج**, as you will hear in the audio throughout this book.)

ألْف *ʔalf* NUMBER (PLURAL: **ألاف** *ʔalāf*)

thousand الوَلد الصُّغيرّ بِيِقْدر يِعِدّ لِحدّ ألْف. *ilwálad iṣṣuɣáyyar biyíʔdar yi3iddᵊ li-ḥáddᵊ ʔalf.* The young boy can count to a thousand.

اللي *ílli* PRONOUN

that, who, which وَلّعْت الشّمْع اللي على التّورْتة. *wallá3t iššám3 ílli 3ála -ttúrta.* I lit the candles that are on the cake. !ده الوَلد اللي ضرب القُطّة *da, ilwálad ílli ḍárab ilʔúṭṭa!* This is the boy who hit the cat!

ألْماني *ʔalmāni* ADJECTIVE (PLURAL: **ألْمان** *ʔalmān*)

German هُوَّ ألْماني. *húwwa ʔalmāni.* He is German.

أمان *ʔamān* ADJECTIVE, INVARIABLE

safe المكان ده أمان. *ilmakān da ʔamān.* This place is safe.

إمْبارِح *ʔimbāriḥ* ADVERB

yesterday عملْت أيْه إمْبارِح؟ *3amáltᵊ ʔē ʔimbāriḥ?* What did you do yesterday?

اِمْتِحان *imtiḥān* NOUN

exam(ination), test الاِمْتِحان في المدْرسة كان سهْل. *ilʔimtiḥān fi -lmadrása kān sahl.* The examination at school was easy.

اِمْتلك *imtálak* VERB (**يِمْتِلِك** *yimtílik*)

hold بِيِمْتِلِك حِصّة في الشِّرْكة. *biyimtílik ḥíṣṣa fi -ššírka.* He holds a stake in the company.

إمْتى *ʔímta* ADVERB

when رجِعْت إمْتى القاهِرة؟ *rigí3tᵊ ʔímta -lqāhíra?* When did you get back to Cairo?

أمْريكا *ʔamrīka* NOUN (NO PLURAL)

America قريبي بِيِدْرِس في أمْريكا. *ʔarībi b(i)yídris fi ʔamrīka.* My cousin studies in America.

أَمْريكاني *ʔamrikāni* ADJECTIVE (PLURAL: **أَمْريكان** *ʔamrikān*)

American دوْل أمريكان، مِش ألْمان. *dōl ʔamarikān, miš ʔalmān.* They're Americans, not Germans.

أمل *ʔámal* NOUN (PLURAL: **آمال** *ʔamāl*)

hope كلامُه ادّاني أمل. *kalāmu (i)ddāni ʔámal.* His speech gave me hope.

آمِن *ʔāmin* VERB (**يُؤْمِن** *yúʔmin*)

believe بِيُؤْمِن بِاللّه. *biyúʔmin bi-llāh.* He believes in God.

أُمْنية *ʔumníyya* NOUN (PLURAL: **أماني** *ʔamāni*)

wish اِتْمنّى أُمْنية. *itmánna ʔumníyya.* Make a wish!

أمير *ʔamīr* NOUN (PLURAL: **أُمراء** *ʔumarāʔ*)

prince الأمير معنْدوش أخّ. *ilʔamīr ma-3andūš ʔaxx.* The prince doesn't have a brother.

إنّ *ʔinn* CONJUNCTION

that مبْسوطين أَوي إنّ شُفْناك. *mabsuṭīn ʔáwi ʔinnᵊ šufnāk.* We are very happy to see you (lit. that we saw you). مِتْأكِّد إنُّه هَيِتّصِل قُريِّب؟ *mitʔákkid ʔínnu hayittíṣil ʔuráyyib?* Are you sure that he'll call soon? قالِت إنّها بْتِشْتغل هِنا. *ʔālit ʔinnáha btištáɣal hína.* She said that she works here.

- **إنّ** *ʔinn* can optionally take a pronoun suffix as in the second and third examples above.
- Note that **إنّ** *ʔinn* introduces a subordinate clause; it is not the same 'that' as a demonstrative pronoun (➲ Compare with **ده** *da* p. 52) or relative pronoun (➲ Compare with **اللي** *ílli* p. 14).

أنا *ʔána* PRONOUN

(+ verb) **I** أنا مبحِبّوش. *ʔána ma-baḫibbūš.* I don't like it.

(in equational sentence) **I am** أنا مِن مصْر. *ʔána min maṣr.* I'm from Egypt.

- Subject pronouns are not used as much in Arabic as they are in English because conjugated verbs already contain information about the subject. **بعيش** *ba3īš* means 'I live.' Saying **أنا بعيش** *ʔána ba3īš* would be redundant, unless you want to emphasize the subject, as in the first sense above.
- Subject pronouns are more often used in equational sentences (that is, sentences without a verb), as in the second sense above, as the verb am/is/are is unexpressed in Arabic and a pronoun is needed to make the subject clear.

إنْتَ *ʔínta* PRONOUN, MASCULINE

you إنْتَ مْنينْ؟ *ʔínta mnēn?* Where are you from?

- Egyptian Arabic has three pronouns for 'you.' **إنْتَ** *ʔínta* is masculine singular, which means it is used to address one male person. The feminine singular form is **إنْتي** *ʔínti*, while the plural, used for addressing two or more people, is **إنْتو** *ʔíntu*.

أنْتج *ʔántag* VERB (**يِنْتِج** *yíntig*)

produce هُوَّ أنْتج الفيلْم السّنة دي. *húwwa ʔántag ilfílm issanādi.* He produced the movie this year.

الإنْترِنْت *ilʔíntirnat* NOUN (NO PLURAL)

the internet الإنْترِنْت بطيء في مصْر. *ilʔintirnát baṭīʔ fi maṣr.* The internet is slow in Egypt.

اِنْتِظار *intiẓār* NOUN (NO PLURAL)

wait, waiting الاِنْتِظار كان طَويل و مُمِلّ. *ilʔintiẓār kān ṭawīl wi mumíll.* The wait was long and boring.

اِنْتهى *intáha* VERB (**يِنْتِهي** *yintíhi*)

end الحرْب اِنْتهِت. *ilħárb intáhit.* The war ended.

إنْتو *ʔíntu* PRONOUN, PLURAL

you إنْتو منين؟ *ʔíntu mnēn?* Where are you (guys) from?

إنْتي *ʔínti* PRONOUN, FEMININE

you إنْتي منين؟ *ʔínti mnēn?* Where are you from?

إنْجِليزي *ʔingilīzi*

ADJECTIVE (PLURAL: **إنْجِليز** *ʔingilīz*)

English مِش بحِبّ الأكْل الإنْجِليزي. *miš baħíbb ilʔákl ilʔingilīzi.* I don't like English food.

NOUN (language) **English** الكِتاب بِالإنْجِليزي. *ilkitāb bi-lʔingilīzi.* The book is in English.

اِنْخفض *inxáfaḍ* VERB (**يِنْخِفِض** *yinxífiḍ*)

drop, fall, decrease الحرارة اِنْخفضِت. *ilħarāra (i)nxáfaḍit.* The temperature dropped.

إنْذار *ʔinzār* NOUN

warning, notice جالي إنْذار مِن الشُّرْطة. *gāli ʔinzār min iššúrṭa.* I received a notice from the police.

إنْسان *ʔinsān* NOUN (PLURAL: **ناس** *nās*)

person مرْوان إنْسان كُوَيِّس. *marwān ʔinsān kuwáyyis.* Marwan is a nice person.

آنِسة *ʔānísa* NOUN

miss آنِسة نور مُدرِّسْتي. *ʔānísa nūr mudarrísti.* Miss Nour is my teacher.

اِنْضمّ لِـ *inḍámmᵊ li-* VERB (**يِنْضمّ لِـ** *yinḍámmᵊ li--*)

join اِنْضمّيْت لِلمجْموعة. *inḍammēt li-lmagmūʕa.* I joined the group.

اِنْفعل *infáʕal* VERB (**يِنْفِعِل** *yinfíʕil*)

be excited, become agitated, get worked up اِنْفعل لمّا سِمِع الخبر. *infáʕal lámma símiʕ ilxábr.* He got excited when he heard the news.

أنْقذ *ʔánqaz* VERB (**يِنْقِذ** *yínqiz*)

save, rescue الدُّكْتور أنْقذ حَياتي. *idduktūr ʔánqaz ħayāti.* The doctor saved my life. هُوَّ أنْقذْهُم مِن الحريقة. *húwwa ʔanʔázhum min ilħarīʔa.* He saved them from the fire.

أنْهي *ʔánhi* DETERMINER

which عايِز تِشوف أنْهي فيلْم؟ *ʕāyiz*

tišūf ʔánhi film? Which movie do you want to watch?

أَهْبَل *ʔáhbal* ADJECTIVE (FEMININE: **هَبْلا** *hábla,* PLURAL: **هُبْل** *hubl*)

foolish ده يِبْقى أَهْبَل لَوْ يِصدّق القِصّة دي. *da yíbʔa ʔáhbal law yisádda? ilqíṣṣa di.* He is a fool if he believes this story.

- When an elative form is <u>not</u> listed for an adjective, it can mean one of two things. Either the elative (➲ See note for **بارِد** *bārid* p. 19) is formed by placing **أكْتر** *ʔáktar* after the adjective (**أهْبَل أكْتر** *ʔáhbal ʔáktar* (<u>more</u> foolish)) or the adjective is, logically, never (or rarely) made elative.
- Note that some masculine singular adjectives begin with **أ** *a-* –as does this one–having the same pattern as an elative adjective; however, this is unrelated. Such adjectives have irregular feminine and plural forms, which are listed for you in parentheses.

اِهْتمّ بِـ *ihtámmᵊ bi-* VERB (**يِهْتمّ بِـ** *yihtámmᵊ bi-*)

care about, show concern for بيِهْتمّ بمِظْهرُه. *biyihtámmᵊ bi-maẓháru.* He cares about his looks.

أَهْل *ʔahl* NOUN (PLURAL: **أَهالي** *ʔahāli*)

parents أَهْلي عايْشين جنْبي. *ʔáhli 3ayšīn gámbi.* My parents live next-door to me.

- Although grammatically singular, because this word refers to two people, grammatical agreement is usually plural. In the above example, we see that the active participle **عايْشين** *3ayšīn* has the plural ending **ـين** *-īn.*

أهْلاً *ʔáhlan* INTERJECTION

welcome أهْلاً! اُقْعُد هِنا! *ʔáhlan! úʔ3ud hína!* Welcome! Sit here!

hello قالِت أهْلاً لمّا شافِتْني. *ʔālit ʔáhlan lámma šafítni.* She said hello when she saw me.

أَوْحش *ʔáwḫaš* ELATIVE

worse درجاتي في المدْرسة كانِت أَوْحش مِن درجات أُخْتي. *daragāti fi -lmadrása kānit ʔáwḫaš min daragāt ʔúxti.* My grades at school were worse than my sister's.

➲ See **وِحِش** *wiḫiš* p. 143

worst ده أَوْحش يوْم في حَياتي! *da ʔáwḫaš yōm fi ḫayāti!* This is the worst day of my life!

أوروبّا *ʔurúbba* NOUN (NO PLURAL), FEMININE

Europe إيطالْيا في أوروبّا. *ʔiṭálya fi ʔurúbba.* Italy is in Europe.

أوْضة *ʔōḍa* NOUN (PLURAL: **أُوَض** *ʔúwaḍ*)

room دهنْت الأوْضة بينْك. *dahánt ilʔōḍa pink.* I painted the room pink.

أَوْقات *ʔawʔāt* ADVERB

sometimes أَوْقات بشْتغل الحدّ. *ʔawʔāt baštáɣal ilḫádd.* Sometimes I work on Sunday.

أوّل *ʔáwwil* DETERMINER

first أوّل مرّة اتْقابِلْنا فيها كُنْت إنْتَ عيِّل. *ʔáwwil márra (i)tʔabílna fīha kunt ínta 3áyyil.* The first time we met, you were a kid.

أوّل *ʔáwwal* ADJECTIVE (FEMININE: **أولى** *ʔūla,* PLURAL: **أوائِل** *ʔawāʔil*)

first هُوَّ طِلِع الأوّل على دُفْعِتُه. *húwwa ṭíli3 ilʔáwwal 3ála duf3ítu.* He graduated first in his class.

أوّلاني *ʔawwalāni* ADJECTIVE

first حَيَواني الأليف الأوّلاني كان قُطّة. *ḫayawāni -lʔalīf ilʔawwalāni kān ʔúṭṭa.* My first pet was a cat.

أوي *ʔáwi* ADVERB

very, really القميص صُغيّر أَوي. *ilʔamīṣ ṣuɣáyyar ʔáwi.* The shirt is very small.

so عيْنيْك خضْرا أَوي. *3inēk xáḍra ʔáwi.* Your eyes are so green!

a lot, very much بحِبّك أَوي. *baḫíbbak ʔáwi.* I love you very much.

أيّ *ʔayy* DETERMINER

any __ اِخْتار أيّ لوْن. *ixtār ʔayyᵊ lōn.* Choose any color.

إيجار *ʔigār* NOUN

rent مِش هَيِقْدر يِدْفع الإيجار الشّهْر ده. *miš hayíʔdar yídfa3 ilʔigār iššáhrᵊ da.* He can't pay the rent this month.

إيد *ʔīd* NOUN, FEMININE (PLURAL: **أَيادي** *ʔayādi*)

hand بكْتِب بإيدي الشِّمال. *báktib bi-ʔīdi -ššimāl.* I write with my left hand.

- Although the noun **إيد** *ʔīd* is feminine, it isn't obvious from the example sentence because the adjective **شِمال** *šimāl* is invariable (doesn't have a feminine form).

إيطالي *ʔiṭāli* ADJECTIVE

Italian بحِبّ الأكْل الإيطالي. *baḫíbb ilʔákl ilʔiṭāli.* I love Italian food.

إيطالْيا *ʔiṭálya* NOUN (NO PLURAL), FEMININE

Italy هُوَّ مِن إيطالْيا. *húwwa min ʔiṭálya.* He is from Italy.

إيميْل *ʔī-mēl* NOUN

email بعتِّلك إيميْل. *ba3attílak ʔī-mēl.* I sent you an email.

أيْه *ʔē(h)* PRONOUN

what أيْه ده؟ *ʔē da?* What is this?

- An unwritten fatha followed by **يْ** is transcribed as *ē*. (➲ See notes for **ي** on p. 147.)

أَيْوَه *ʔáywa* INTERJECTION

yes أَيْوَه، عارِف. *ʔáywa, 3ārif.* Yes, I know

- We write **ـَيْـ** (fatha yaa sukuun) to show the pronunciation *ay*. (➲ See notes for **ي** on p. 147.)

ب

ب بـ ـبـ ـب
isolated initial medial final

Baa is the second letter of the Arabic alphabet. It is normally pronounced b (as in the word **b**oy). It also represents *p* in foreign words, in which case it may also be written with three dots: پ Phonemic transcription: ***b***

بِـ *bi-* PREPOSITION

with, via, by means of بعتّ الرِّسالة بِالبريد. *ba3átt irrisāla bi-lbarīd.* I sent the letter by mail.

- This preposition is prefixed onto the following word.

باب *bāb* NOUN (PLURAL: **أبْواب** *ʔabwāb*)

door الباب مفْتوح ليْه؟ *ilbāb maftūḥ lē?* Why is the door open?

بابا *bāba* NOUN (PLURAL: **آباء** *ʔabāʔ*)

dad, father بابا بِيِشْتغل في شِرْكة. *bāba biyištáɣal fi šírka.* My father works in a company.

بات *bāt* VERB (**يِبات** *yibāt*)

spend the night, sleep over إمْبارِح خالْتي باتِت معايا. *ʔimbāriḥ xálti bātit ma3āya.* My aunt slept at my place last night.

بارِد *bārid* ADJECTIVE (ELATIVE: **أبْرد** *ʔábrad*)

cold, cool الأكْل بارِد. *ilʔáklᵊ bārid.* The food is cold.

- Short adjectives have elative forms, analogous to comparative (cold**er**) and superlative (cold**est**) forms in English: **أبْرد** *ʔábrad* (colder), **الأبْرد** *ilʔábrad* (the coldest)
- ➲ See also note for **أهْبل** *ʔáhbal* p. 17.

بارْكينْج *barkíng* NOUN (PLURAL: **بارْكينات** *barkināt*)

parking lot البارْكينْج ملْيان عربِيّات. *ilbárking, malyān 3arabiyyāt.* The parking lot is full of cars.

باس *bās* VERB (**يِبوس** *yibūs*)

kiss في مصْر بِنْبوس تلات مرّات. *fi maṣrᵊ binbūs tálat marrāt.* In Egypt, we kiss three times.

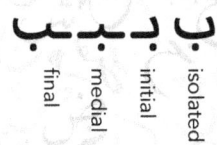

باص *bāṣ* NOUN

bus الباص ده رايِح فينْ؟ *ilbāṣ da rāyiḥ fēn?* Where does this bus go?

باع *bā3* VERB (**يِبيع** *yibī3*)

sell باع عربيتُه. *bā3 3arabītu.* He sold his car.

بالْطو *báltu* NOUN (PLURAL: **بلاطي** *balāṭi*)

coat خُد البالْطو. الدُّنْيا برْد برّه. *xud ilbálṭu. iddúnya bardᵊ bárra.* Take the coat. It's cold outside.

بِالظّبْط *bi-ẓẓábṭ* ADVERB

exactly الطّيّارة هتِطْلع بعْد خمس دقايِق بِالظّبْط. *iṭṭayyāra hatíṭla3 ba3dᵊ xámas daʔāyiʔ bi-ẓẓabṭ.* The plane leaves after exactly five minutes.

بالُه *bālu*

خد بالُه مِن *xad bālu min* VERB **pay attention to, be careful of, notice** المفْروض تاخُد بالك و إنْتَ بِتْعدّي الشّارِع. *ilmafrūḍ tāxud bālak w ínta bit3áddi -ššāri3.* You should be careful when you cross the street. خُد بالك مِن الطّريق و سوق على مهْلك. *xud bālak min iṭṭarīʔ wi sūʔ 3ála máhlak.* Be careful on the road and drive slowly. مخدْش بالُه مِن الكّنبة الجِّديدة. *ma-xádšᵊ bālu min ikkánaba -ggidīda.* He didn't notice the new sofa.

بالونة *balūna* NOUN (PLURAL: **بلالين** *balalīn*)

balloon كان فيه بلالين مِلوِّنة كِتير في الحفْلة. *kān fī balalīn milawwína kitīr fi -lḥáfla.* There were a lot of colorful balloons at the party.

بايِن *bāyin* PSEUDO-VERB

looking, appearing بايِن عليْها تعْبانة. *bāyin 3alēha ta3bāna.* She looks tired.

- A **pseudo-verb** is a word which is not grammatically a verb but translates as a verb in English. Here, the active participle (adjective) **بايِن** *bāyin* is followed by the preposition **على** *3ála* and a pronoun to form a construction that would translate as 'seem' or 'appear (to be).'

بِبلاش *bi-balāš* ADVERB

(for) free لمّا تِشْترِي مُنْتجينْ، الأرْخص بِبلاش. *lámma tištíri muntagēn, ilʔárxaṣ bi-balāš.* When you buy two products, the cheaper one is free.

بِتاع *bitā3* NOUN (FEMININE: **بِتاعة** *bitā3a,* PLURAL: **بِتوع** *bitū3*)

thing, object أيْه البِتاع ده؟ *ʔēh ilbitā3 da?* What is this thing?

بِتاعُه *bitā3u* **one's (his, hers, etc.)** المكان ده بِتاعك؟ *ilmakān da bitā3ak?* Is this seat yours? . الشّقّة بِتاعِتْنا صُغيّرة *iššáʔʔa b(i)ta3ítna, ṣuɣayyára.* Our apartment is small. الشّنْطة دي بْتاعِتْها. *iššánṭa di bta3ítha.* This bag is hers.

- **بِتاع** *bitā3* (and its feminine and plural forms) can be used in a special construction to show possession. It follows a definite noun and agrees in gender and number and is followed by a pronoun or noun. The grammar surrounding its use can be a bit complicated, but just think of it as meaning 'of': **الشّقّة بِتاعِتْنا** *iššá??a b(i)ta3ítna* (lit. the apartment of us)

بِجدّ *bi-gádd* ADVERB

really, quite عجبُه الفيلْم بِجدّ. *3ágabu -lfílmᵊ bi-gádd.* He really liked the movie. أنا بِجدّ تعْبان النّهارْده. *?ána bi-gáddᵊ ta3bān innahárda.* I am quite tired today.

بحْر *baħr* NOUN (PLURAL: **بُحور** *buħūr*)

sea بحِبّ أروح البحْر في الصّيْف. *baħíbbᵊ ?arūħ ilbáħrᵊ fi -ṣṣēf.* I love going to the sea in the summer.

- A short vowel (**schwa** (ə)–as in the English word pock<u>**e**</u>t) is–subconsciously for native speakers–inserted between words when a word ends in two consonants (a double consonant or a consonant cluster) and the next word begins with a consonant, as can be seen in the example sentences above.

بُخار *buxār* NOUN (PLURAL: **أبْخِرة** *?abxíra*)

steam الحمّام كان ملْيان بُخار. *ilħammām kān malyān buxār.* The bathroom was full of steam.

بدأ *báda?* VERB (**يِبْدأ** *yíbda?*)

start, begin إمْتى بدأْت تِتْعلّم عربي؟ *?ímta badá?tᵊ tit3állam 3árabi?* When did you start learning Arabic?

- In English, when a verb follows another, it is often infinitive (want <u>to do</u>, try <u>to do</u>, start <u>to do</u>). Egyptian Arabic, in contrast, puts the second verb into the imperfect tense, so that both verbs are conjugated for the subject. The above example would literally translate "When you-started you-learn Arabic?"

بِداية *bidāya* NOUN

beginning اِقْرا الرِّسالة مِن البِداية. *í?ra -rrisāla min ilbidāya.* Read the letter from the beginning.

بدْري *bádri* ADVERB (ELATIVE: **أبْدر** *?ábdar*)

early دايْماً بِنِصْحى بدْري. *dáyman biníṣħa bádri.* We always get up early.

بُرْتُقان *burtu?ān* COLLECTIVE NOUN

orange البُرْتُقان فاكْهِتي المُفضّلة. *ilburtu?ān fakhíti -lmufaḍḍála.* Oranges are my favorite fruit.

- A **collective noun** is grammatically singular but plural in meaning.

برْد *bard* NOUN (NO PLURAL)

cold, coolness الهُدوم دي بِتِحْمي مِن البرْد. *ilhudūm di bitíħmi min ilbárd.* These clothes protect against the cold. خُد الجّاكيت. الدُّنْيا برْد برّه. *xud ižžākit. iddúnya bardᵊ bárra.* Take the coat. It's cold outside.

- Although **برْد** *bard* is a noun, notice its idomatic usage in the second example and translation as an adjective in English

برّد *bárrad* VERB (**يبرّد** *yibárrad*)

cool, make cold الهَوا هَيْبرّد الأوْضة. *ilháwa haybárrad ilʔōḍa.* The air will cool the room.

برْضه *bárḍu* ADVERB

also, too, as well يوسِف مُهْمِل في المدْرسة و في البيْت برْضه. *yūsif múhmil fi -lmadrása wi fi -lbēt bárḍu.* Youssef is careless at school and at home, too.

بُرْنيْطة *burnēṭa* NOUN (PLURAL: **برانيط** *baranīṭ*)

hat بتِلْبِس بُرْنيْطة على راسْها. *bitílbis burnēṭa 3ála rásha.* She wears a hat on her head.

برّه *bárra* ADVERB

outside المنْظر برّه الشِّبّاك جميل. *ilmánẓar bárra -ššibbāk gamīl.* The view outside the window is beautiful.

abroad عمّي بيِشْتغل برّه. *3ámmi biyištáɣal bárra.* My uncle works abroad.

بِريطانْيا *biriṭanyā* NOUN (NO PLURAL)

Great Britain بيِتْكلِّموا إنْجليزي في بْريطانْيا. *biyitkallímu ʔingilīzi fi briṭanyā.* They speak English in Great Britain.

بسّ *bass* CONJUNCTION

but دوّرْت كُوَيِّس بسّ ملْقيتْش مفاتيحي. *dawwártᵊ kwáyyis bassᵊ ma-lʔītšᵊ mafatīħi.* I searched hard but didn't find my keys.

بسّ *bass* ADVERB

only عنْدي وَلد واحِد بسّ. *3ándi wálad wāħid bass.* I have only one child.

just, merely أنا بسّ اِتّصلْت عشان أقول إزّيّك. *ʔána bass ittaṣált, 3ašān ʔaʔūl ʔizzáyyak.* I just called to say hello.

بسْكوت *baskūt* COLLECTIVE NOUN

cookies بحِبّ آكُل بسْكوت معَ الشّاي. *baħíbbᵊ ʔākul baskūt má3a -ššāy.* I like to eat cookies with tea.

بسْكَويت *baskawīt* COLLECTIVE NOUN

cookies بحِبّ آكُل بسْكَويت معَ الشّاي. *baħíbbᵊ ʔākul baskawīt má3a -ššāy.* I like to eat cookies with tea.

- In the two entries above, we have an example of two variations of a foreign-borrowed word that can be used interchangeably.

بسيط *basīṭ* ADJECTIVE (PLURAL: **بُسطا** *búsaṭa,* ELATIVE: **أبْسط** *ʔábsaṭ*)

simple, easy التّمْرين بسيط. *ittamrīn basīṭ.* The exercise is simple.

بشْرة *bášra* NOUN

skin بتِهْتمّ بْبشْرِتْها. *bitihtámmᵊ bbašrítha.* She takes care of her skin.

بِشِع *biši3* ADJECTIVE (ELATIVE: **أبْشع** *ʔábša3*)

terrible, horrible عنْدي ليك أخْبار حِلْوَة و أخْبار بِشْعة. *3ándi līk ʔaxbār ħilwa wi ʔaxbār biš3a.* I have good news and terrible news for you.

بصّ على *baṣṣ 3ála* VERB (**يبُصّ على** *yibúṣṣ 3ála*)

look at .بصّ على الجبل مِن الشِّبّاك *bass³ 3ála -lgábal min iššibbāk.* He looked at the mountain from the window.

بِضاعة *biḍā3a* NOUN (PLURAL: **بضايِع** *badāyi3*)

merchandise, products البِضاعة الجِّديدة هتيجي بُكْره. *ilbiḍā3a -ggidīda hatīgi búkra.* The new merchandise arrives tomorrow.

بطّ *baṭṭ* COLLECTIVE NOUN (UNIT NOUN: **بطّة** *baṭṭa*)

ducks .البطّة صفْرا *ilbáṭṭa ṣáfra.* The duck is yellow.

- A collective noun can refer to one individual/item by adding ـة *-a*, called a **unit noun**.

➲ See also note for **بُرْتُقان** *burtuʔān* p. 21.

بطّأ *báṭṭaʔ* VERB (**يِبطّأ** *yibáṭṭaʔ*)

slow down العربية بطّئِت على الضّوْء الأحْمر. *il3arabíyya baṭṭáʔit 3ála -ḍḍōʔ ilʔáḥmar.* The car slowed down at the red light.

بطاطِس *baṭāṭis* COLLECTIVE NOUN, FEMININE

potatoes بحِبّ أحُطّ بطاطِس في الشّوْربة. *baḥíbb³ ʔaḥúṭṭ³ baṭāṭis fi -ššúrba.* I like to put potatoes in the soup.

بطْن *baṭn* NOUN (PLURAL: **بُطون** *buṭūn*)

stomach .بطْني بتْوجِعْني *báṭni btiwgí3ni.* My stomach hurts.

بطيء *baṭīʔ* ADJECTIVE (PLURAL: **بُطاء** *buṭāʔ*, ELATIVE: **أبْطأ** *ʔábṭaʔ*)

slow بيِمْشي بِسُرْعة، بسّ هِيَّ بطيئة. *biyímši bi-súr3a, bass³ híyya baṭīʔa.* He walks fast, but she is slow.

بعت *bá3at* VERB (**يِبْعت** *yíb3at*)

send .بعتِّلُه إيميْل *ba3attílu ʔī-mēl.* I sent him an email.

بعْد *ba3d* PREPOSITION

after .اِرْتاحْت بعْد الشُّغْل *irtáḥt³ ba3d iššúɣl.* I rested after work.

(time) **in** .هشوفك بعْد ساعة *hašūfak ba3d³ sā3a.* I'll see you in an hour.

بعْديْن *ba3dēn* ADVERB

later .هشوفك بعْديْن *hašūfak ba3dēn.* I will see you later.

و بعْديْن *wi ba3dēn* CONJUNCTION

then قريْت كِتاب، و بعْديْن نِمْت. *ʔarēt kitāb, wi ba3dēn nimt.* I read a book then I went to bed (lit. I slept).

بعْض *ba3ḍ* PRONOUN

each other !حِبّوا بعْض *ḥíbbu ba3ḍ!* Love each other!

معَ بعْض ADVERB *má3a ba3ḍ*

together .هُمّا عايْشين معَ بعْض *húmma 3ayšīn má3a ba3ḍ.* They live together.

بِعيد *bi3īd* ADJECTIVE (PLURAL: **بُعاد** *bu3ād*, ELATIVE: **أبْعد** *ʔáb3ad*)

far, distant عايِز أسافِر لِبْلاد بِعيدة. *3āyiz ʔasāfir li-blād bi3īda.* I want to travel to distant countries.

بُقّ *buʔʔ* NOUN (PLURAL: **بُقاق** *buʔāʔ*)

mouth .حطِّت إيدْها على بُقّها *ḫáṭṭit ʔídha 3ála buʔʔáha.* She put her hand over her mouth.

بقر *báʔar* COLLECTIVE NOUN

cows, cattle .مبشرْبْش لبن البقر *ma-bašrábšᵊ lában ilbáʔar.* I don't drink cow's milk.

بقى *báʔa* VERB (**يِبْقى** *yíbʔa*)

become .الوَلد عايِز يِبْقى دُكْتور *ilwálad 3āyiz yíbʔa duktūr.* The boy wants to become a doctor.

بُكْره *búkra* ADVERB

tomorrow ؟بُكْره أيْه في الأيّام *búkra ʔē fi -lʔayyām?* What day is tomorrow?

بِلاسْتيك *bilástik* NOUN

plastic .مبحِبِّش أخزِّن أكْل في البِلاسْتيك *ma-baḫíbbiš ʔaxázzin ʔaklᵊ fi -lbilástik.* I don't like to store food in plastic.

بلد *bálad* NOUN, FEMININE (PLURAL: **بِلاد** *bilād*)

country .مصْر بلد كِبيرة *maṣrᵊ bálad kibīra.* Egypt is a large country.

بلّغ *bállaɣ* VERB (**يِبلّغ** *yibállaɣ*)

notify, report .هُوَّ بلّغ عنُّه البوليس *húwwa bállaɣ 3ánnu -lbulīs.* He reported him to the police. بلّغْت البنْك بِعِنْواني الجِديد. *balláɣt ilbánkᵊ bi-3inwāni -lgidīd.* I notified the bank of my new address.

- Verbs that require–or don't require–a preposition differ between English and Arabic. It's a good idea to study them in context (in the example sentences here) to see how they're used. In the two examples above, look at which objects take the prepositions عن *3an* and بِـ *bi-*.

بلكوْنة *balakōna* NOUN

balcony .نطّ مِن البلكوْنة *naṭṭᵊ min ilbalakōna.* He jumped off of the balcony.

بِلوزة *bilūza* NOUN

blouse ؟حبّيْت بِلوزْتِك! هِيَّ جْديدة *ḫabbēt bilúztik! híyya gdīda?* I love your blouse! Is it new?

بِنْت *bint* NOUN (PLURAL: **بنات** *banāt*)

girl .البِنْت لابْسة فُسْتان بينْك *ilbíntᵊ lábsa fustān pīnk.* The girl is wearing a pink dress.

daughter .دي بِنْتي *di bínti.* This is my daughter.

بنْزين *banzīn* NOUN (NO PLURAL)

gas(oline) .العربية مِحْتاجة بنْزين *il3arabíyya miḫtāga banzīn.* The car needs gas.

بِنْسة *bínsa* NOUN (PLURAL: **بِنس** *bínas*)

pin .فيه بِنْسة في شعْرها *fī bínsa f ša3ráha.* There is a pin in her hair.

بنْطلوْن *banṭalōn* NOUN

(pair of) pants, trousers لِبِس بنْطلوْن إسْوِد. *líbis banṭalōn ʔíswid.* He wore (a pair of) black pants.

- In English, some words–such as pants and scissors–are always plural, while, in Arabic, they are singular when referring to one pair.

بنْك *bank* NOUN (PLURAL: **بُنوك** *bunūk*)

bank نبيل حطّ فْلوسُه في البنْك. *nabīl ɧattᵊ flūsu fi -lbank.* Nabil put his money in the bank.

بنى *bána* VERB (**يِبْني** *yíbni*)

build هَيِبْنوا مبْنى جْديد هِنا. *hayíbnu mábna gdīd hína.* They're going to build a new building here.

بُنّي *búnni* ADJECTIVE, INVARIABLE

brown عنْدها عِيون بُنّي جميلة. *3andáha 3iyūn búnni gamīla.* She has beautiful brown eyes.

- This is an invariable adjective, which means it does not take suffixes to agree with a feminine or plural noun. In the above example, the noun is plural but the adjective does not take the plural suffix ـين *-īn.*

بُهار *buhār* NOUN

spice, seasoning البُهارات في دولاب المطْبخ. *ilbuharāt fi dulāb ilmáṭbax.* The spices are in the cupboard.

بوّابة *bawwāba* NOUN

gate هسْتنّى على البوّابة الزّرْقا. *hastánna 3ála -lbawwāba -zzárʔa.* I will wait at the blue gate.

بوليس *bulīs* NOUN (NO PLURAL)

police البوليس وَقّف الشّخْص اللي مِش كُوَيِّس. *ilbulīs wáʔʔaf iššáxṣ ílli miš kuwáyyis.* The police stopped the bad guy.

بِيانو *biyānu* NOUN (PLURAL: **بِيانوهات** *biyanuhāt*)

piano عايِز يِتْعلِّم بِيانو. *3āyiz yit3állim biyānu.* He wants to learn the piano.

بيْبي *bēbi* NOUN (PLURAL: **بيْبيهات** *bibihāt*)

baby البيْبي بِيِشْرب لبن. *ilbēbi biyíšrab lában.* The baby drinks milk.

بيْت *bēt* NOUN (PLURAL: **بِيوت** *biyūt*)

house بيْتك كِبير أَوي! *bētak kibīr ʔáwi!* Your house is so big!

home عايِز أروح البيْت. *3āyiz ʔarūɧ ilbēt.* I want to go home.

بيتْزا *pīdza* NOUN (PLURAL: **بيتْزات** *pidzāt*)

pizza كلْت بيتْزا في الغدا. *kaltᵊ pīdza fi -lɣáda.* I ate pizza for lunch.

بير *bīr* NOUN (PLURAL: **آبار** *ʔabār*)

well البير ناشِف. *ilbīr nāšif.* The well is dry.

بيرة *bīra* NOUN (NO PLURAL)

beer بِيْحِبّوا يِشْربوا بيرة على البحْر. *biyɧíbbu yišrábu bīra 3ála -lbaɧr.* They like to drink beer at the beach.

بيزْنِس *bíznis* NOUN (NO PLURAL)

business اِبْتدوا بيزْنِس عائِلي. *ibtádu bíznis 3āʔíli.* They started a family business.

بيْض *bēḍ* COLLECTIVE NOUN

eggs مِحْتاجين نِشْترِي بيْض مِن المحلّ. *miɧtagīn ništíri bēḍ min ilmaɧáll.* We need to buy eggs at the store.

بيْن *bēn* PREPOSITION

between البنْك بيْن المطْعم و المحلّ.

ilbánkᵊ bēn ilmáṭ3am w ilmaḫáll. The bank is between the restaurant and the store. بيْني و بيْنك، الأكْل مكانْش طعْمُه حِلْو. *bēni wi bēnak, il?áklᵊ ma-kánšᵊ ṭá3mu ḫilw.* Between you and me, the food wasn't tasty.

بيّن *báyyin* VERB (**يبيّن** *yibáyyin*)

signal اِبْتسمِت عشان تِبيِّن إنّها مُوافْقة. *ibtásamit 3ašān tibáyyin ?innáha muwáf?a.* She smiled to signal that she agrees.

بينْك *pīnk* ADJECTIVE, INVARIABLE

pink لِبْسِت فُسْتان بينْك. *líbsit fustān pīnk.* She wore a pink dress.

- Native Arabic words don't have *p* or *v* sounds, but many speakers will retain those sounds in words borrowed from other languages, while others tend to say *b* and *f* instead. You may hear *pīnk* or *bīnk.*

ت

ت ـتـ تـ ـت

isolated initial medial final

Taa is the third letter of the Arabic alphabet. It is pronounced t (as in the word tall). When words that are spelled with the letter ث in Modern Standard Arabic are pronounced as *t* in Egyptian Arabic, they are spelled with ت instead. Phonemic transcription: ***t***

ا ب **ت** ث ج ح خ د ذ ر ز س ش ص ض ط ظ ع غ ف ق ك ل م ن ه و ي

تأْثير *taʔsīr* NOUN

effect الموسيقى الهادْيَة ليها تأْثير كُوَيِّس على الأطْفال. *ilmusīqa -lhádya līha taʔsīr kuwáyyis 3ála -lʔaṭfāl.* Soft music has a good effect on children.

تاريخ *tarīx* NOUN (PLURAL: **تَواريخ** *tawarīx*)

history البلد دي ليها تاريخ غني. *ilbálad di līha tarīx ɣáni.* This country has a rich history.

تاكْسي *táksi* NOUN (PLURAL: **تُكْسة** *tukúsa*)

taxi يَلّا ناخُد تاكْسي! *yálla nāxud táksi!* Let's take a taxi!

- You may also hear **تاكْس** *taks* (taxi) and the plural **تاكْسيهات** *taksihāt.*

تالِت *tālit* ADJECTIVE

third كِسِب المرْكز التّالِت. *kísib ilmárkaz ittālit.* He got third place.

تاني *tāni* ADJECTIVE (FEMININE: **تانْيَة** *tánya*)

other, another اِدّيني مقاس تاني لِلفُسْتان ده. *iddīni maʔās tāni li-lfustān da.* Give me another size of this dress. بحِبّ أتْعلِّم لُغات تانْيَة. *baḥíbbᵊ ʔat3állim luɣāt tánya.* I like to learn other languages.

else الوَلد عايِز أُمُّه مِش أيّ حدّ تاني. *ilwálad 3āyiz ʔúmmu, miš ʔayyᵊ ḥaddᵊ tāni.* The child wants his mother and no one else.

more, additional, further تِقْدر تِدّيني معْلومات تانْيَة؟ *tíʔdar tiddīni ma3lumāt tánya?* Can you give me further information? عنْدي اتْنينْ تاني. *3ándi -tnēn tāni.* I have two more.

second خد المرْتبة التّانْيَة. *xad ilmartába -ttánya.* He took second place. سألْتِني نفْس السُّؤال مرّة تانْيَة. *saʔaltíni nafs issuʔāl márra tánya.* You asked me the same question again [lit. a second time].

ADVERB **again** سألْتِني نفْس السُّؤال تاني.

saʔaltíni nafs issuʔāl tāni. You asked me the same question again.

تُجاري *tugāri* ADJECTIVE

commercial, retail, business- فتحْت محلّ تُجاري. *fatáħtᵊ maħállᵊ tugāri.* I opened a retail store.

تجْرِبة / تجْرُبة *tagríba* / *tagrúba* NOUN (PLURAL: **تجارِب** *tagārib* / **تجارُب** *tagārub*)

experience رِحْلِتي كانِت تجْرِبة/تجْرُبة حِلْوَة. *riħlíti kānit tagríba/tagrúba ħílwa.* My trip was a nice experience.

- Some words, like this one, have two accepted pronunciations.

تحْت *taħt*

PREPOSITION **under** القُطّة نايْمة تحْت السِّرير. *ilʔúṭṭa náyma taħt issirīr.* The cat is sleeping under the bed.

ADVERB **below, downstairs** . ماما بِتِتْفرّج على التِّلِفِزْيوْن تحْت *māma bititfárrag 3ála -ttilifizyōn taħt.* Mom is watching TV downstairs.

تِخين *tixīn* ADJECTIVE (PLURAL: **تُخان** *tuxān,* ELATIVE: **أتْخن** *ʔátxan*)

thick إِنْتَ بْتِقْرا كِتاب تِخين فِعْلاً! *ʔínta btíʔra kitāb tixīn fí3lan!* You're reading a really thick book!

(person) **fat, overweight** هُوَّ تْخين عشان بِياكُل كِتير. *húwwa txīn 3ašān biyākul kitīr.* He is fat because he eats a lot.

تدْخين *tadxīn* NOUN (NO PLURAL)

smoking التّدْخين مُمْكِن يِقْتِل. *ittadxīn múmkin yíʔtil.* Smoking can kill.

تذْكرة *tazkára* NOUN (PLURAL: **تذاكِر** *tazākir*)

ticket التّذاكِر بِتاعِةْ الحفْلة غالْيَة. *ittazākir bitā3it ilħáfla ɣálya.* The tickets for the concert are expensive.

- You may notice in the audio that the singular word sounds more like taskára. This is because *k* is an unvoiced sound and can cause a preceding sound to become unvoiced (*z* → *s*) in natural speech.

تُراب *turāb* NOUN (PLURAL: **أتْرِبة** *ʔatríba*)

dust كان فيه تُراب كِتير على الكُتُب. *kān fī turāb kitīr 3ála -lkútub.* There was a lot of dust on the books.

تُرْبة *túrba* NOUN (PLURAL: **تُرَب** *túrab*)

grave مبيْحِبِّش يزور التُّرب. *ma-biyħíbbiš yizūr ittúrab.* He doesn't like to visit graves.

ترْقية *tarʔíyya* NOUN

raise خد ترْقية في الشُّغْل. *xad tarʔíyya fi -ššuɣl.* He got a raise at work.

تِسْعة *tís3a* NUMBER (SHORT: **تِسع** *tísa3*)

nine تِسْعة مِن أصْحابي مجوش الحفْلة. *tís3a min ʔaṣħābi ma-gūš ilħáfla.* Nine of my friends didn't come to the party.

➲ See note for **تلاتة** *talāta* p. 30.

تِسعْتاشر *tisa3tāšar* NUMBER

nineteen اِشْتريْت عربيتي الأوّلانية في سِنّ تِسعْتاشر. *ištarēt 3arabīti -lʔawwalaníyya fi sinnᵊ tisa3tāšar.* I bought my first car at the age of nineteen.

تِسْعين *tis3īn* NUMBER

ninety بحِبّ أسْمع موسيقى مِن التِّسْعينات. *baḫíbbᵊ ʔásma3 musīqa min ittis3ināt.* I like to listen to music from the '90s.

تِسْلية *tislíyya* NOUN (PLURAL: **تسالي** *tasāli*)

fun, enjoyment بلْعب بِيانو لِلتِّسْلية. *bál3ab biyānu li-ttislíyya.* I play the piano for fun.

تشْكيلة *taškīla* NOUN

mixture, assortment بسْتعْمِل تشْكيلِةْ خُضار لِلطّبق ده. *bastá3mil taškīlit xuḍār li-ṭṭábaʔ da.* I use a mix of vegetables for this dish.

collection فيه تشْكيلِةْ لِبْس جْديدة في المحلّ. *fī taškīlit libsᵊ gdīda fi -lmaḫáll.* There is a new collection of clothes in the store.

تعالى *ta3āla* IMPERATIVE VERB (FEMININE: **تعالي** *ta3āli*, PLURAL: **تعالوا** *ta3ālu*)

come تعالى هِنا! *ta3āla hína!* Come here!

- This is the imperative (command) form used for the verb **جِه** *gih* (come) p. 37.

تِعِب *tí3ib* VERB (**يِتْعب** *yít3ab*)

get sick تِعِب فا فِضِل في البيْت. *tí3ib fa fíḍil fi -lbēt.* He got sick, so he stayed at home.

تعْبان *ta3bān* ADJECTIVE

tired كانِت تعْبانة بعْد ما نضّفِت البيْت. *kānit ta3bāna ba3dᵊ ma naḍḍáfit ilbēt.* She was tired after cleaning the house.

ill, sick, unwell مرُحْتِش الشُّغْل لإنّي تعْبان. *ma-rúḫtiš iššúɣlᵊ la-ʔínni ta3bān.* I didn't go to work because I'm sick.

تعْلب *tá3lab* NOUN (PLURAL: **تعالِب** *ta3ālib*)

fox التّعْلب بُنّي. *ittá3lab búnni.* The fox is brown.

تعْليم *ta3līm* NOUN (NO PLURAL)

education التّعْليم كُويِّس أَوي في أوروبّا. *itta3līm kuwáyyis ʔáwi f ʔurúbba.* Education is very good in Europe.

تُفّاح *tuffāḫ* COLLECTIVE NOUN

apples هِبة بِتْحِبّ تاكُل تُفّاح. *híba bitḫíbbᵊ tākul tuffāḫ.* Hiba likes to eat apples.

تقاطُع *taʔāṭu3* NOUN

intersection, corner أنا مِسْتنّي في التّقاطُع. *ʔána mistánni fi -ttaʔāṭu3.* I'm waiting on the corner.

تقْريباً *taʔrīban* ADVERB

around, about, nearly بعْد خمس دقايِق تقْريباً وَصلت. *ba3dᵊ xámas* *daʔāyiʔ taʔrīban wáṣalit.* After nearly five minutes, she arrived.

تقْرير *taʔrīr* NOUN (PLURAL: **تقارير** *taʔarīr*)

report شُفْت التّقْرير في التِّلِفِزْيوْن. *šuft ittaʔrīr fi -ttilifizyōn.* I saw the report on TV. الدُّكْتور كتب تقْرير. *idduktūr kátab taʔrīr.* The doctor wrote a report.

تِقيل *tiʔīl* ADJECTIVE (PLURAL: **تُقال** *tuʔāl,* ELATIVE: **أتْقل** *ʔátʔal*)

heavy الصّنْدوق تِقيل أوي. *issandūʔ tiʔīl ʔáwi.* The box is very heavy.

تكْلِفة *taklífa* NOUN (PLURAL: **تكاليف** *takalīf*)

cost, expense التّكْلِفة الإجْمالية لِلبِضاعة غالْيَة. *ittaklífa -lʔigmalíyya li-lbiḍā3a ɣálya.* The total cost of the products is expensive.

تلّ *tall* NOUN (PLURAL: **تِلال** *tilāl*)

hill فيه تلْج على التّلّ. *fī talgᵊ 3ála -ttall.* There is snow on the hill.

التّلات *ittálat* ADVERB

(on) Tuesday إنْتَ اشْتغلْت التّلات؟ *ʔínta -štaɣált ittalāt?* Did you work on Tuesday?

➲ See note for **الحدّ** *ilḥádd* p. 40.

تلاتّاشر *talattāšar* NUMBER

thirteen إبْني عنْدُه تلاتّاشر سنة. *ʔíbni 3ándu talattāšar sána.* My son is thirteen years old.

تلاتة *talāta* NUMBER (SHORT: **تلات** *tálat*)

three عايِز تلات وَلّا أرْبع حِتت؟ *3āyiz tálat wálla ʔárba3 ḥítat?* Do you want three or four pieces?

- The numbers 3-10 have short forms that are used before a noun. The **ة** *-a* ending is dropped from the numbers 3-10 before a noun.
- Notice that the vowel in this particular number becomes short in the short form (*tálat*, not ~~*talāt*~~) but is still spelled with alif.

تلاتين *talatīn* NUMBER

thirty هكمِّل التّلاتين قُريِّب. *hakámmil ittalatīn ʔuráyyib.* I'm going to be thirty soon.

تلّاجة *talāga* NOUN

refrigerator حطّيْت اللّبن في التّلّاجة. *ḥaṭṭēt illában fi -ttalāga.* I put the milk in the refrigerator.

تلْج *talg* COLLECTIVE NOUN

ice بِيْحِبّ يِشْرب عصير معَ تلْج. *biyḥíbbᵊ yíšrab 3aṣīr má3a talg.* He likes to drink juice with ice.

snow العِيال بِيْحِبّوا يِلْعبوا بِالتّلْج. *il3iyāl biyḥíbbu yil3ábu bi-ttálg.* Kids like to play with snow.

تِلِفِزْيوْن *tilifizyōn* NOUN

TV مبْتفرّجْش كِتير على التِّلِفِزْيوْن. *ma-batfarrágšᵊ kitīr 3ála -ttilifizyōn.* I don't watch a lot of TV.

تِلْميذ *tilmīz* NOUN (PLURAL: **تلاميذ** *talamīz*)

student, pupil التّلاميذ المفْروض يِسْمعوا مُدرِّسِتْهُم. *ittalamīz ilmafrūḍ* *yismá3u mudarrisíthum.* Students should listen to their teacher.

- Nouns denoting humans–and particularly those of occupation and nationality–have two forms. The base form is masculine and refers to a male. By adding **ـة** *-a,* we make a feminine noun that refers to a female: **تِلْميذ** *tilmīz* (male student) → **تِلْميذة** *tilmīza* (female student).
- The plural can refer to students or either gender (or a mixed group) in Egyptian Arabic. To exmphasize that a group is all female, the plural ending **ـات** *-āt* can be used: **تِلْميذات** *tilmizāt* (female students)

تِليفوْن *tilifōn* NOUN

telephone, phone تِليفوْني رنّ. *tilifōni rann.* My phone rang.

تمام *tamām* INTERJECTION

okay, all right تمام، هاجي بُكْره! *tamām, hāgi búkra!* Okay, I will come tomorrow!

تمانْتاشر *tamantāšar* NUMBER

eighteen حطّ تمانْتاشر شمْعة على التّورْتة. *ħaṭṭᵊ tamantāšar šám3a 3ála -ttúrta.* He put eighteen candles on the cake.

تمانْية *tamánya* NUMBER (SHORT: **تمان** *tamān*)

eight السّاعة تمانْية. *issā3a tamanya.* It is eight o'clock.

➲ See note for **تلاتة** *talāta* p. 30.

تمانين *tamanīn* NUMBER

eighty ده تكْلِفْتُه تمانين دولار. *da taklíftu tamanīn dulār.* It cost eighty dollars.

تمْرين *tamrīn* NOUN (PLURAL: **تمارين** *tamarīn*)

exercise بسْتحمّى بعْد التّمْرين. *bastaħámma ba3d ittamrīn.* I take a shower after exercising.

تِنِس *tínis* NOUN (NO PLURAL)

tennis بيِلْعبوا تِنِس كُلّ سبْت. *biyil3ábu tínis kullᵊ sabt.* They play tennis every Saturday.

تهْديد *tahdīd* NOUN

threat مِش بصدّق تهْديداتُه. *miš basádda? tahdidātu.* I don't believe his threats.

تي شيرْت *tī-širt* NOUN

T-shirt ده تي شيرْتي المُفضّل. *da tī- šírti -lmufáḍḍal.* This is my favorite T-shirt.

تيْتة *tēta* (ALSO SPELLED: **تيْتا**) NOUN (NO PLURAL)

grandma تيْتة، مِحْتاجة مُساعْدة في المطْبخ؟ *tēta, miħtāga musá3da fi -lmáṭbax?* Grandma, do you need help in the kitchen?

This word is a form of address. (➲ Compare with **سِتّ** *sitt* p. 64)

ث

ث ثـ ـثـ ـث

isolated initial medial final

Thaa is the fourth letter of the Arabic alphabet. It is pronounced s (as in the word **s**ix) in Egyptian Arabic. It has the same pronunciation as the letter س, but its spelling is retained for words that are spelled with ث in Modern Standard Arabic and pronounced s in Egyptian Arabic. Phonemic transcription: ***s***

ا ب ت **ث** ج ح خ د ذ ر ز س ش ص ض ط ظ ع غ ف ق ك ل م ن ه و ي

ثابِت *sābit* ADJECTIVE

fixed, stable .بدْفع على فترْات ثابْتة *bádfa3 3ála fatrāt sábta.* I pay over a fixed period.

ثبّت *sábbit* VERB (**يِثبّت** *yisábbit*)

fix, establish هُوَّ ثبّت اللّوْحة على الحيْطة. *húwwa sábbit illōḥa 3ála -lḥēṭa.* He fixed the painting to the wall.

ثِقة *síqa* NOUN (NO PLURAL)

trust .أنا حاطِط ثِقتي فيك *ʔána ḥāṭit síqati fīk.* I'm putting my trust in you.

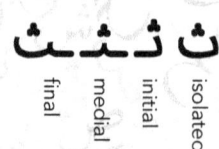

ج

ج جـ ـجـ ـج

isolated initial medial final

Jiim is the fifth letter of the Arabic alphabet. It is normally pronounced g (as in the English word gas). Phonemic transcription: ***g***. It is pronounced zh (as in vision or French jour) in certain words borrowed from foreign languages: ***ž***

جاب *gāb* VERB (**يِجيب** *yigīb*)

bring هتْجيب أيْه معاك في الحفْلة؟ *hatgīb ʔē ma3āk fi -lħáfla?* What are you going to bring to the party?

receive, get هِيَّ دايْماً بِتْجيب درجات كُوَيِّسة. *híyya dáyman bitgīb daragāt kuwayyísa.* She always gets good grades.

جاتوْه *gatō* NOUN (PLURAL: **جاتوهات** *gatuhāt*)

cake الجاتوْه ده لذيذ! *ilgatō da lazīz!* This cake is delicious!

جار *gār* NOUN (PLURAL: **جيران** *girān*)

neighbor جاري عنْدُه جِنيْنة حِلْوَة. *gāri 3ándu ginēna ħílwa.* My neighbor has a nice garden.

جارْسوْن *garsōn* NOUN (PLURAL: **جرْسوْنات** *garsunāt*)

waiter مشُفْتِش الجارْسوْن لِمُدّةْ نُصّ ساعة. *ma-šúftiš ilgarsōn li-múddit nuṣṣᵊ sā3a.* I haven't seen our waiter for half an hour.

جارْسوْنة *garsōna* NOUN

waitress اِشْتغلْت جارْسوْنة لِمُدّةْ خمس سِنين. *ištaɣáltᵊ garsōna li-múddit xámas sinīn.* I worked as a waitress for five years.

جاع *gā3* VERB (**يِجوع** *yigū3*)

become hungry جاع عشان مكلْش مِن الصُّبْح. *gā3 3ašān ma-kálšᵊ min iṣṣúbħ.* He got hungry because he hadn't eaten since morning.

جافّ *gāff* ADJECTIVE (ELATIVE: **أجفّ** *ʔagáff*)

dry, arid البلد جوّها جافّ. *ilbálad gawwáha gāff.* The country has a dry climate.

جاكيت *žākit* NOUN (PLURAL: **جَواكِت** *žawākit*)

jacket مِحْتاج أشْترِي جاكيت جِديد لِلشِّتا. *miħtāg ʔaštíri žākit gidīd li-ššíta.* I need to buy a new jacket for winter.

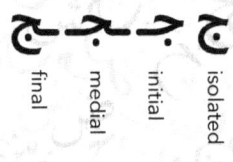

- In some foreign borrowed words, ج is pronounced *ž* as in bei<u>g</u>e or vi<u>s</u>ion.

جامِد *gāmid* ADJECTIVE (ELATIVE: **أجْمد** *ʔágmad*)

hard, stiff الجِّبْنة دي جامْدة كِده ليْه؟ *iggíbna di gámda kída lē?* Why is this cheese so hard?

جامِع *gāmi3* NOUN (PLURAL: **جَوامِع** *gawāmi3*)

mosque أكْبر جامِع في مصْر في القاهِرة. *ʔákbar gāmi3 fi maṣrᵊ fi -lqāhíra.* The largest mosque in Egypt is in Cairo.

جامْعة *gám3a* NOUN

university, college إمْتى اتْخرّجْت مِن الجامْعة؟ *ʔímta -txarrágtᵊ min ilgám3a?* When did you graduate from college?

جانِب *gānib* NOUN (PLURAL: **جَوانِب** *gawānib*)

side الدّايْرة ملْهاش جَوانِب. *iddáyra ma-lhāš gawānib.* A circle doesn't have sides.

جاهِز *gāhiz* ADJECTIVE

ready جاهِز أرُدّ على سُؤالك. *gāhiz ʔarúddᵊ 3ála suʔālak.* I am ready to answer your question.

جايّ *gayy* ADJECTIVE

next, coming وَرّيني شُغْلك الأُسْبوع الجّايّ. *warrīni šúɣlak ilʔusbū3 iggáyy.* Show me your work next week. أتْمنّى السّنة الجّايّة تِكون أسْهل. *ʔatmánna -ssána -ggáyya tikūn ʔáshal.* I hope the coming year will be easier.

جايِز *gāyiz* ADVERB

perhaps, possibly; probably البيْبي بيْعيّط عشان جايِز عايِز لبن. *ilbēbi biy3áyyaṭ 3ašān gāyiz 3āyiz lában.* The baby is crying because he probably wants milk.

جايْزة *gáyza* NOUN (PLURAL: **جَوايِز** *gawāyiz*)

prize خد جايْزةْ أحْسن مُمثِّل. *xad gáyzit ʔáḫsan mumássil.* He got the award for best actor.

جبر *gábar* VERB (**يِجْبُر** *yígbur*)

force الأهْل المفْروض ميجْبرُوش وِلادْهُم إنُّهُم ياكْلوا. *ilʔáhl ilmafrūḍ ma-yigburūš wiládhum ʔinnúhum yáklu.* Parents should not force their children to eat.

جبل *gábal* NOUN (PLURAL: **جِبال** *gibāl*)

mountain الجبل مِتْغطّي تلْج. *ilgábal mitɣáṭṭi talg.* The mountain is covered with snow.

جِبْنة *gíbna* NOUN (PLURAL: **جِبن** *gíban*)

cheese باكُل جِبْنة و بشْرب شايْ الصُّبْح. *bākul gíbna wi bášrab šāy -ṣṣubḫ.* I eat cheese and drink tea in the morning.

جِدّ *gidd* NOUN (PLURAL: **جُدود** *gudūd*)

grandfather جِدّي ليه دقْن بيْضا. *gíddi lī daʔnᵊ bēḍa.* My grandfather has a white beard.

- One word for 'grandmother' would be **جِدّة** *gídda.* In this dictionary, we present two others:

سِتّ *sitt* p. 64 and تيتة *tēta* p. 31.

جِدّاً *gíddan* ADVERB

very, quite الجّوّ برْد جِدّاً. *iggáwwᵊ bardᵊ gíddan.* The weather is very cold.

جِدّو *gíddu* NOUN (NO PLURAL)

grandpa جِدّو، مُمْكِن آجي معاك؟ *gíddu, múmkin ʔāgi ma3āk?* Grandpa, can I come with you?

جِديد *gidīd* ADJECTIVE (PLURAL: **جُداد** *gudād,* ELATIVE: **أجْدد** *ʔágdad*)

new شُفْت فيلْم جْديد. *šuftᵊ filmᵊ gdīd.* I watched a new movie.

جرّب *gárrab* VERB (**يِجرّب** *yigárrab*)

try, attempt بجرّب أطْبُخ أكْل لُبْناني. *bagárrab ʔáṭbux ʔaklᵊ lubnāni.* I'm trying to cook Lebanese food.

جرْح *garḥ* NOUN (PLURAL: **جُروح** *gurūḥ*)

wound, cut عنْدها جرْح على إيدْها اليمين. *3andáha garḥᵊ 3ála ʔídha -lyimīn.* She has a cut on her right hand.

جرس *gáras* NOUN (PLURAL: **أجْراس** *ʔagrās*)

bell جرس المدْرسة رنّ السّاعة اِتْنين. *gáras ilmadrása rann issā3a ʔitnēn.* The school bell rang at two o'clock.

- Notice that the verb precedes the subject in this example, which is a common narrative style. (More commonly, in Egyptian Arabic, the word order is subject + verb.)

جُرْنان *gurnān* NOUN (PLURAL: **جرانين** *garanīn*)

newspaper بقْرا الجُّرْنان الصُّبْح. *báʔra -ggurnān iṣṣúbḥ.* I read the newspaper in the morning.

جِري *gíri* VERB (**يِجْري** *yígri*)

run الأرْنب بِيِجْري بِسُرْعة. *ilʔárnab biyígri bi-súr3a.* The rabbit runs fast.

جِري ورا *gíri wára* **chase, run after** الكّلْب جِري ورا القُطّة. *ikkálbᵊ gíri wára -lʔúṭṭa.* The dog chased the cat.

جريء *garīʔ* ADJECTIVE (ELATIVE: **أجْرأ** *ʔágraʔ*)

brave كانِت جريئة في المُقابْلة. *kānit garīʔa fi -lmuʔábla.* She was brave in the interview.

جُزْء *guzʔ* NOUN (PLURAL: **أجْزاء** *ʔagzāʔ*)

particle شُفْت أوِّل جُزْء مِن الفيلْم. *šuftᵊ ʔáwwil guzʔᵊ min ilfílm.* I watched the first part of the movie.

جزر *gázar* COLLECTIVE NOUN

carrots زرعْنا جزر في الجِّنيْنة. *zará3na gázar fi -gginēna.* We planted carrots in the garden.

جزْمة *gázma* NOUN (PLURAL: **جِزم** *gízam*)

(pair of) shoes نضّفْت جزْمِتي. *naḍḍáftᵊ gazmíti.* I cleaned my shoes.

- The word **جزْمة** *gázma* is grammatically singular but refers to a pair of shoes. The plural form **جِزم** *gízam* refers to many pairs of shoes, or shoes in general, as in **محلّ جِزم** *maḥáll gízam* (shoe store), while a single shoe is expressed using the word **فرْدِة ـ** *fárdit* __:

فرْدِة جزْمة *fárdit gázma* (a shoe)

جزيرة *gizīra* NOUN (PLURAL: **جُزُر** *gúzur*)

island الجِّزيرة بِتْكون في وِسْط البحْر. *iggizīra bitkūn fi wisṭ ilbáḫr.* The island is in the middle of the sea.

جِسْم *gism* NOUN (PLURAL: **أجْسام** *ʔagsām*)

body هُمّا كسروا كُلّ عضْمة في جِسْمُه. *húmma kásaru kullᵊ 3áḍma fi gísmu.* They broke every bone in his body.

جعان *ga3ān* ADJECTIVE (ELATIVE: **أجْوَع** *ʔágwa3*)

hungry أنا جعان جِدّاً. *ʔána ga3ān gíddan.* I am very hungry.

جِلْد *gild* NOUN (PLURAL: **جُلود** *gulūd*)

skin جِلْدُه فيه حكّة. *gíldu fī ḫákka.* His skin itches.

جمِّد *gámmid* VERB (**يِجمِّد** *yigámmid*)

freeze هُوَّ جمِّد الفِراخ. *húwwa gámmid ilfirāx.* He froze the chicken.

جمّع *gámma3* VERB (**يِجمّع** *yigámma3*)

collect خالي بِيْجمّع طَوابِع. *xāli biygámma3 ṭawābi3.* My uncle collects stamps.

الجُّمْعة *ilgúm3a* ADVERB

(on) Friday مبْتِشْتغلْش الجُّمْعة. *ma-btištaɣálš iggúm3a.* She doesn't work on Friday.

➲ See note for **الحدّ** *ilḫádd* p. 40.

جُمْلة *gúmla* NOUN (PLURAL: **جُمل** *gúmal*)

sentence الوَلد بِيِقْدر يِكْتِب جُمل قُصيرّة. *ilwálad biyíʔdar yíktib gúmal ʔuṣayyára.* The boy can write short sentences.

جميل *gamīl* ADJECTIVE (PLURAL: **جُمال** *gumāl,* ELATIVE: **أجْمل** *ʔágmal*)

beautiful, handsome, pretty

هِيَّ سِتّ جميلة. *híyya sittᵊ gamīla.* She's a pretty woman.

جنْب *gamb* NOUN (**جِناب** *gināb*)

side خبطْت الجّنْب الشِّمال مِن عربيتي. *xabáṭt iggámb iššimāl min 3arabīti.* I hit the left side of my car.

جنْب *gamb* PREPOSITION

next to قعد جنْبي. *ʔá3ad gámbi.* He sat next to me.

alongside, along اِمْشي جنْبي. *ímši gámbi.* Walk alongside me.

- Although spelled with **ن** *n,* before **ب** *b* it is pronounced *m.*

جنّة *gánna* NOUN

heaven المكان ده زيّ الجّنّة على الأرْض. *ilmakān da zayy iggánna 3ála -lʔarḍ.* This place is like heaven on earth.

جِنْس *gins* NOUN (NO PLURAL)

sex هِيَّ مِش مُهْتمّة بِالجِنْس. *híyya miš muhtámma bi-lgins.* She is not interested in sex.

جِنْسية *ginsíyya* NOUN

nationality معايا جِنْسية واحْدة. *ma3āya ginsíyya wáḫda.* I have one nationality.

جنوب *ganūb* NOUN (NO PLURAL)

south أنا عايِش في الجنوب. *ʔána 3āyiš fi -lganūb.* I live in the south.

جنينة *ginēna* NOUN (PLURAL: **جناين** *ganāyin*)

garden .سِتّي عنْدها جِنيْنة حِلْوَة *sítti 3andáha ginēna ɧílwa.* My grandmother has a nice garden.

park .خدْت وْلادي الجِّنيْنة *xadtᵊ wlādi -gginēna.* I took my kids to the park.

جِنيْه *ginēh* NOUN

Egyptian pound سِعْر الشّقّة دي مِلْيوْن جِنيْه. *si3r iššá??a di, milyōn ginēh.* The price of this apartment is one million Egyptian pounds.

جِهْ *gih* VERB (**ييجي** *yīgi*)

come .خالي جِهْ مِن فرنْسا *xāli gih min faránsa.* My uncle came from France.

➲ See **تعالى** *ta3āla* p. 29 for the imperative form of this verb.

جوّ *gaww* NOUN (PLURAL: **أجْواء** *?agwā?*)

weather .الجّوّ وِحِش *iggáwwᵊ wíɧiš.* The weather is bad.

- Both **ـوْ** *aw* and final **ـوّ** *aww* are pronounced as the diphthong *aw* when the word is said in isolation or at the end of a sentence. So, we only hear the double consonant (*ww*) in the example sentence.

جَواب *gawāb* NOUN (PLURAL: **أجْوِبة** *?agwíba*)

answer .كتب الجَّواب الصّحّ على الوَرقة *kátab iggawāb iṣṣáɧɧᵊ 3ála -lwára?a.* He wrote the correct answer on the paper.

جَواز *gawāz* NOUN

marriage لِسّه بيْحِبّها بعْد سْنين كِتيرة مِن الجَّواز. *líssa biyɧibbáha ba3dᵊ snīn kitīra min iggawāz.* He still loves her after many years of marriage.

جوْز *gōz* NOUN (PLURAL: **إجْواز** *?igwāz*)

husband .جوْزْها دُكْتور *gúzha duktūr.* Her husband is a doctor.

pair .اِشْتريْت جوْز جِزم *ištarēt gōz gízam.* I bought a pair of shoes.

جُوّه *gúwwa*

PREPOSITION **inside** .بحُطّ فْلوسي جُوّة جيْبي *baɧúttᵊ flūsi gúwwa gēbi.* I put my money inside my pocket. العِلْبة جُوّاها صُوَر قديمة. *il3ílba guwwāha ṣúwar ?adīma.* The box contains (lit. [has] in it) old photos.

ADVERB .يَلّا نُقْعُد جُوّه. برّه برْد *yálla nú?3ud gúwwa. bárra bard.* Let's sit inside. It's hot outside.

جيْب *gēb* NOUN (PLURAL: **جِيوب** *giyūb*)

pocket .بحُطّ الفِلوس في جيْبي *baɧútt ilfilūs fi gēbi.* I put the money in my pocket.

جيبة *žība* NOUN

skirt .لبِسْت قميص أبْيَض و جيبة سوْدا *libístᵊ ?amīṣ ?ábyaḍ wi žība sōda.* I wore a white shirt and a black skirt.

جيتار *gitār* NOUN

guitar .إبْني بيِلْعب جيتار *?íbni biyíl3ab gitār.* My son plays the guitar.

جيْش *gēš* NOUN (PLURAL: **جِيوش** *giyūš*)

army .الجّيْش بيِحْمي البلد *iggēš biyíḫmi -lbálad.* The army protects the country.

جيم *žim* NOUN (PLURAL: **جيمّات** *žimmāt*)

gym .بيرِفْع أَوْزان في الجيم *biyírfa3 ʔawzān fi -žžim.* He lifts weights in the gym.

جينْز *žīnz* NOUN

jeans .دايْماً بيِلْبِس جينْز معَ قميص *dáyman biyílbis žīnz má3a ʔamīṣ.* He always wears jeans with a shirt.

ح

ح ـحـ ـحـ ـح

isolated initial medial final

Ḥaa is the sixth letter of the Arabic Alphabet. It is not the same as the English h (which is equivalent to the Arabic letter ه.) It is breathier, as if you are trying to fog up a window. Phonemic transcription: *ɦ*

ا ب ت ث ج **ح** خ د ذ ر ز س ش ص ض ط ظ ع غ ف ق ك ل م ن ه و ي

حاجة *ɦāga* NOUN

thing, object أحْسن حاجة هِيَّ إنّك تِساعِدْها. *ʔáɦsan ɦāga híyya ʔínnak tisa3ídha.* The best thing is to help her.

something عايِز آكُل حاجة. *3āyiz ʔākul ɦāga.* I want to eat something.

حادْثة *ɦádsa* NOUN (PLURAL: **حَوادِث** *ɦawādis*)

accident, incident هُوَّ اتْأخّر عشان كان فيه حادْثة في طريقُه. *húwwa -tʔáxxar 3ašān kān fī ɦádsa fi ṭarīʔu.* He was late because there was an accident on his way.

حارّ *ɦarr* ADJECTIVE

hot الصّيْف حرّ أوي عنْدُكو؟ *iṣṣēf ɦarrᵊ ʔáwi 3andúku?* Is it very hot in the summer where you're from?

حارِب *ɦārib* VERB (**يِحارِب** *yiɦārib*)

fight, battle حارِب عشان حُقوقُه. *ɦārib 3ašān ɦuʔūʔu.* He fought for his rights. جِدّي حارِب في الجَيْش. *gíddi ɦārib fi -ggēš.* My grandfather fought in the army.

حاكِم *ɦākim* NOUN (PLURAL: **حُكّام** *ɦukkām*)

ruler, governor الحاكِم عادِل. *ilɦākim 3ādil.* The ruler is fair.

حالة *ɦāla* NOUN

situation, case الحالة صعْبة. *ilɦāla ṣá3ba.* The situation is difficult.

condition, state حالِةْ البيْت مِش كُوَيِّسة. *ɦālit ilbēt miš kuwayyísa.* The house's condition is bad.

حامي *ɦāmi* ADJECTIVE (FEMININE: **حامْيَة** *ɦámya*)

sharp السِّكّينة حامْيَة. *issikkīna ɦámya.* The knife is sharp.

حاوِل *ɦāwil* VERB (**يِحاوِل** *yiɦāwil*)

try, attempt بحاوِل أطْبُخ أكْل لُبْناني. *baɦāwil ʔáṭbux ʔaklᵊ lubnāni.* I'm trying to cook Lebanese food.

حبّ ħabb VERB (**يِحِبّ** yiħíbb)

like بِيْحِبّ يِقْرا كُتُب. biyħíbbᵊ yíʔra kútub. He likes reading books.

love تيْتة بِتْحِبّ قُططْها. tēta bitħíbbᵊ ʔuṭáṭha. My grandmother loves her cats. بحِبِّك bаħíbbik! I love you!

- Notice that this verb can be followed by an imiperfect verb or a noun (or pronoun suffix).

حُبّ ħubb NOUN (NO PLURAL)

love الحُبّ أعْمى. ilħúbbᵊ ʔá3ma. Love is blind.

حبّة ħábba ADVERB

a (little) bit ذاكِرةْ سِتّي ضعيفة حبّة. zākírit sítti ḍa3īfa ħábba. My grandmother's memory is a bit weak.

حبْل ħabl NOUN (PLURAL: **حِبال** ħibāl)

rope مُمْكِن أساعْدك تُرْبُط الحبْل. múmkin ʔasá3dak túrbuṭ ilħábl. I can help you tie the rope.

حبيب ħabīb NOUN (PLURAL: **حَبايِب** ħabāyib)

beloved

حبيبي ħabībi (male) **my darling, sweetie** إزَّيّك يا حبيبي؟ ʔizzáyyak ya ħabībi? How are you, darling?

حبيبْتي ħabíbti (female) **my darling, sweetie** تعالي هِنا، يا حبيبْتي! ta3āli hína, ya ħabíbti! Come here, darling!

- This word is usually used with the possessive pronoun suffix **ي** -i (my). We can see the masculine and feminine forms above.
- These terms of endearment are not only used between romantic partners, but also with family and friends. See our book *Talk Like an Egyptian* for more on its usage.

حِتّة ħítta NOUN (PLURAL: **حِتت** ħítat)

piece, slice بحِبّ آكُل حِتِّةْ عيْش معَ الشّورْبة. baħíbbᵊ ʔākul ħíttit 3ēš má3a -ššúrba. I like to eat a piece of bread with soup.

حجب ħágab VERB (**يِحْجِب** yíħgib)

block, cover المبْنى الجِّديد حجب المنْظر. ilmábna -lgidīd ħágab ilmánẓar. The new building blocked the view.

حجر ħágar NOUN (PLURAL: **حِجارة** ħigāra)

stone, rock الوَلد رمى حِجارة على الكلْب. ilwálad ráma ħigāra 3ála -lkalb. The boy threw rocks at the dog.

حجز ħágaz VERB (**يِحْجِز** yíħgiz)

book, reserve حجزْت أوْضة في الفُنْدُق. ħagáztᵊ ʔōḍa fi -lfúnduʔ. I booked a room at the hotel.

حدّ ħadd PRONOUN

someone, somebody فيه حدّ على الباب. fī ħaddᵊ 3ála -lbāb. Someone is at the door.

الحدّ ilħádd ADVERB

(on) Sunday لازِم أشْتغل الحدّ ده. lāzim ʔaštáɣal ilħáddᵊ da. I have to work this Sunday.

- Although a noun in its basic sense, 'Sunday' and other days of the week are more commonly used as adverbs of time (expressing *when* something happens). Days of the week take the definite article **ال** *il-* (the) unless grammatically required not to, as in **كُلّ حدّ** *kull ḫádd* (every Sunday).

- To show a regular occurrence, use **أيّام الحدّ** *ʔayyām ilḫádd* (on Sundays).

حدّ *ḫadd* NOUN (PLURAL: **حُدود** *ḫudūd*)

limit, extent. عدّوا الحُدود بِاللّيْل. *3áddu -lḫudūd bi-llēl.* They crossed the border at night.

- When this noun means 'border,' it is always plural in Arabic–literally 'the limits (of a country).'

لِحدّ *li-ḫádd* PREPOSITION **until** (lit. to the extent of) قريْت كِتاب لِحدّ السّاعة عشرة. *ʔarēt kitāb li-ḫádd issā3a 3ášara.* I read a book until 10 o'clock.

حِداشر *ḫidāšar* NUMBER

eleven. الحفْلة بِتِبْدأ حِداشر. *ilḫáfla bitíbdaʔ ḫidāšar.* The party starts at 11 (o'clock).

حديد *ḫadīd* NOUN (PLURAL: **حدايِد** *ḫadāyid*)

iron. الشّاكوش مصْنوع مِن الحديد. *iššakūš maṣnū3 min ilḫadīd.* The hammer is made of iron.

حُرّ *ḫurr* ADJECTIVE (PLURAL: **أحْرار** *ʔaḫrār*)

free. خرج مِن السِّجْن و بقى حُرّ. *xárag min issígnᵊ w báʔa ḫurr.* He left prison and became free.

حرارة *ḫarāra* NOUN

temperature, heat. درجِةْ الحرارة بِتْزيد في الصّيْف *daragit ilḫarāra bitzīd fi -ṣṣēf.* The temperature [lit. degree of heat] rises in the summer.

حرارْتُه ارْتفعِت. *ḫarártu -rtáfa3it.* His temperature has risen.

حرامي *ḫarāmi* NOUN (PLURAL: **حرامية** *ḫaramíyya*)

criminal, thief الحرامية سرقوا البنْك بِاللّيْل. *ilḫaramíyya sáraʔu -lbankᵊ bi-llēl.* The thieves robbed the bank at night.

حرْب *ḫarb* NOUN, FEMININE (PLURAL: **حُروب** *ḫurūb*)

war. ساب البلد بِسبب الحرْب. *sāb ilbálad bi-sábab ilḫárb.* He left the country because of the war.

حرّر *ḫárrar* VERB (**يِحرّر** *yiḫárrar*)

free, set free. هُوَّ حرّر العصْفور. *húwwa ḫárrar il3aṣfūr.* He set the bird free.

حرْف *ḫarf* NOUN (PLURAL: **حُروف** *ḫurūf*)

letter. فيه خمس حُروف في إسْمي. *fī xámas ḫurūf fi ʔísmi.* There are five letters in my name.

حرق *ḫáraʔ* VERB (**يِحْرق** *yíḫraʔ*)

burn. الشّمْعة حرقِت إيدُه. *iššám3a ḫáraʔit ʔīdu.* The candle burned his hand.

حرْق *ḫarʔ* NOUN (PLURAL: **حُروق** *ḫurūʔ*)

burn. حطِّت دَوا على حرْق الوَلد. *ḫáṭṭit*

dáwa 3ála ɧarʔ ilwálad. She put some medicine on the boy's burn.

حرَّك *ɧárrak* VERB (**يِحرَّك** *yiɧárrak*)

move (aside) حرّكْت الكُّرْسي. *ɧarrákt ikkúrsi.* I moved the chair.

حركة *ɧáraka* NOUN

movement, move ليه حركات حِلْوَة و هُوَّ بيرُقْص. *lī ɧarakāt ɧílwa wi húwwa biyúrʔuṣ.* He has nice moves when he dances.

حُرِّيَة *ɧurríyya* NOUN

freedom البلد نالِت حُرِّيِّتْها. *ilbálad nālit ɧurriyyítha.* The country gained its freedom.

حريص *ɧarīṣ* ADJECTIVE (ELATIVE: **أحْرص** *ʔáɧraṣ*)

careful رامِز بيِكون حريص و هُوَّ بيِتْكلِّم. *rāmiz biykūn ɧarīṣ wi húwwa biyitkállim.* Ramez is careful when he speaks.

حريقة *ɧarīʔa* NOUN (PLURAL: **حرايِق** *ɧarāyiʔ*)

fire الحريقة دمّرِت الغابة. *ilɧarīʔa dammárit ilɣāba.* The fire destroyed the forest.

حزين *ɧazīn* ADJECTIVE (PLURAL: **حزانى** *ɧazāna,* ELATIVE: **أحْزن** *ʔáɧzan*)

sad قريْت قِصّة حزينة جِدّاً. *ʔarēt qíṣṣa ɧazīna gíddan.* I read a very sad story.

حسّ *ɧass* VERB (**يِحِسّ** *yiɧíss*)

feel هُوَّ حاسِس إنُّه كْوَيِّس عشان نام كْوَيِّس. *húwwa ɧāsis ʔínnu kwáyyis 3ašān nām kuwáyyis.* He feels good because he slept well.

- Notice that the active participle **حاسِس** *ɧāsis* ('[is] feeling') is used in the first example above, as it expresses how he is feeling at this moment.
- See our book *The Big Fat Book of Egyptian Arabic Verbs* for the full conjugation of this verb and hundreds of others.

حسب *ɧásab* PREPOSITION

according to حسب الأخْبار، مظْبوط. *ɧásab ilʔaxbār, maẓbūṭ.* According to the news, it's true.

حشيش *ɧašīš* NOUN (PLURAL: **حشائِش** *ɧašāʔiš*)

grass الحشيش أخْضر. *ilɧašīš ʔáxḍar.* The grass is green.

حُصان *ɧuṣān* NOUN (PLURAL: **حِصِنة** *ɧiṣína*)

horse الحُصان بِياكُل جزرة. *ilɧuṣān biyākul gázara.* The horse is eating a carrot.

حصل *ɧáṣal* VERB (**يِحْصل** *yíɧṣal*)

happen الأخْطاء بِتِحْصل. *ilʔaxṭāʔ bitíɧṣal.* Mistakes happen.

حضّر *ɧáḍḍar* VERB (**يِحضّر** *yiɧáḍḍar*)

prepare, make ready عجبك العشا اللي حَضَّرْتهُولك؟ *3ágabak il3áša -lli ɧaḍḍartuhūlak?* Did you like the dinner I prepared for you?

حطّ *ɧatt* VERB (**يِحُطّ** *yiɧútt*)

put, place, set حطّ الوَرْد على الطّرابيْزة.

ḫaṭṭ ilwárdᵊ 3ála -ṭṭarabēza. He put the flowers on the table.

حظّ *ḫaẓẓ* NOUN (PLURAL: **حُظوظ** *ḫuẓūẓ*)

luck بتْمنّالك حظّ حِلو. *batmannālak ḫaẓẓᵊ ḫilw.* I wish you good luck.

حفْلة *ḫáfla* NOUN

party الحفْلة بتِبْدأ متْأخّر. *ilḫáfla bitíbdaʔ mitʔáxxar.* The party starts late.

concert التّذاكِر بتاعِةْ الحفْلة غالْيَة. *ittazākir bitā3it ilḫáfla ɣálya.* The tickets for the concert are expensive.

حقّ *ḫaʔʔ* NOUN (PLURAL: **حُقوق** *ḫuʔūʔ*)

right مِن حقّك تِرْتاح. *min ḫáʔʔak tirtāḫ.* It is your right to rest.

حقيقة *ḫaʔīʔa* NOUN (PLURAL: **حقايِق** *ḫaʔāyiʔ*)

truth قُلْت الحقيقة. *ʔult ilḫaʔīʔa.* I told the truth.

fact, reality اِكْتشفْت الحقايِق لِنفْسي. *iktašáft ilḫaʔāyiʔ li-náfsi.* I discovered the facts for myself.

حقيقي *ḫaʔīʔi* ADJECTIVE

real قِصّةْ الفيلْم حقيقية. *qiṣṣit ilfílmᵊ ḫaʔiʔíyya.* The story of the movie is real.

- A **nisba** adjective is the grammatical term for an adjective formed from a noun by adding ـي *-i.* **حقيقي** *ḫaʔīʔi* (real) is derived from the noun **حقيقة** *ḫaʔīʔa* (reality), and because the noun ends in ـة *-a*, it is first dropped before adding ـي *-i.* In the example sentence above, the adjective is feminine (to agree with its subject): ـيّة *-íyya.* (➲ See also **مركزي** *markázi* p. 123)

حكّة *ḫákka* NOUN (NO PLURAL)

itch جِلْدُه فيه حكّة. *gíldu fī ḫákka.* His skin itches (lit. has an itch).

حكم *ḫákam* VERB (**يُحْكُم** *yúḫkum*)

rule الملِكة بتُحْكُم البلد. *ilmálika bitúḫkum ilbálad.* The queen rules the country.

sentence حكموا عليْه بِسنة سِجْن. *ḫákamu 3alē bi-sána sign.* They sentenced him to one year in prison.

- Notice that this verb takes a direct object in its first sense ('rule') but requires the preposition **على** *3ála* in its second sense ('sentence').

حُكْم *ḫukm* NOUN (PLURAL: **أحْكام** *ʔaḫkām*)

sentence, judgment الحُكْم مكانْش عادِل. *ilḫúkmᵊ ma-kánšᵊ 3ādil.* The sentence wasn't fair.

حِلِم *ḫilim* VERB (**يِحْلم** *yíḫlam*)

dream بتِحْلم تِبْقى مشْهورة. *bitíḫlam tíbʔa mašhūra.* She dreams of becoming famous.

حِلْم *ḫilm* NOUN (PLURAL: **أحْلام** *ʔaḫlām*)

dream حِلْمك كان عن أيْه؟ *ḫílmak kān 3an ʔē?* What was your dream about?

حِلْو *ħilw* ADJECTIVE (ELATIVE: **أحْلى** *ʔáħla*)

good, nice, fine الجّوّ حِلْو النّهارْده. *iggáwwᵊ ħilw innahárda.* The weather is nice today.

حماسي *ħamāsi* ADJECTIVE

exciting المُباراة كانِت حماسية. *ilmubarā kānit ħamasíyya.* The game was exciting.

حمّام *ħammām* NOUN

bath خُد حمّام! *xud ħammām!* Take a bath!

bathroom, restroom مبيْحِبِّش يِسْتعْمِل الحمّامات العُمومية. *ma-biyħíbbiš yistá3mil ilħammamāt il3umumíyya.* He doesn't like to use public restrooms.

حمّام سِباحة *ħammām sibāħa*

swimming pool قضّيْت الصّيْف ده جنْب حمّام السِّباحة. *ʔaḍḍēt iṣṣēf da gambᵊ ħammām issibāħa.* I spent the summer by the swimming pool.

حمى *ħáma* VERB (**يِحْمي** *yíħmi*)

protect الشُّرْطة حمِت البيْت. *iššúrṭa ħámit ilbēt.* The police protected the house.

حَوالي *ħawāli* ADVERB

around, about, approximately كان هِناك حَوالي السّاعة أرْبعة. *kān hināk ħawāli -ssā3a ʔarbá3a.* He was there around four o'clock. بعْد حَوالي خمس دقايِق، وَصلِت. *ba3dᵊ ħawāli xámas daʔāyiʔ, wáṣalit.* After about five minutes, she arrived.

حَواليْن *ħawalēn* PREPOSITION

around اُقْعُدوا حَواليْن الطّرابيْزة. *uʔ3údu ħawalēn iṭṭarabēza.* Sit around the table.

حوْش *ħōš* NOUN (PLURAL: **أحْواش** *ʔaħwāš*)

yard, courtyard الوِلاد بِيِلْعبوا في الحوْش. *ilwilād biyil3ábu fi -lħōš.* The children are playing in the yard.

حوِّش *ħáwwiš* VERB (**يِحوِّش** *yiħáwwiš*)

save حوِّشِت فِلوس عشان تِشْتِري عربية. *ħawwíšit filūs 3ašān tištíri 3arabíyya.* She saved money to buy a car.

حوْض *ħōḍ* NOUN (PLURAL: **إحْواض** *ʔiħwāḍ*)

sink الحوْض ملْيان أطْباق. *ilħōḍ malyān ʔaṭbāʔ.* The sink is full of dishes.

حَياة *ħayā* NOUN (NO PLURAL)

life اِسْتِمْتع بِحَياتك! *istímti3 biħayātak!* Enjoy your life!

حيْطة *ħēṭa* NOUN (PLURAL: **حيطان** *ħiṭān*)

wall المُدرِّسة ذنِّبِت التِّلْميذ بِإِنُّه يُقف على الحيْطة. *ilmudarrísa zannībit ittilmīz bi-ʔínnu yúʔaf 3ála -lħēṭa.* The teacher punished the student by making him stand against the wall.

حَيَوان *ħayawān* NOUN

animal الحَيوان ده خطر. *ilħaywān da xáṭar.* This animal is dangerous.

خ

خ ـخ ـخـ خـ

isolated initial medial final

Khaa is the seventh letter of the Arabic alphabet. It is a voiceless guttural sound with no equivalent in English–something between a raspy k and h. It is pronounced like the ch in the Scottish word lo<u>ch</u> or German do<u>ch</u>. Phonemic transcription: ***x***

خاتِم *xātim* NOUN (PLURAL: **خَواتِم** *xawātim*)

ring .اِشْتريْت خاتِم غالي *ištarēt xātim ɣāli.* I bought an expensive ring.

خاصّ *xāṣṣ* ADJECTIVE (ELATIVE: **أخصّ** *ʔaxáṣṣ*)

private المُمثِّل مِش بِيْحِبّ يِتْكلِّم عن حَياتُه الخاصّة. *ilmumássil miš biyḫibbᵊ yitkállim 3an ḫayātu -lxāṣṣa.* The actor doesn't like to talk about his private life.

خاف مِن *xāf min* VERB (**يِخاف من** *yixāf man*)

be afraid of, fear . مُعْظم الأطْفال بِيْخافوا مِن الضّلْمة *mú3ẓam ilʔaṭfāl biyxāfu min iḍḍálma.* Most children are afraid of the dark.

خال *xāl* NOUN (PLURAL: **أخْوال** *ʔaxwāl*)

uncle .خالي عايِش في أمْريكا *xāli 3āyiš fi ʔamrīka.* My uncle lives in America.

- In Arabic, terms for uncle and aunt are more specific than in English. **خال** *xāl* and **خالة** *xāla* are your mother's brother and sister, respectively. Their spouses would be **جوْز خالة** *gōz xāla* (lit. aunt's husband) and **مِرات خال** *mirāt xāl* (lit. uncle's wife).

➲ Compare with **عمّ** *3amm* and **عمّة** *3ámma* p. 89.

خالة *xāla* NOUN

aunt .ميرْنا بِتْحِبّ خالِتْها *mírna bitḫíbbᵊ xalítha.* Mirna loves her aunt.

خالْتو *xáltu* NOUN

auntie .خالْتو، باتي عنْدِنا النّهارْده *xáltu, bāti 3andína -nnahárda.* Auntie, sleep at our house today!

- Some people say **خالْتي** *xálti.*
- This form of address can be used with your actual aunt but also with any woman a generation

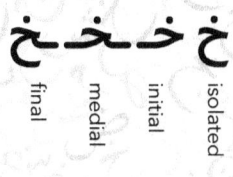

older than you. See our book *Talk Like an Egyptian* for more on addressing people appropriately in Egyptian culture.

خالِص *xāliṣ* ADVERB

absolutely, very فُسْتان العروسة كان جميل خالِص. *fustān il3arūsa kān gamīl xāliṣ.* The bride's dress was absolutely beautiful.

خامة *xāma* NOUN

material, substance البيْت اِتْبنى بِخامات كُوَيِّسة. *ilbēt itbána bi-xamāt kuwayyísa.* The house was built with good materials.

خايِف *xāyif* ADJECTIVE

afraid خالِد خايِف إنّ أبوه يعاقْبُه. *xālid xāyif ʔinnᵊ ʔabū yi3áʔbu.* Khalid is afraid that his father will punish him.

خبر *xábar* NOUN (PLURAL: **أخْبار** *ʔaxbār*)

(piece of) **news** هُوَّ بقى مُتحمِّس لمّا سِمِع الأخْبار. *húwwa báʔa mutaɦámmis lámma sími3 ilʔaxbār.* He got excited when he heard the news.

خبط *xábaṭ* VERB (**يِخْبط** *yíxbaṭ*)

hit, crash into العربية خبطِت الشّجرة. *il3arabíyya xábaṭit iššágara.* The car hit the tree.

خبّط على *xábbaṭ 3ála* VERB (**يِخبّط على** *yixábbaṭ 3ála*)

knock on خبّطْت على الباب تلات مرّات. *xabbáṭtᵊ 3ála -lbāb tálat marrāt.* I knocked on the door three times.

خبّى *xábba* VERB (**يِخبّي** *yixábbi*)

hide خبِّت الكِّتاب وَرا المكْتبة. *xábbit ikkitāb wára -lmaktába.* She hid the book behind the bookcase.

- This verb is **transitive**–it can take an object. (➲ Compare to **اِسْتخبّى** *istaxábba* p. 11.)

ختم *xátam* VERB (**يِخْتِم** *yíxtim*)

stamp ختمِت الرِّسالة. *xátamit irrisāla.* She stamped the letter.

خد *xad* VERB (**ياخُد** *yāxud*)

take خد المُفْتاح و مِشي. *xad ilmuftāɦ wi míši.* He took the key and left.

get, obtain خدِت دوْر في الفيلْم. *xádit dōr fi -lfilm.* She got a role in the movie.

- This verb is also commonly pronounced **أخد** *2áxad* in the perfect tense.

خدّ *xadd* NOUN (PLURAL: **خُدود** *xudūd*)

cheek أخويا عنْدُه علامة على خدُّه اليمين. *ʔaxūya 3ándu 3alāma 3ála xáddu -lyimīn.* My brother has a birthmark on his right cheek.

خدع *xáda3* VERB (**يِخْدع** *yíxda3*)

deceive, fool متْخلّيش حدّ يِخْدعك. *ma-txallīš ɦaddᵊ yixdá3ak.* Don't let anybody fool you.

خدم *xádam* VERB (**يِخْدِم** *yíxdim*)

serve الباص بيِخْدِم مدينة واحْدة. *ilbāṣ biyíxdim madīna wáɦda.* The bus serves one city.

خرج *xárag* VERB (**يُخْرُج** *yúxrug*)

go out مِش عايِز أَخْرُج. عايِز أَفْضل في البيْت. *miš 3āyiz ʔáxrug. 3āyiz ʔáfḍal fi -lbēt.* I don't want to go out. I want to stay home.

خروف *xarūf* NOUN (PLURAL: **خِرْفان** *xirfān*)

sheep عدّيْت الخِرْفان. *3addēt ilxirfān.* I counted the sheep.

خريطة *xarīṭa* NOUN (PLURAL: **خرايِط** *xarāyiṭ*)

map عايِز خريطة عشان ألاقي البيْت. *3āyiz xarīṭa 3ašān ʔalāʔi -lbēt.* I want a map to find the house.

خريف *xarīf* NOUN (NO PLURAL)

autumn, fall وَرق الشّجر بِيُقع في الخريف. *wáraʔ iššágar biyúʔa3 fi -lxarīf.* Leaves fall in autumn.

➲ See note for **صيْف** *ṣēf* p. 76.

خزّن *xázzin* VERB (**يِخزِّن** *yixázzin*)

store خزِّن أكْل لْبعْديْن. *xázzin ʔaklᵊ l-ba3dēn.* He stored food for later.

خزْنة *xázna* NOUN (PLURAL: **خِزن** *xízan*)

safe بِتْخبّي الدّهب في خزْنة. *bitxábbi -ddáhab fi xázna.* She hides gold in a safe.

خِسِر *xísir* VERB (**يِخْسر** *yíxsar*)

lose خِسِر شُغْله. *xísir šúɣlu.* He lost his job.

- This verb means 'lose' as in 'suffer a loss' or 'be defeated' (in a game.) Compare with **ضيّع** *ḍáyya3* p. 78, which means 'misplace,' 'not know where something is.'

خُضار *xuḍār* COLLECTIVE NOUN (PLURAL: **خُضْرَوات** *xuḍrawāt*)

vegetables بِنْتي مِش هتاكُل خُضار. *bínti miš hatākul xuḍār.* My daughter won't eat vegetables.

خطّ *xaṭṭ* NOUN (PLURAL: **خُطوط** *xuṭūṭ*)

line حُطّ خطّ تحْت الكِلْمة. *ḥuṭṭᵊ xaṭṭᵊ taḥt ilkílma.* Put a line under the word.

phone line الخطّ مشْغول. *ilxáṭṭᵊ mašɣūl.* The line is busy.

handwriting خطّك حِلْو أَوي. *xáṭṭak ḥilwᵊ ʔáwi.* Your handwriting is very nice.

خطأ *xáṭaʔ* NOUN (PLURAL: **أخْطاء** *ʔaxṭāʔ*)

mistake هُوَّ اتْعلِّم مِن أخْطائُه. *húwwa -t3állim min ʔaxṭāʔu.* He learned from his mistakes.

خِطاب *xiṭāb* NOUN

speech عايْزة تْقدِّم خِطاب علني. *3āyza tʔáddim xiṭāb 3álani.* She wants to give a public speech.

خطر *xáṭar* ADJECTIVE, INVARIABLE (PLURAL: **أخْطار** *ʔaxṭār*, ELATIVE: **أخْطر** *ʔáxṭar*)

dangerous الحَيوان ده مِش خطر. *ilḥaywān da miš xáṭar.* That animal isn't dangerous.

خطْوَة *xáṭwa* NOUN

step خد خطْوَة ناحْيِةْ الباب. *xad xaṭwa náḥyit ilbāb.* He took a step toward the door. ده سهْل. فيه بسّ تلات خطْوات. *da sahl. fī bassᵊ tálat xaṭwāt.*

It's easy. There are only three steps.

خطيب *xaṭīb* NOUN (PLURAL: **خُطّاب** *xuṭṭāb*)

fiancé قابْلِت خطيبْها في الجّامْعة. *ʔáblit xaṭíbha fi -ggám3a.* She met her fiancé at university.

خطيبة *xaṭība* NOUN

fiancée أنا عارِف خطيبْتُه مِن المدْرسة. *ʔána 3ārif xaṭíbtu min ilmadrása.* I know his fiancée from school.

خفيف *xafīf* ADJECTIVE (PLURAL: **خُفاف** *xufāf,* ELATIVE: **أخفّ** *ʔaxáff*)

light, light-weight التِّلِفِزْيوْن الجِّديد أخفّ بِكْتير مِن القديم. *ittilifizyōn iggidīd ʔaxáffᵊ bi-ktīr min ilʔadīm.* The new TV is much lighter than the old one.

خِلِص *xíliṣ* VERB (**يِخْلص** *yíxlaṣ*)

end, stop الحرْب خِلْصِت. *ilḫárbᵊ xílṣit.* The war ended.

خلّص *xállaṣ* VERB (**يِخلّص** *yixállaṣ*)

complete, finish مخلّصْش رسْمِتُه. فِضِل في الفصْل عشان يِكمِّلْها. *ma-xalláṣšᵊ rasmítu. fíḍil fi -lfaṣlᵊ 3ašān yikammílha.* He didn't finish his drawing. He stayed in class to complete it.

خلّى *xálla* VERB (**يِخلّي** *yixálli*)

make, cause خلّاها تِعيّط. *xallāha ti3áyyaṭ.* He made her cry.

خمْسة *xámsa* NUMBER (SHORT: **خمس** *xámas*)

five عنْدي خمس قُطط. *3ándi xámas ʔúṭaṭ.* I have five cats.

➲ See note for **تلاتة** *talāta* p. 30.

خمسْتاشر *xamastāšar* NUMBER

fifteen فيه خمسْتاشر تِلْميذ. *fī xamastāšar tilmīz.* There are fifteen students.

خمْسين *xamsīn* NUMBER

fifty المزْرعة فيها خمْسين فرْخة. *ilmazrá3a fīha xamsīn fárxa.* The farm has fifty chickens.

- Notice that the noun **فرْخة** *fárxa* is singular in the example–literally 'fifty chicken.' Only the numbers 3-10 are followed by a plural noun in Arabic.

الخميس *ilxamīs* ADVERB

(on) Thursday هشوفك الخميس! *hašūfak ilxamīs!* I'll see you on Thursday!

➲ See note for **الحدّ** *ilḫádd* p. 40.

خِناقة *xināʔa* NOUN

fight كسر مناخيرُه في الخِناقة. *kásar manaxīru fi -lxināʔa.* He broke his nose in the fight.

خنْزير *xanzīr* NOUN (PLURAL: **خنازير** *xanazīr*)

pig الوِلاد قروا قِصِّةْ الخنازير التّلاتة. *ilwilād ʔáru qíṣṣit ilxanazīr ittalāta.* The kids read the story of the three pigs.

خوْف *xōf* NOUN (PLURAL: **مخاوِف** *maxāwif*)

fear مات مِن الخوْف لمّا سِمِع الخبر. *māt min ilxōf lámma sími3 ilxábar.* He [nearly] died of fear when he heard the news.

خوّف *xáwwif* VERB (**يِخوّف** *yixáwwif*)

frighten, scare الخَيال خوِّف الوَلد. *ilxayāl xáwwif ilwálad.* The shadow scared the boy.

خَيال *xayāl* NOUN

shadow شُفْت خَيالك. *šuftᵊ xayālak.* I saw your shadow.

د

د ـد ـدـ د

isolated initial medial final

Daal is the eighth letter of the Arabic alphabet. It is normally pronounced d (as in the English word dog). Phonemic transcription: ***d***

ا ب ت ث ج ح خ **د** ذ ر ز س ش ص ض ط ظ ع غ ف ق ك ل م ن ه و ي

دار *dār* VERB (**يِدور** *yidūr*)

circle, go around الأرْض بِتْدور حَواليْن الشّمْس. *ilʔárḍᵊ bitdūr ḫawalēn iššáms.* The earth goes around the sun.

داس على *dās 3ála* VERB (**يِدوس على** *yidūs 3ála*)

press داس على الزُّرار عشان يِفْتح الباب. *dās 3ála -zzurār 3ašān yíftaḫ ilbāb.* He pressed the button to open the door.

step on متْدوسْش على القُطّة! *ma-tdússᵊ 3ála -lʔúṭṭa!* Don't step on the cat!

دافي *dāfi* ADJECTIVE (FEMININE: **دافْيَة** *dáfya,* ELATIVE: **أدْفى** *ʔádfa*)

warm المكان كان دافي. *ilmakān kān dāfi.* The place was warm.

داق *dāʔ* VERB (**يِدوق** *yidūʔ*)

taste دوق الشّورْبة. لذيذة! *dūʔ iššúrba. lazīza!* Taste the soup. It's delicious!

دايْرة *dáyra* NOUN (PLURAL: **دَوايِر** *dawāyir*)

circle مبعْرفْش أرْسِم دايْرة كْوَيِّس. *ma-ba3ráfšᵊ ʔársim dáyra kwáyyis.* I can't draw a circle well.

دايْماً *dáyman* ADVERB

always دايْماً بروح مطْعم مُنير. *dáyman barūḫ máṭ3am munīr.* I always go to Munir restaurant.

often دايْماً بروح السّينِما. *dáyman barūḫ issīnima.* I often go to the cinema.

دِبّ *dibb* NOUN (PLURAL: **دِببة** *díbaba*)

bear الدِّبّ حَيَوان تِقيل. *iddíbbᵊ ḫayawān tiʔīl.* The bear is a heavy animal.

دِبّان *dibbān* COLLECTIVE NOUN

flies فيه دِبّان كِتير حَواليْن الزِّبالة. *fī dibbān kitīr ḫawalēn izzibāla.* There are many flies around the garbage.

➲ See also note for **بطّ** *baṭṭ* p. 23.

دُخّان *duxxān* COLLECTIVE NOUN (PLURAL: **أدْخِنة** *ʔadxína*)

smoke .بكْرَهْ ريحِةْ الدُّخّان *bákrah rīḫit idduxxān.* I hate the smell of smoke.

دخل *dáxal* VERB (**يِدْخُل** *yídxul*)

enter, go in(to) فتحْت الباب عشان أدْخُل البيْت. *fatáḫt ilbāb 3ašān ʔádxul ilbēt.* I opened the door to enter the house.

دخّن *dáxxan* VERB (**يِدخّن** *yidáxxan*)

smoke .أنا مبدخّنْش *ʔána ma-badaxxánš.* I don't smoke.

دِراسة *dirāsa* NOUN

studies, studying عايْزة تْخلّص دِراساتْها برّه. *3áyza txállaṣ dirasátha bárra.* She wants to finish her studies abroad.

دِراع *dirā3* NOUN

arm .عنْدُه علامة على دْراعُه *3ándu 3alāma 3ála drā3u.* He has a birthmark on his arm.

دُرة *dúra* NOUN (NO PLURAL)

corn .بيزْرعوا دُرة في المزْرعة *biyizrá3u dúra fi -lmazrá3a.* They grow corn on the farm.

درجة *dáraga* NOUN

(school) **grade, mark** درجات التِّلْميذ كانِت كُوَيِّسة. *daragāt ittilmīz kānit kuwayyísa.* The student's grade was good.

temperature درجِةْ الحرارة بِتْزيد في الصّيْف. *daragit ilḫarāra bitzīd fi -ṣṣēf.* The temperature rises in the summer.

درس *dáras* VERB (**يِدْرِس** *yídris*)

study .بيِدْرِسوا هنْدسة *biyidrísu handása.* They are studying engineering.

دَرْس *dars* NOUN (PLURAL: **دُروس** *durūs*)

lesson .اِتْعلِّمْت درْس مِن أخْطائي *it3allímtᵊ darsᵊ min ʔaxṭāʔi.* I learned a lesson from my mistakes.

درِّس *dárris* VERB (**يِدرِّس** *yidárris*)

teach .بدرِّس إنْجِليزي *badárris ʔingilīzi.* I teach English.

- This verb is ditransitive. (➲ See note for **اِدّى** *ídda* p. 9.)

دُشّ *dušš* NOUN (PLURAL: **أدْشاش** *ʔadšāš*)

shower .باخُد دُشّ بعْد التّمْرين *bāxud duššᵊ ba3d ittamrīn.* I take a shower after exercising.

دعا *dá3a* VERB (**يِدْعي** *yíd3i*)

pray .دعِت ربِّنا يِحْفظْلها وِلادْها *dá3it rabbína yiḫfaẓláha wiládha.* She prayed to God to protect her children.

دفع *dáfa3* VERB (**يِدْفع** *yídfa3*)

pay .مُمْكِن تِدْفع بعْديْن *múmkin tídfa3 ba3dēn.* You can pay later.

دُفْعة *duf3a* NOUN

class, group .هُوَّ طِلِع الأوّل على دُفْعتُه *húwwa ṭíli3 ilʔáwwal 3ála duf3ítu.* He graduated first in his class.

دقّ *daʔʔ* VERB (**يِدُقّ** *yidúʔʔ*)

hammer .دقّ المُسْمار في الخشب *daʔʔ*

ilmusmār fi -lxášab. He hammered the nail into the wood.

دقْن *daʔn* NOUN (PLURAL: **دُقون** *duʔūn*)

beard شكْلُه اتْغيرّ لمّا حلق دقْنُه. *šáklu -tɣáyyar lámma ḫálaʔ dáʔnu.* His look changed when he removed his beard.

دقيق *daqīq* ADJECTIVE (ELATIVE: **أدقّ** *ʔadáqq*)

precise, meticulous هُوَّ دقيق في الواجِب بِتاعُه. *húwwa daqīq fi -lwāgib bitā3u.* He is careful with his homework.

دِقيق *diʔīʔ* NOUN (NO PLURAL)

flour مِحْتاج دِقيق عشان أعْمِل كيْكة. *miḫtāg diʔīʔ 3ašān ʔá3mil kēka.* I need flour to make a cake.

دِقيقة *diʔīʔa* NOUN (PLURAL: **دقايِق** *daʔāyiʔ*)

minute الفيلْم بدأ مِن خمس دقايِق. *ilfílmᵊ bádaʔ min xámas daʔāyiʔ.* The movie started five minutes ago.

دُكْتور *duktūr* NOUN (PLURAL: **دكاتْرة** *dakátra*)

doctor لازِم تِشوف دُكْتور. *lāzim tišūf duktūr.* You should see a doctor.

- In the dictionary, we normally only show masculine nouns that refer to jobs or nationalities when the feminine equivalent is formed by adding **ـة** *-a.* A doctor who happens to be female would, predictably, be **دُكْتورة** *duktūra.*
- When referring to a nonspecific person, as in the example sentence above, the masculine form would be used.

دكر *dákar* NOUN (PLURAL: **دُكُرة** *dukúra*)

male هُوَّ الكّلْب دكر وَلّا نْتايَة؟ *húwwa -kkalbᵊ dákar wálla ntāya?* Is the dog male or female?

دِلْوَقْتي *dilwáʔti* ADVERB

now بِتِعْمِل أيْه دِلْوَقْتي؟ *bití3mil ʔē dilwáʔti?* What are you doing now?

دليل *dalīl* NOUN (PLURAL: **أدِلّة** *ʔadílla*)

evidence, clue, lead الشُّرْطة لقْيِت الأدِلّة. *iššúrṭa láʔyit ilʔadílla.* The police found the leads.

دمّ *damm* NOUN (NO PLURAL)

blood كان فيه دمّ على وِشُّه. *kān fī dammᵊ 3ála wíššu.* There was blood on his face.

دِماغ *dimāɣ* NOUN, FEMININE (PLURAL: **أدْمِغة** *ʔadmíɣa*)

head دِماغي واجْعاني. *dimāɣi wag3āni.* My head is hurting me.

دمّر *dámmar* VERB (**يِدمّر** *yidámmar*)

destroy, damage العاصِفة دمّرِت الزّرْع. *il3āṣífa dammárit izzár3.* The storm destroyed the plants.

دمْعة *dám3a* NOUN (PLURAL: **دُموع** *dumū3*)

tears كان فيه دُموع في عيْنيْها لمّا وَدّعِتْنا. *kān fī dumū3 fi 3inēha lámma wadda3ítna.* There were tears in her eyes when she said goodbye to us.

ده *da(h)* PRONOUN, MASCULINE

this, that الرّاجِل ده جارْنا. *irrāgil da gárna.* This man is our neighbor.

- While demonstrative pronouns in

English indicate whether something is here (this) or there (that), in Egyptian Arabic, there is no such distinction. The example sentence could also translate as 'that man...'

- Compare with the feminine **دي** *di* and plural **دول** *dōl* demonstrative pronouns.

دهب *dáhab* NOUN (NO PLURAL)

gold الدّهب غالي. *iddáhab ɣāli.* Gold is expensive.

دهن *dáhan* VERB (**يِدْهِن** *yídhin*)

paint هُوَّ دهن الحيْطة أبْيَض. *húwwa dáhan ilḫēṭa ʔábyaḍ.* He painted the wall white.

spread أحْياناً بدْهِن شُكولاتة على العيْش بِتاعي. *ʔaḫyānan bádhin šukulāta 3ála -l3ēš bitā3i.* I sometimes spread chocolate on my bread.

دِهْن *dihn* NOUN (PLURAL: **دُهون** *duhūn*)

fat الأكْل اللي فيه دِهْن مِش صِحّي. *ilʔákl ílli fī dihn^{ə} miš ṣíḫḫi.* Food that has fat in it is not healthy.

دَوا *dáwa* NOUN (PLURAL: **أدْوِية** *ʔadwíyya*)

medicine الدَّوا ده بِيْخفِّف الوَجع. *iddáwa da biyxáffif ilwága3.* This medicine relieves pain.

دوْر *dōr* NOUN (PLURAL: **أدْوار** *ʔadwār*)

role المُمثِّل لِعِب دوْر صعْب. *ilmumássil lí3ib dōr ṣa3b.* The actor played a difficult role.

turn ده دوْر مين؟ *da dōr mīn?* Whose turn is it?

دوّر *dáwwar* VERB (**يِدوّر** *yidáwwar*)

search, look دوّرْت كْوَيِّس بسّ ملْقيتْش مفاتيحي. *dawwárt^{ə} kwáyyis bass^{ə} ma-lʔíts^{ə} mafatīḫi.* I searched hard but didn't find my keys.

- This verb requires the preposition على *3ála* before its object: دوّرْت على مفاتحي. *dawwártə 3ála mafatīḫi* (I looked for my keys.)

دَوْشة *dáwša* NOUN (NO PLURAL)

noise الدَّوْشة صحِّت البيْبي. *iddáwša ṣáḫḫit ilbēbi.* The noise woke the baby.

دوْل *dōl* PRONOUN, PLURAL

these, those اِدّيني الكُتُب دوْل، لَوْ سمحْت! *iddīni -lkútub dōl, law samáḫt!* Give me those books, please! التّلاميذ دوْل هادْيين. *ittalamīz dōl hadyīn.* These students are calm.

دولاب *dulāb* NOUN (PLURAL: **دَواليب** *dawalīb*)

closet, wardrobe حطّيْت هُدومي في الدّولاب. *ḫaṭṭēt hudūmi fi -ddulāb.* I put my clothes in the closet.

cupboard, cabinet البُهارات في دولاب المطْبخ. *ilbuharāt fi dulāb ilmáṭbax.* The spices are in the kitchen cupboard.

دولار *dulār* NOUN

dollar هدّيلك عشرة دولار. *haddīlak 3ášara dulār.* I'll give you ten dollars.

The full form–and not the short form–of numbers is used before currencies (dollar, pound, etc). (➲ See note for **تلاتة** *talāta* p. 30.)

دي *di* PRONOUN, FEMININE

this (one) دي كانِت أوِّل رِحْلة لِيّا برّه. *di kānit ʔáwwil ríɦla líyya bárra.* This was my first trip abroad.

this, that العربِيّات دي غالْيَة. *il3arabiyyāt di ɣálya.* These cars are expensive. السِّتّ دي عمِّتي. *issítt*ᵊ *di 3ammíti.* That woman is my aunt.

- In the first example, the pronoun is being used as a subject without a noun, while in the other examples, it follows a definite noun, so, in Egyptian Arabic, 'these cars' is literally 'the-cars these.'

ديسْك *disk* NOUN

desk نِسي كِتابُه في الدّيْسْك بِتاع المدْرسة. *nísi kitābu fi -ddisk*ᵊ *bitā3 ilmadrása.* He forgot his book in his school desk.

- Many foreign borrowed words are written with a long vowel even if it is pronounced short: *d<u>i</u>sk* (not ~~*dīsk*~~).

ديسِمْبِر *disímbir* NOUN (NO PLURAL)

December اِتْوَلَدْت في ديسِمْبِر. *itwaládt*ᵊ *f disímbir.* I was born in December.

ديْل *dēl* NOUN (PLURAL: **ديول** *diyūl*)

tail القُطط ليهُم ديْل. *ilʔúṭaṭ līhum dēl.* Cats have tails.

ذ

ذ ذـ ـذـ ـذ

isolated initial medial final

Dhaal is the ninth letter of the Arabic alphabet. It is pronounced *z* (as in **z**oo) in Egyptian Arabic. It has the same pronunciation as the letter ز, but its spelling is retained for words that are spelled with the letter ذ in Modern Standard Arabic and pronounced *z* in Egyptian Arabic. Phonemic transcription: ***z***

ا ب ت ث ج ح خ د **ذ** ر ز س ش ص ض ط ظ ع غ ف ق ك ل م ن ه و ي

ذاكِرة *zākíra* NOUN

memory. تيْتة ذاكِرتْها قَوية. *tēta zākirítha qawíyya.* My grandma has a strong memory.

ذكي *záki* ADJECTIVE (PLURAL: **أذْكِيا** *ʔazkíya,* ELATIVE: **أذْكى** *ʔázka*)

clever, sharp. القِرْد حَيوان ذكي. *ilʔírdᵊ ḥaywān záki.* The monkey is a clever animal.

ذنِّب *zánnib* VERB (**يِذنِّب** *yizánnib*)

punish. المدُرِّس ذنِّب التِّلْميذ. *ilmudárris zánnib ittilmīz.* The teacher punished the student.

ر

ـر ـر ر ر
final medial initial isolated

Raa is the tenth letter of the Arabic alphabet. It is not the same as the English r. It is a tap/flap/trill sound (made with brief contact against the roof of the mouth) as in languages such as Portuguese, Scottish, Spanish, Japanese, and Korean. Phonemic transcription: ***r***

ا ب ت ث ج ح خ د ذ **ر** ز س ش ص ض ط ظ ع غ ف ق ك ل م ن ه و ي

رائع *rāʔi3* ADJECTIVE (ELATIVE: **أرْوَع** *ʔárwa3*)

perfect .الجّوّ رائع *iggáwwᵊ rāʔi3.* The weather is perfect.

راجِل *rāgil* NOUN (PLURAL: **رِجالة** *rigāla*)

man .الرّاجِل ده هَيِبْقى أبّ *irrāgil da hayíbʔa ʔabb.* This man will become a father.

راح *rāḫ* VERB (**يِروح** *yirūḫ*)

go .بروح السوبِر مارْكِت مرّة في الأُسْبوع *barūḫ issūpir márkit márra fi -lʔusbū3.* I go to the supermarket once a week.

- Verbs of motion do not require the preposition لِـ *li-* (to) when the object is a place.

رادْيو *rádyu* NOUN (PLURAL: **رادْيوهات** *radyuhāt*)

radio .بِتِسْمع الرّادْيو في العربية *bitísma3 irrádyu fi -l3arabíyya.* She listens to the radio in the car.

راس *rās* NOUN, FEMININE (PLURAL: **روس** *rūs*)

head .راسي واجْعاني *rāsi wag3āni.* My head is hurting me.

راضي *rāḍi* ADJECTIVE (FEMININE: **راضْية** *ráḍya*)

pleased, content مُدرِّسْتي كانِت راضْيَة أَوي عن شُغْلي. *mudarrísti kānit ráḍya ʔáwi 3an šúɣli.* My teacher was very pleased with my work.

راقي *rāqi* ADJECTIVE (FEMININE: **راقْية** *ráqya*)

classy, fancy, refined, high-class .المطْعم ده راقي *ilmáṭ3am da rāqi.* This restaurant is fancy.

ربّ *rabb* NOUN (PLURAL: **أرْباب** *ʔarbāb*)

Lord, God !ساعِدْني، يا ربّ *sa3ídni, ya rabb!* Help me, o Lord!

ربِّنا *rabbína* **God** (lit. our Lord) دعِت ربِّنا يِحْفظْلها وِلادْها. *dá3it rabbína yiḫfaẓláha wiládha.* She asked God to protect her children.

ربط *rábaṭ* VERB (**يُرْبُط** *yúrbuṭ*)

tie .البِنْت ربطِت شعْرها *ilbíntᵊ rábaṭit ša3ráha.* The girl tied back her hair.

ربيع *rabī3* NOUN (NO PLURAL)

spring .الرّبيع بِييجي بعْد الشِّتا *irrabī3 biyīgi ba3d iššíta.* Spring comes after winter.

➲ See note for **صيْف** *ṣēf* p. 76.

رتِّب *ráttib* VERB (**يِرتِّب** *yiráttib*)

organize, put in order, tidy up .رتِّب أوْضْتُه *ráttib ʔúḍtu.* He tidied up his room.

رُتْبة *rútba* NOUN (PLURAL: **رُتب** *rútab*)

rank, position .رُتْبِتُه في الجِّيْش عالْيَة *rutbítu fi -ggēš 3álya.* His rank in the military is high.

- The ending **ـة** *-a* changes to **ـِتـ** *-it-* when a pronoun suffix is added: **رُتْبة** *rútba* → **رُتْبِتُه** *rutbítu*

رجّ *ragg* VERB (**يِرُجّ** *yirúgg*)

shake .رُجّ الدَّوا كْوَيِّس *rugg iddáwa kwáyyis.* Shake the medicine well.

رِجِع *rígi3* VERB (**يِرْجع** *yírga3*)

return, go back, come back .رِجِع مِن الشُّغْل بعْد الضُّهْر *rígi3 min iššúɣlᵊ ba3d iḍḍúhr.* He returned from work in the afternoon.

رِجْل *rigl* NOUN, FEMININE (PLURAL: **رُجول** *rugūl*)

leg .رِجْليْها بِتوْجعْها بعْد التّمْرين *riglēha bitiwgá3ha ba3d ittamrīn.* Her legs hurt after exercise.

foot .رِجْليْن البيْبي صُغيرّة *riglēn ilbēbi ṣuɣayyára.* The baby's feet are small.

- In the examples, we see the dual form with the suffix **ـيْن** *-ēn:* two feet.
- In the first example, a pronoun is suffixed to the dual ending, in which case the **ن** *n* drops: **رِجْليْن** *riglē̲n̲* → **رِجْليْـ+ها** *riglē̲+ha* (her two legs)

رُجوع *rugū3* NOUN (NO PLURAL)

return .بسْتنّى في البيْت رُجوع وِلادي مِن المدْرسة *bastánna fi -lbēt rugū3 wilādi min ilmadrása.* I wait at home for the return of my kids from school.

رحّب *ráħħab* VERB (**يِرحّب** *yiráħħab*)

welcome .هُمّا رحّبوا بِالموَظّفين الجُّداد في الشِّرْكة *húmma raħħábu bi-lmuwaẓẓafīn iggudād fi -ššírka.* They welcomed the new employees to the company.

رِحْلة *ríħla* NOUN

trip, journey .دي أوِّل رِحْلة لِيّا برّه *di ʔáwwil ríħla líyya bárra.* This is my first trip abroad.

outing, excursion, picnic .مرُحْناش الرِّحْلة بِسبب المطرة *ma-ruħnāš irríħla bi-sábab ilmáṭara.* We didn't go on the picnic because of the rain.

رِخيص *rixīṣ* ADJECTIVE (PLURAL: **رُخاص** *ruxāṣ,* ELATIVE: **أرْخص** *ʔárxaṣ*)

cheap .الرِّحْلة كانِت رِخيصة *irríħla kānit rixīṣa.* The trip was cheap.

.الفضّة أرْخص مِن الدّهب *ilfáḍḍa ʔárxaṣ min iddáhab.* Silver is cheaper than gold.

ردّ *radd* VERB (**يِرُدّ** *yirúdd*)

reply, respond . بعتِّلْها إيميْل بسّ مردِّتْش *ba3attílha ʔī-mēl bassᵊ ma-raddítš.* I sent her an email, but she didn't reply.

ردّ *radd* NOUN (PLURAL: **رُدود** *rudūd*)

reply, response .الرّدّ كان طَويل جِدّاً *irráddᵊ kān ṭawīl gíddan.* The reply was very long.

رُزّ *ruzz* NOUN (NO PLURAL)

rice في بعْض البِلاد، بيِرْموا رُزّ في .الأفْراح *fi ba3ḍ ilbilād, biyírmu ruzzᵊ fi -lʔafrāḥ.* In some countries, they throw rice at weddings.

رِسالة *risāla* NOUN (PLURAL: **رسايِل** *rasāyil*)

letter, message .كتبْتِلُه رِسالة طَويلة *katabtílu risāla ṭawīla.* I wrote him a long letter.

رسم *rásam* VERB (**يِرْسِم** *yírsim*)

draw, paint .بيِرْسِم كُلّ يوْم *biyírsim kullᵊ yōm.* He draws every day.

رسْمة *rásma* NOUN (PLURAL: **رُسومات** *rusumāt*)

drawing, painting, picture دي رسْمة .جميلة *di rásma gamīla.* That's a beautiful picture!

رضى *ráḍa* VERB (**يِرْضي** *yírḍi*)

satisfy, please .الأسْعار رضِت الكُلّ *ilʔas3ār ráḍit ilkúll.* The prices satisfied everyone.

رعى *rá3a* VERB (**يِرْعى** *yír3a*)

graze .البقر بيِرْعى *ilbáʔar biyír3a.* The cows are grazing.

رغْم إنّ *raɣmᵊ ʔinn* CONJUNCTION

although, despite ضِحِك رغْم إنّ .النُّكْتة مكانِتْش ظريفة *ḍíḥik raɣmᵊ ʔinn innúkta ma-kanítšᵊ ẓarīfa.* He laughed even though the joke wasn't funny.

رفّ *raff* NOUN (PLURAL: **رُفوف** *rufūf*)

shelf .حطّيْت الكِتاب على الرّفّ *ḥaṭṭēt ilkitāb 3ála -rraff.* I put the book on the shelf.

رفد *ráfad* VERB (**يِرْفِد** *yírfid*)

fire, dismiss .رفد المُوَظّف *ráfad ilmuwáẓẓaf.* He fired the employee.

رفض *ráfaḍ* VERB (**يُرْفُض** *yúrfuḍ*)

refuse, decline رفض يِجاوِب على .سُؤالْها *ráfaḍ yigāwib 3ála suʔálha.* He refused to answer her question.

رفع *ráfa3* VERB (**يِرْفع** *yírfa3*)

raise, lift .التِّلْميذ رفع إيدُه عشان يِجاوِب *ittilmīz ráfa3 ʔīdu 3ašān yigāwib.* The student raised his hand to answer.

increase, raise .المحلّ رفع أسْعارُه *ilmaḥállᵊ ráfa3 ʔas3āru.* The store raised its prices.

رُفيّع *rufáyya3* ADJECTIVE (ELATIVE: **أرْفع** *ʔárfa3*)

thin .قطعْت شريحةْ عيْش رُفيّعة *ʔaṭá3tᵊ šarīḥit 3ēš rufayyá3a.* I cut a thin slice of bread.

رقبة *ráʔaba* NOUN (PLURAL: **رِقاب** *riʔāb*)

neck لِبْسِت عُقْد حَوالين رقبِتْها. *líbsit 3uʔdᵊ ɦawalēn raʔabítha.* She wore a necklace around her neck.

رقص *ráʔaṣ* VERB (**يُرْقُص** *yúrʔuṣ*)

dance بحِبّ أرْقُص! *baɦíbbᵊ ʔárʔuṣ!* I love to dance!

رقْصة *ráʔṣa* NOUN

dance الرّقْصة دي مشْهورة. *irráʔṣa di mašhūra.* This dance is popular.

رقم *ráqam* NOUN (PLURAL: **أرْقام** *ʔarqām*)

number هُوَّ ادّاني رقمُه. *húwwa -ddāni ráqamu.* He gave me his number.

رِكِب *ríkib* VERB (**يِركب** *yírkab*)

ride رِكِبْت حْصان في المزْرعة. *rikíbtᵊ ɦṣān fi -lmazrá3a.* I rode a horse on the farm.

رُكْبة *rúkba* NOUN (PLURAL: **رُكب** *rúkab*)

knee البِنْت وِقْعِت على رُكْبِتْها. *ilbíntᵊ wíʔ3it 3ála rukbítha.* The girl fell on her knee.

ركن *rákan* VERB (**يِركِن** *yírkin*)

park ركن جنْب عربيتي. *rákan gambᵊ 3arabīti.* He parked next to my car.

رُكْن *rukn* NOUN (PLURAL: **أرْكان** *ʔarkān*)

corner الطّرابيْزة في رُكْن الأوْضة. *iṭṭarabēza fi rukn ilʔōḍa.* The table is in the corner of the room.

رُمادي *rumādi* ADJECTIVE, INVARIABLE

gray ماما عنْدها قُطّة رُمادية. *māma 3andáha ʔúṭṭa rumadíyya.* My mother has a gray cat.

رمْز *ramz* NOUN (PLURAL: **رُموز** *rumūz*)

symbol, sign معْناه أيْه الرّمْز ده؟ *ma3nā ʔēh irrámzᵊ da?* What does this symbol mean?

رمْلة *rámla* NOUN (NO PLURAL)

sand الوِلاد لِعْبوا في الرّمْلة. *ilwilād lí3bu fi -rrámla.* The kids played with the sand.

رمى *ráma* VERB (**يِرْمي** *yírmi*)

throw رمى الكّوْرة. *ráma -kkōra.* He threw the ball.

throw away, pour out مترْميش الوَرَق ده، ده مُهِمّ! *ma-tirmīš ilwáraʔ da, da muhímm!* Don't throw out those papers! They're important!

رنّ *rann* VERB (**يِرِنّ** *yirínn*)

ring التِّليفوْن رنّ. *ittilifōn rann.* The phone rang.

رهيب *rahīb* ADJECTIVE

great, terrific, wonderful فُسْتان العروسة رهيب. عجبْني جِدّاً. *fustān il3arūsa rahīb. 3agábni gíddan.* The bride's dress is terrific. I really like it.

روّح *ráwwaɦ* VERB (**يِروّح** *yiráwwaɦ*)

go home عايِز أروّح البيْت. *3āyiz ʔaráwwaɦ ilbēt.* I want to go home.

رِياضة *riyāḍa* NOUN

sport بِيْحِبّ كُلّ أنْواع الرِّياضة. *biyɦibbᵊ kullᵊ ʔanwā3 irriyāḍa.* He loves all kinds of sports.

ريحة *rīħa* NOUN (PLURAL: **رَوايِح** *rawāyiħ*)

smell .الرّيحة حِلْوَة *irrīħa ħílwa.* The smell is nice.

ريش *rīš* COLLECTIVE NOUN

feathers .ريش العصْفور جميل *rīš il3aṣfūr gamīl.* The bird's feathers are beautiful.

ز

ز ـز ـز ز

isolated initial medial final

Zaa is the eleventh letter of the Arabic alphabet. It is pronounced *z* (as in the English word <u>z</u>oo). Phonemic transcription: ***z***

ا ب ت ث ج ح خ د ذ ر **ز** س ش ص ض ط ظ ع غ ف ق ك ل م ن ه و ي

زاد *zād* VERB (**يزيد** *yizīd*)

rise, increase درجِةْ الحرارة بِتْزيد في الصّيْف. *daragit ilḥarāra bitzīd fi -ṣṣēf.* The temperature rises in the summer.

زار *zār* VERB (**يزور** *yizūr*)

visit مزُرْتِش جِدّي الأُسْبوع ده. *ma-zúrtiš gíddi -lʔusbū3 da.* I haven't visited my grandfather this week.

زايِر *zāyir* NOUN (PLURAL: **زُوّار** *zuwwār*)

visitor الزُّوّار هَيِوْصلوا بعْد الضُّهْر. *izzuwwār hayiwṣálu ba3d iḍḍúhr.* The visitors will arrive in the afternoon.

زِبالة *zibāla* NOUN (NO PLURAL)

garbage, trash, waste حُطّ الزِّبالة برّه! *ḥuṭṭ izzibāla bárra!* Put the garbage outside!

زِبْدة *zíbda* NOUN (PLURAL: **زُبَد** *zúbad*)

butter دايماً بحُطّ زِبْدة على العيْش بِتاعي. *dáyman baḥúṭṭᵊ zíbda 3ála -l3ēš bitā3i.* I always put butter on my bread.

زُرار *zurār* NOUN (PLURAL: **زرايِر** *zarāyir*)

button شغّل التِّلِفِزْيوْن مِن الزُّرار الأخْضر! *šáɣɣal ittilifizyōn min izzurār ilʔáxḍar!* Turn on the TV with the green button!

- This word can also refer to a button on clothing.

زرع *zára3* VERB (**يِزْرع** *yízra3*)

plant سِتّي زرعِت شجرة. *sítti zára3it šágara.* My grandmother planted a tree.

زرْع *zar3* COLLECTIVE NOUN

plants, greenery عنْدي زرْع في مكْتبي. *3ándi zar3ᵊ fi maktábi.* I have plants in my office.

زعّق *zá33aʔ* VERB (**يزعّق** *yizá33aʔ*)

shout, yell كان لازِم نِزعّق لإنّ الموسيقى كانِت عالْيَة. *kān lāzim nizá33aʔ la-ʔinn* *ilmusīqa kānit 3álya.* We had to shout because the music was loud.

زِعِل *zí3il* VERB (**يِزْعل** *yíz3al*)

become sad, get upset زِعِل لمّا اتْفرّج على الأخْبار. *zí3il lámma -tfárrag 3ála -lʔaxbār.* He got upset when he watched the news.

زعْلان *za3lān* ADJECTIVE

sad, upset هُوَّ زعْلان. *húwwa za3lān.* He is sad.

زقّ *zaʔʔ* VERB (**يِزُقّ** *yizúʔʔ*)

push الوَلد زقّ أُخْتُه. *ilwálad zaʔʔᵊ ʔúxtu.* The boy pushed his sister.

زمان *zamān* ADVERB

long ago, in the olden days زمان، السِّتّات كانوا بِيْجيبوا مايّة مِن البير. *zamān, issittāt kānu biygību máyya min ilbīr.* In the olden days, women used to get water from the well.

زِهِق *zíhiʔ* VERB (**يِزْهق** *yízhaʔ*)

become bored, be fed up زِهِق عشان لِوَحْدُه في البيْت. *zíhiʔ 3ašān li-wáḫdu fi -lbēt.* He is bored because he is home alone.

زهّق *záhhaʔ* VERB (**يِزهّق** *yizáhhaʔ*)

bore زهّق الكُلّ عشان اِتْكلِّم كِتير أوي. *záhhaʔ ilkúllᵊ 3ašān itkállim kitīr ʔáwi.* He bored everyone because he talked so much.

زَوْجي *záwgi* ADJECTIVE

even اِتْنيْن و أرْبعة هُمّا أرْقام زَوْجية. *itnēn wi ʔarbá3a húmma ʔarqām zawgíyya.* Two and four are even numbers.

زيّ *zayy* PREPOSITION

like, as عايِز يِبْقى مُدرِّس زيّ أبوه. *3āyiz yíbʔa mudárris zayyᵊ ʔabū.* He wants to be a teacher like his father. مفيش حدّ زيّك. *ma-fīš ḫaddᵊ záyyak.* There is no one like you.

زيّ كِده *zayyᵊ kída* **like this** عُمْري ما شُفْت حاجة زيّ كِده. *3úmri ma šuftᵊ ḫāga zayyᵊ kída.* I have never seen anything like this.

زِيادة *ziyāda* NOUN

increase, rise زِيادِةْ الأسْعار فاجْئِتْني. *ziyādit ilʔas3ār fagʔítni.* The increase in prices surprised me.

زِيارة *ziyāra* NOUN

visit اِتْبسطْنا أوي بِزْيارْتك. *itbasáṭna ʔáwi bi-zyártak.* We enjoyed your visit very much.

زيْت *zēt* NOUN (PLURAL: **زيوت** *ziyūt*)

oil مبحِبِّش أطْبُخ بِالزّيْت. *ma-baḫíbbiš ʔáṭbux bi-zzēt.* I don't like to cook with oil.

س

س ســ ـســ ـس
isolated initial medial final

Siin is the twelfth letter of the Arabic alphabet. It is pronounced *s* (as in the English word **s**ix). Phonemic transcription: ***s***

ا ب ت ث ج ح خ د ذ ر ز **س** ش ص ض ط ظ ع غ ف ق ك ل م ن ه و ي

سأل *sáʔal* VERB (**يِسأل** *yísaʔal*)

ask .بِنْت لميس بِتِسْأل أسْئِلة كْتير *bintᵊ lamīs bitísʔal ʔasʔíla ktīr.* Lamees' daughter asks many questions.

سُؤال *suʔāl* NOUN (PLURAL: **أسْئِلة** *ʔasʔíla*)

question .المُدرِّسة سألِت سُؤال صعْب *ilmudarrísa sáʔalit suʔāl ṣa3b.* The teacher asked a difficult question.

ساب *sāb* VERB (**يِسيب** *yisīb*)

leave .سابِت وِلادْها معَ أُمّها *sābit wiládha má3a ʔummáha.* She left her kids with her mother.

ساعة *sā3a* NOUN

hour .هشوفك بعْد ساعة *hašūfak ba3dᵊ sā3a.* I'll see you in an hour.

clock, watch .شاف الوَقْت في ساعْتُه *šāf ilwáʔtᵊ f sá3tu.* He saw the time on his watch.

ساعِد *sā3id* VERB (**يِساعِد** *yisā3id*)

help .هُوَّ ساعِدْني أنضّف البيْت *húwwa sa3ídni ʔanáḍḍaf ilbēt.* He helped me clean the house.

سافِر *sāfir* VERB (**يِسافِر** *yisāfir*)

travel .هَيْسافْروا يْلِفّوا العالم *haysáfru ylíffu -l3ālam.* They're going to travel around the world.

ساق *sāʔ* VERB (**يِسوق** *yisūʔ*)

drive .مبحِبِّش أسوق بِاللّيْل *ma-baḫíbbiš ʔasūʔ bi-llēl.* I don't like to drive at night.

سامِح *sāmiḫ* VERB (**يِسامِح** *yisāmiḫ*)

forgive !لَوْ سمحْت سامحْني *law samáḫtᵊ samáḫni!* Please, forgive me!

سبب *sábab* NOUN (**أسْباب** *ʔasbāb*)

reason أيْه السّبب الأساسي إنّك سِبْت شُغْلك؟ *ʔēh issábab ilʔasāsi ʔínnak sibtᵊ šúɣlak?* What is the main reason you quit your job?

بِسبب *bi-sábab* PREPOSITION **because of** .أنا تعْبان شُوَيّة بِسبب الشُّغْل *ʔána* *ta3bān šuwáyya bi-sábab iššúɣl.* I'm a bit tired because of work.

سبّب *sábbib* VERB (**يِسبّب** *yisábbib*)

cause المطرة سبِّبِت فَيَضان. *ilmáṭara sabbíbit fayaḍān.* The rain caused a flood.

السّبْت *issábt* ADVERB

(on) Saturday . ما بروحْش الشُّغْل السّبْت *ma barúħš iššúɣl issábt.* I don't go to work on Saturday.

➲ See note for **الحدّ** *ilħádd* p. 40.

سِبْتِمْبِر *sibtímbir* NOUN (NO PLURAL)

September عيد ميلادي في سِبْتِمْبِر. *3īd milādi fi sibtímbir.* My birthday is in September.

سبْعة *sáb3a* NUMBER (SHORT: **سبع** *sába3*)

seven أنا عايِش في شقّة رقم سبْعة. *ʔána 3āyiš fi šáʔʔa ráqam sáb3a.* I live in apartment number seven.

➲ See note for **تلاتة** *talāta* p. 30.

سبعْتاشر *saba3tāšar* NUMBER

seventeen مدْرسْتي في شارِع سبعْتاشر. *madrásti f šāri3 saba3tāšar.* My school is on 17th Street.

سبْعين *sab3īn* NUMBER

seventy الكُرْسي بْتاعُه رقم سبْعين. *ilkúrsi btā3u ráqam sab3īn.* His seat is number seventy.

سبّورة *sabbūra* NOUN

board, blackboard, whiteboard المُدرِّسة كتبِت الواجِب على السّبّورة. *ilmudarrísa kátabit ilwāgib 3ála -ssabbūra.* The teacher wrote the homework on the board.

سِتّ *sitt* NOUN

woman, lady هِيَّ سِتّ حِلْوَة. *híyya sittᵊ ħílwa.* She's a pretty woman. السِّتّات لاِتْنيْن دوْل بِيِشْتغلوا معَ بعْض. *issittāt litnēn dōl biyištáɣalu má3a ba3ḍ.* Those two women work together.

grandmother سِتّي عنْدها جْنيْنة حِلْوَة. *sítti 3andáha gnēna ħílwa.* My grandmother has a nice garden.

- With the sense of 'grandmother,' this word is always used with a pronoun suffix. (➲ Compare with **تيْتة** *tēta*.)

سِتّاشر *sittāšar* NUMBER

sixteen فيه سِتّاشر تِلْميذ في الفصْل. *fī sittāšar tilmīz fi -lfaṣl.* There are sixteen students in the class.

سِتّة *sítta* NUMBER (SHORT: **سِتّ** *sitt*)

six المدْرسة دي بِتِبْتِدي سِتّة. *ilmadrása di bitibtídi sítta.* This school starts at six.

➲ See note for **تلاتة** *talāta* p. 30.

سِتّين *sittīn* NUMBER

sixty ماما اِتْوَلدِت في السِّتّينات. *māma (i)twáladit fi -ssittināt.* My mother was born in the '60s.

سجِّل *sággil* VERB (**يِسجِّل** *yisággil*)

record, save هُوَّ سجِّل اللي قالوه. *húwwa sággil ílli ʔalū.* He recorded what they said. هسجِّل رقمك.

hasággil ráqamak. I will save your number.

سِجْن *sign* NOUN (PLURAL: **سُجون** *sugūn*)

prison الشُّرْطة حطّوه في السِّجْن. *iššúrṭa ḫaṭṭū fi -ssign.* The police put him in prison.

سحابة *saḫāba* NOUN (PLURAL: **سُحُب** *súḫub*)

cloud مفيش سحابة في السّما. *ma-fīš saḫāba fi -ssáma.* There isn't a cloud in the sky.

سِحْر *siḫr* NOUN (NO PLURAL)

charm, enchantment كُلّ النّاس بِتْحِبّ المُمثِّل ده عشان ليه سِحْر. *kull innās bitḫíbb ilmumássil da 3ašān lī siḫr.* Everybody loves this actor because he has charm.

سُخْن *suxn* ADJECTIVE (ELATIVE: **أسْخن** *ʔásxan*)

hot مُمْكِن آخُد مشْروب سُخْن؟ *múmkin ʔāxud mašrūb suxn?* Can I have a hot drink?

- This word is used with food and drinks. (➲ Compare with **حارّ** *ḫarr* p. 39.)

سخّن *sáxxan* VERB (**يِسخّن** *yisáxxan*)

heat up, warm up بسخّن اللّبن. *basáxxan illában.* I'm heating up the milk.

سخيف *saxīf* ADJECTIVE (ELATIVE: **أسْخف** *ʔásxaf*)

silly, stupid النُّكْتة دي سخيفة. *innúkta di saxīfa.* This joke is silly. البِنْت دي سخيفة. *ilbíntᵊ di saxīfa.* This girl is silly.

سرّح *sárraḫ* VERB (**يِسرّح** *yisárraḫ*)

brush, comb بِتْحِبّ تْسرّح شعْر بِنْتها. *bitḫíbbᵊ tsárraḫ ša3rᵊ bintáha.* She likes to brush her daughter's hair.

سرّع *sárra3* VERB (**يِسرّع** *yisárra3*)

speed up, accelerate التّدْخين مُمْكِن يِسرّع المشاكِل الصِّحية. *ittadxīn múmkin yisárra3 ilmašākil iṣṣíḫaya.* Smoking can accelerate health problems.

سُرْعة *súr3a* NOUN

speed مُعْظم حَوادِث العربِيّات بِتِحْصل بِسبب السُّرْعة. *mú3ẓam ḫawādis il3arabiyyāt bitíḫṣal bi-sábab issúr3a.* Most car accidents happen because of speeding.

بِسُرْعة *bi-súr3a* ADVERB **fast, quickly**

القُرود بِيِتْحرّكوا بِسُرْعة. *ilʔurūd biyitḫarráku bi-súr3a.* Monkeys move fast.

- Adverbs can be formed in several ways. One is by adding the preposition بِـ *bi-* (with): بِسُرْعة *bi-súr3a* (literally, with speed)

سرق *sáraʔ* VERB (**يِسْرق** *yísraʔ*)

steal سرقوا عربِيتُه. *sáraʔu 3arabītu.* They stole his car.

rob سرقوا البنْك. *sáraʔu -lbank.* They robbed the bank.

سِرير *sirīr* NOUN (PLURAL: **سرايِر** *sarāyir*)

bed .عايِز أشْترِي سِرير كِبير *3āyiz ʔaštíri sirīr kibīr.* I want to buy a big bed.

سريع *sarī3* ADJECTIVE (PLURAL: **سُراع** *surā3,* ELATIVE: **أسْرع** *ʔásra3*)

quick, fast .عايِز إجابة سريعة *3āyiz ʔigāba sarī3a.* I want a quick answer.

سعادة *sa3āda* NOUN

happiness .اِتْمنّيْت السّعادة لِلعروسة *itmannēt issa3āda li-l3arūsa.* I wished the bride happiness.

سِعْر *si3r* NOUN (PLURAL: **أسْعار** *ʔas3ār*)

price .الأسْعار زادِت الشّهْر ده *ilʔas3ār zādit iššáhrᵊ da.* The prices have gone up this month.

السّعودية *issu3udíyya* NOUN (NO PLURAL)

Saudi Arabia مبِتْمطّرْش كْتير في السُّعودية. *ma-bitmaṭṭáršᵊ ktīr fi -ssu3udíyya.* It doesn't rain a lot in Saudi Arabia.

سفرية *safaríyya* NOUN

trip, journey .دي أوِّل سفرية لِيّا برّه *di ʔáwwil safaríyya líyya bárra.* This is my first trip abroad.

سفينة *safīna* NOUN (PLURAL: **سُفُن** *súfun*)

ship .السّفينة عامِت كذا يوْم *issafīna 3āmit káza yōm.* The ship sailed for many days.

سِقِط *síʔiṭ* VERB (**يِسْقط** *yísʔaṭ*)

fail .سِقِط لإنّه مذاكِرْش *síʔiṭ la-ʔínnu ma-zakírš.* He failed because he didn't study.

سقْعان *saʔ3ān* ADJECTIVE

cold, chilly أنا سقْعان، اِدّيني الجّاكيت، لَوْ سمحْت. *ʔána saʔ3ān, iddīni -žžākit, law samáḫt.* I'm cold. Give me the jacket, please.

سقْعة *sáʔ3a* NOUN (NO PLURAL)

cold, coolness . الهُدوم دي بِتِحْمي مِن السّقْعة *ilhudūm di bitíḫmi min issáʔ3a.* These clothes protect against the cold.

سكّت *sákkit* VERB (**يِسكّت** *yisákkit*)

silence, make quiet شيل البيْبي عشان تِسكِّتُه. *šīl ilbēbi 3ašān tisakkítu.* Hold the baby to keep him quiet.

سُكّر *súkkar* NOUN (NO PLURAL)

sugar .دايْماً بحُطّ سُكّر في قهْوِتي *dáyman baḫúṭṭᵊ súkkar fi ʔahwíti.* I always put sugar in my coffee.

سِكّينة *sikkīna* NOUN (PLURAL: **سكاكين** *sakakīn*)

knife الوِلاد الصُّغيرّين المفْروض ميِسْتعْمِلوش السِّكّينة. *ilwilād iṣṣuɣayyarīn ilmafrūḍ ma-yista3milūš issikkīna.* Small children shouldn't use a knife.

سلام *salām* NOUN (NO PLURAL)

peace .مِحْتاجين سلام في العالم *miḫtagīn salām fi -l3ālam.* We need peace in the world.

سلامة *salāma* NOUN (NO PLURAL)

safety .سلامِةْ الألْعاب حاجة مُهِمّة جِدّاً *salāmit ilʔal3āb ḫāga muhímma gíddan.* The safety of toys is very important.

مع السّلامة *má3a -ssalāma* INTERJECTION

goodbye, bye مع السّلامة، أشوفك قُريّب. *má3a -ssalāma, ʔašūfak ʔuráyyib.* Bye! See you soon!

سلّة *sálla* NOUN

basket سارة ملّت السّلّة تُفّاح. *sāra mállit issálla tuffāḫ.* Sarah filled the basket with apples.

سُلْطانية *sulṭaníyya* NOUN

bowl بشْرب الشّورْبة في سُلْطانية. *bášrab iššúrba f sulṭaníyya.* I drink the soup in a bowl.

سلّف *sállif* VERB (**يِسلّف** *yisállif*)

lend مُمْكِن تِسلّفْني عربيتك؟ *múmkin tisallífni 3arabītak?* Can you lend me your car? بابا سلّفْني فْلوس عشان أشْترِي عربية؟ *bāba sallífni flūs 3ašān ʔaštíri 3arabíyya.* My dad lent me money to buy a car.

- This verb is ditransitive. (➲ See note for **اِدّى** *ídda* p. 9.)

سِلْك *silk* NOUN (PLURAL: **أسْلاك** *ʔaslāk*)

wire متِمْسِكْش السِّلْك. *ma-timsíkš issílk.* Don't touch the wire!

سِلّم *síllim* NOUN (PLURAL: **سلالِم** *salālim*)

ladder اِسْتعْمِلْت سِلّم عشان أطْلع على الحيْطة. *ista3mílt^ə síllim 3ašān ʔáṭla3 3ála -lḫēṭa.* I used a ladder to climb the wall.

سِمّ *simm* NOUN (PLURAL: **سُموم** *sumūm*)

poison السِّمّ قتله. *issímm^ə ʔátalu.* The poison killed him.

سما *sáma* NOUN, FEMININE

sky السّما زرْقا. *issáma zárʔa.* The sky is blue.

سمح *sámaḫ* VERB (**يِسْمح** *yísmaḫ*)

allow, let سمح لِوْلادُه يِتْفرّجوا على الفيلْم ده. *sámaḫ li-wlādu yitfarrágu 3ála -lfilm^ə da.* He allowed his children to watch this movie.

لَوْ سمحْت *law samáḫt* ADVERB

please لَوْ سمحْت، ساعِدْني! *law samáḫt, sa3ídni!* Please, help me!

سِمِع *sími3* VERB (**يِسْمع** *yísma3*)

hear سِمِعْت إسْمي. *simí3t^ə ʔísmi.* I heard my name.

listen (to) الوَلد مبْيِسْمعْش كلام أهْلُه. *ilwálad ma-byismá3š^ə kalām ʔáhlu.* The boy doesn't listen to his parents.

سمك *sámak* COLLECTIVE NOUN (UNIT NOUN: **سمكة** *sámaka*)

fish مبحِبّش السّمك عشان ريحْتُه وِحْشة. *ma-baḫíbbiš issámak 3ašān ríḫtu wíḫša.* I don't like fish because it smells bad. القُطّة كلِت السّمكة. *ilʔúṭṭa kálit issámaka.* The cat ate the fish.

- Notice that we are referring to meat in the first example, so the collective form is used, while in the second example, we are referring to one animal, so the singular form is used.

سِنّ *sinn* NOUN (NO PLURAL)

age مقالِتْش سِنّها. *ma-ʔālitšᵊ sinnáha.* She didn't mention her age.

سنة *sána* NOUN (PLURAL: **سِنين** *sinīn*)

year اِتْجوِّزْت السّنّة دي. *itgawwízt issannā-di.* I got married this year.

- Notice the lengthened and stressed vowel in the phrase **السّنّة دي** *issannā-di* (this year). This also happens in the phrase **المرّة دي** *ilmarrā-di* (this time).

سِنّة *sínna* NOUN (PLURAL: **سِنان** *sinān*)

tooth سِنانُه صفْرا. *sinānu ṣáfra.* His teeth are yellow.

سنْدَوِتْش *sandawítš* NOUN

sandwich كلْت سنْدَوِتْش جِبْنة في الغدا. *kaltᵊ sandawítšᵊ gíbna fi -lɣáda.* I ate a cheese sandwich for lunch.

سهْل *sahl* ADJECTIVE (ELATIVE: **أسْهل** *ʔáshal*)

easy التّمْرين سهْل. *ittamrīn sahl.* The exercise is easy.

سهْم *sahm* NOUN (PLURAL: **أسْهُم** *ʔáshum*)

share اِشْترى سهْم في الشِّرْكة. *ištára sahmᵊ fi -ššírka.* He bought a share of the company.

سَوا *sáwa* ADVERB

together هُمّا عايْشين سَوا. *húmma 3ayšīn sau.* They live together.

سوبِر مارْكِت *sūpir márkit* NOUN

supermarket لازِم أشْترِي حاجة مِن السوبِر مارْكِت. *lāzim ʔaštíri ḥāga min issūpir márkit.* I need to buy something at the supermarket.

سوْري *sōri* INTERJECTION

sorry, excuse me, pardon سوْري، مُمْكِن أسْتخْدِم قلمك؟ *sōri, múmkin astáxdim ʔálamak?* Sorry, can I use your pen?

سوق *sūʔ* NOUN (PLURAL: **أسْواق** *ʔaswāʔ*)

market, bazaar السّوق بيِقْفل الحدّ. *issūʔ biyíʔfal ilḥádd.* The market is closed on Sunday.

سيِّد *sáyyid* NOUN (PLURAL: **أسْياد** *ʔasyād*)

lord, master هُوَّ سيِّد القصْر. *húwwa sáyyid ilʔáṣr.* He is lord of the castle.

سَيْطر على *sáyṭar 3ála* VERB (**يِسَيْطر على** *yisáyṭar 3ála*)

control جوْزْها مِسَيْطر عليْها. *gúzha misáyṭar 3alēha.* Her husband controls her.

- The form shown in the example is the active participle.

سيْف *sēf* NOUN (PLURAL: **سِيوف** *siyūf*)

sword وَقّع سيْفُه. *wáʔʔa3 sēfu.* He dropped his sword.

سينِما *sínima* NOUN, FEMININE (PLURAL: **سينيمات** *sinimāt*)

movie theater, cinema بروح السّينِما كُلّ حدّ. *barūḥ issínima kullᵊ ḥadd.* I go to the movies every Sunday.

ش

ش شـ ـشـ ـش

isolated initial medial final

Shiin is the thirteenth letter of the Arabic alphabet. It is pronounced *sh* (as in the English word **sh**ow). Phonemic transcription: **š**

شارِع *šāri3* NOUN (PLURAL: **شَوارِع** *šawāri3*)

street إنْتَ ساكِن في شارِع أيْه؟ *ʔínta sākin fi šāri3 ʔē?* What street do you live on?

شارِك *šārik* VERB (**يِشارك** *yišārak*)

participate, take part المُدرِّسة عايْزة كُلّ تلاميذْها يِشارْكوا. *ilmudarrísa 3áyza kullᵊ talamízha yišárku.* The teacher wants all of her students to participate.

شاطِر *šāṭir* ADJECTIVE (PLURAL: **شُطّار** *šuṭṭār,* ELATIVE: **أشْطر** *ʔášṭar*)

clever, smart أخويا وَلد شاطِر جِدّاً. *ʔaxūya wálad šāṭir giddan.* My brother is a very clever boy.

شاطِئ *šāṭiʔ* NOUN (PLURAL: **شَواطِئ** *šawāṭiʔ*)

beach, shore, seaside بحِبّ أروح الشّاطِئ في الصّيْف. *baḫíbbᵊ ʔarūḫ iššāṭiʔ fi -ṣṣēf.* I love going to the sea in the summer.

• You can also say **شطّ** *šaṭṭ* p. 71.

شاف *šāf* VERB (**يِشوف** *yišūf*)

see مشُفْتوش في الحفْلة. *ma-šuftūš fi -lḫáfla.* I didn't see him at the party.

شاكوش *šakūš* NOUN (PLURAL: **شَواكيش** *šawakīš*)

hammer فيه شاكوش في صنْدوق العِدّة بِتاعُه. *fī šakūš fi sandūʔ il3ídda bitā3u.* There is a hammer in his toolbox.

شال *šāl* VERB (**يِشيل** *yišīl*)

hold الأُمّ شالِت البيْبي. *ilʔúmmᵊ šālit ilbēbi.* The mother held the baby.

carry الأُمّ شالِت إبْنها لِلسِّرير. *ilʔúmmᵊ šālit ʔibnáha li-ssirīr.* The mother carried her son to the bed.

remove شكْله اتْغيرّ لمّا شال لِحْيِتُه. *šáklu (i)tɣáyyar lámma šāl liḫyítu.* His look changed when he removed his beard.

شايْ *šāy* NOUN (NO PLURAL)

tea الشّايْ ده لذيذ! *iššāy da lazīz!* This tea is delicious!

شِبّاك *šibbāk* NOUN (PLURAL: **شبابيك** *šababīk*)

window لَوْ سمحْت، اِقْفل الشِّبّاك. *law samáḫt, íʔfal iššibbāk.* Please, close the window.

شبكة *šábaka* NOUN

net السّمكة كانِت جُوّه الشّبكة. *issámaka kānit gúwwa -ššábaka.* The fish was inside the net.

network, (cellphone) signal التِّليفوْن مِش شغّال عشان مفيهوش شبكة. *ittilifōn miš šaɣɣāl 3ašān ma-fihūš šábaka.* The telephone is not working because there is no signal.

شِتا *šíta* NOUN (NO PLURAL)

winter مبحِبِّش الشِّتا. برْد أَوي. *ma-baḫíbbiš iššíta. bardᵊ ʔáwi.* I don't like winter. It's too cold.

➲ See note for **صيْف** *ṣēf* p. 76.

شُجاع *šugā3* ADJECTIVE

brave لازِم تِكون شُجاع في الأَوْقات اللي زيّ دي. *lāzim tikūn šugā3 fi -lʔawʔāt ílli zayyᵊ di.* You have to be brave at times like this.

شجر *šágar* COLLECTIVE NOUN (UNIT NOUN: **شجرة** *šágara,* PLURAL: **أشْجار** *ʔašgār*)

trees فيه شجر جنْب الطّريق. *fī šágar gamb iṭṭarīʔ.* There are trees along the road.

tree يَلّا نُقْعُد في ضِلّ الشّجرة. *yálla núʔ3ud fi ḍill iššágara.* Let's sit in the shade of the tree.

شخْص *šaxṣ* NOUN (PLURAL: **أشْخاص** *ʔašxāṣ*)

person, individual مرْوان شخْص كْوَيِّس. *marwān šaxṣᵊ kwáyyis.* Marwan is a nice person.

شدّ *šadd* VERB (**يِشِدّ** *yišídd*)

pull الوَلد شدّ ديْل القُطّة. *ilwálad šaddᵊ dēl ilʔúṭṭa.* The boy pulled the cat's tail.

شراب *šarāb* NOUN

(pair of) socks لِبِسْت شراب أبْيَض. *líbistᵊ šarāb ʔábyaḍ.* I put on a pair of white socks.

شِراع *širā3* NOUN

sail شِراع المركِب أبْيَض. *širā3 ilmárkib ʔábyaḍ.* The sail of the boat is white.

شِرِب *šírib* VERB (**يِشْرب** *yíšrab*)

drink بِيِشْرب عصير كِتير. *biyíšrab 3aṣīr kitīr.* He drinks a lot of juice.

شرح *šárah* VERB (**يِشْرح** *yíšrah*)

explain الدُّكْتور شرح الحالة. *idduktūr šáraḫ ilḫāla.* The doctor explained the case.

شرْط *šarṭ* NOUN (PLURAL: **شُروط** *šurūṭ*)

condition, stipulation الشِّرْكة حطِّت شُروط لِقُبول مُوَظّفين جُداد. *iššírka ḫáṭṭit šurūṭ li-ʔubūl muwaẓẓafīn gudād.* The company put conditions on accepting new employees.

شُرْطة *šúrṭa* NOUN (NO PLURAL)

police الشُّرْطة وَقّفِت/وَقّفوا الشّخْص

اللي مِش كُوَيِّس. *iššúrṭa waʔʔáfit/ waʔʔáfu iššáxṣ ílli miš kuwáyyis.* The police stopped the bad person.

- This noun is grammatically singular but refers to police (in a collective sense), so its verb agreement can be singular or plural as can be seen in the two versions of the example sentence.

➲ Compare with **ظابِط شُرْطة** *ẓābiṭ šúrṭa* p. 70.

شرق *šáraʔ* VERB (**يِشْرُق** *yíšruʔ*)

rise الشّمْس بْتِشْرُق مِن الشّرْق. *iššámsᵊ btíšruʔ min iššárʔ.* The sun rises in the east.

شرْق *šarʔ* NOUN (NO PLURAL)

east السُّعودية على شرْق مصر. *issu3udíyya 3ála šarʔᵊ maṣr.* Saudi Arabia is to the east of Egypt.

شِرْكة *šírka* NOUN (PLURAL: **شِركات** *šarikāt*)

company بِنِشْتغل في شِرْكة صُغيرّة في أسْوان. *biništáɣal fi šírka ṣuɣayyára f ʔaswān.* We work at a small company in Aswan.

شريحة *šarīḫa* NOUN (PLURAL: **شرايِح** *šarāyiḫ*)

piece, slice كلْت شريحةْ بيتْزا. *kaltᵊ šarīḫit pīdza.* I ate a slice of pizza.

شِريك *širīk* NOUN (PLURAL: **شُركَا** *šúraka*)

partner شريكي بِيْساعِدْني. *šarīki biysa3ídni.* My partner helps me.

- This word, like its English translation, can mean a business associate or a romantic partner. As with other words denoting people, the basic noun refers to a man, while **ـة** *-a* is added to refer to a woman: **شِريكة** *širīka* (female partner)

شطّ *šaṭṭ* NOUN (PLURAL: **شَواطِئ** *šawāṭiʔ*)

beach, shore, seaside الوِلاد بِيِلْعبوا في الرّمْلة على الشّطّ. *ilwilād biyil3ábu fi -rrámla 3ála -ššaṭṭ.* Children play with sand on the beach.

- You can also say **شاطِئ** *šāṭiʔ* p. 69.

شعْب *ša3b* NOUN (PLURAL: **شُعوب** *šu3ūb*)

public, people الشّعْب عايِز يِعْرف كُلّ حاجة. *iššá3bᵊ 3āyiz yí3raf kullᵊ ḫāga.* The public wants to know everything.

شعْر *ša3r* NOUN (PLURAL: **شُعور** *šu3ūr*)

hair شعْرها طَويل. *ša3ráha ṭawīl.* She has long hair.

شِعْر *ši3r* NOUN (PLURAL: **أشْعار** *ʔaš3ār*)

poetry بِتْحِبّ الشِّعْر؟ *bitḫíbb išší3r?* Do you like poetry?

شغّال *šaɣɣāl* ADJECTIVE

working, in order التِّليفوْن مِش شغّال عشان مفيهوش شبكة. *ittilifōn miš šaɣɣāl 3ašān ma-fihūš šábaka.* The telephone is not working because there is no signal.

شُغْل *šuɣl* NOUN (PLURAL: **أشْغال** *ʔašɣāl*)

work وَرايا شُغْل كْتير أعْمِله النّهارْده. *warāya šuɣlᵊ ktīr ʔa3mílu -nnahárda.* I have a lot of work to do today.

job هِيَّ لقِت شُغْل في شِرْكة كْوَيِّسة.

híyya láʔit šuɣlᵊ f šírka kwayyísa. She found a job at a good company.

شغّل *šáɣɣal* VERB (**يِشغّل** *yišáɣɣal*)

turn on هُوَّ شغّل الكُّمْبيوتر. *húwwa šáɣɣal ikkumbyūtir.* He turned on the computer.

شُغْلانة *šuɣlāna* NOUN

job هِيَّ لقِت شُغْلانة في شِرْكة كْوَيِّسة. *híyya láʔit šuɣlāna fi šírka kwayyísa.* She found a job at a good company.

شِفّة *šíffa* NOUN (PLURAL: **شفايِف** *šafāyif*)

lip شفايِفْها زرْقا عشان سقْعانة. *šafayífha zárʔa 3ašān saʔ3āna.* Her lips are blue because she is cold.

شقّة *šáʔʔa* NOUN (PLURAL: **شُقق** *šúʔaʔ*)

apartment الشّقّة مُكوّنة مِن تلات أُوَض. *iššáʔʔa mukawwána min tálat ʔúwaḍ.* The apartment consists of three rooms.

شقط *šáʔaṭ* VERB (**يُشْقُط** *yúšʔuṭ*)

catch اُشْقُط الكّوْرة! *úšʔuṭ ikkōra!* Catch the ball!

شُكْراً *šúkran* INTERJECTION

thanks, thank you شُكْراً! إنْتَ طيِّب! *šúkran! ʔínta ṭáyyib!* Thanks! You're kind!

شكْل *šakl* NOUN (PLURAL: **أشْكال** *ʔaškāl*)

shape, form البِنْت الصُّغيرّة بِتِعْرف ترْسِم أشْكال. *ilbínt iṣṣuɣayyára b(i)tí3raf tírsim ʔaškāl.* The little girl can draw shapes.

بِشكْل __ *bi-šákl* __ **__ly, in a __ manner** بدأ يِتْصرّف بِشكْل وِحِش في سِنّ الأرْبعْتاشر. *bádaʔ yitṣárraf bi-šáklᵊ wíḫiš fi sinn ilʔarba3tāšar.* He started behaving badly at [the age of] fourteen.

شكْلُه *šáklu* PSEUDO-VERB **seem, look** (lit. one's appearance) شكْلُه تعْبان. *šáklu ta3bān.* He seems tired. شكْلها حِلْو. *šakláha ḫilw.* She looks nice. (lit. Her appearance is nice. الطّرابيْزة الجِّديدة شكْلها حِلْو معَ الكّراسي دوْل. *iṭṭarabēza -ggidīda šakláha ḫilwᵊ má3a -kkarāsi dōl.* The new table looks nice with those chairs.

- Notice that the adjective agrees with the masculine singular noun **شكْل** *šakl* (shape) and not the gender of the person or grammatical gender of the thing in question, hence **حِلْو** *ḫilw* and not **حِلْوَة** *ḫílwa*.

شكّل *šákkil* VERB (**يِشكّل** *yišákkil*)

shape, form شكِّلِت الصِّلْصال. *šakkílit iṣṣilṣāl.* She shaped the clay.

شُكولاتة *šukulāta* NOUN

chocolate أكْل الشُّكولاتة بِيْزوِّد السّعادة. *ʔakl iššukulāta biyzáwwid issa3āda.* Eating chocolate increases happiness.

شمّ *šamm* VERB (**يِشِمّ** *yišímm*)

smell شمّيْت الوَرْد. *šammēt ilwárd.* I smelled the flowers.

شمال *šamāl* NOUN (NO PLURAL)

north إسْكِنْدِرية في شمال مصْر.

ʔiskindiríyya fi šamāl maṣr. Alexandria is in the north of Egypt.

شِمال *šimāl*

NOUN (NO PLURAL) **left** .بيْتي على الشِّمال *bēti 3ála -ššimāl.* My house is on the left.

ADJECTIVE, INVARIABLE **left, left-hand** خبطْت الجّنْب الشِّمال مِن عربيتي. *xabátt iggámb iššimāl min 3arabīti.* I hit the left side of my car.

ADVERB **left** .العربية لفِّت شِمال *il3arabíyya láffit šimāl.* The car turned left.

شمْس *šams* NOUN, FEMININE (PLURAL: **شُموس** *šumūs*)

sun !متْبُصِّش في الشّمْس *ma-tbúṣṣiš fi -ššams!* Don't look at the sun!

شمْعة *šám3a* NOUN (PLURAL: **شُموع** *šumū3,* **شمْع** *šam3*)

candle .حطّيْت شُموع على الطّرابيْزة *ḥaṭṭēt šumū3 3ála -ṭṭarabēza.* I put candles on the table.

شنْطة *šánṭa* NOUN (PLURAL: **شُنط** *šúnaṭ*)

bag .باخُد شنْطة واحْدة بسّ لمّا بسافِر *bāxud šánṭa wáḥda bassᵊ lámma basāfir.* I take only one bag when I travel.

شهْر *šahr* NOUN (PLURAL: **شُهور** *šuhūr*)

month .عيد ميلادي الشّهْر ده *3īd milādi (i)ššahrᵊ da.* My birthday is this month.

شوْربة *šúrba* NOUN

soup .الشّوْربة سُخْنة *iššúrba súxna.* The soup is hot.

شوْكة *šōka* NOUN (PLURAL: **شِوَك** *šíwak*)

fork .الوَلد بيِعْرف ياكُل بِالشّوْكة *ilwálad biyí3raf yākul bi-ššōka.* The child can eat with a fork.

شُوَيّة *šuwáyya* ADVERB

a little, a bit .ذاكِرةْ تيْتة ضعيفة شْوَيّة *zākírit tēta ḍa3īfa šwáyya.* My grandmother's memory is a bit weak. .بيِتْكلِّم ألْماني شْوَيّة *biyitkállim ʔalmāni šwáyya.* He speaks a little German.

شُوَيِّة __ *šuwayyit* __ **a little __, a bit of __, some __** روح اِشْتِري شُوَيِّة عيْش مِن الفُرْن. *rūḥ ištíri š(u)wayyit 3ēš min ilfúrn.* Go buy some bread from the bakery.

شيْف *šēf* NOUN (PLURAL: **شيفات** *šifāt*)

chef .المطْعم فيه شيْف إيطالي *ilmáṭ3am fī šēf ʔiṭāli.* The restaurant has an Italian chef.

ص

ص ﺻ ﺼ ﺺ

isolated initial medial final

Ṣaad is the fourteenth letter of the Arabic alphabet. It is the dark counterpart of the letter س s. By 'dark,' we mean that the tongue is flattened and pulled back slightly. This affects the quality of adjacent vowels, most notably alif and fatha (➲ See the header note on p. 1) Phonemic transcription: **ṣ**

ا ب ت ث ج ح خ د ذ ر ز س ش **ص** ض ط ظ ع غ ف ق ك ل م ن ه و ي

صابون *ṣabūn* COLLECTIVE NOUN

soap بغْسِل إيديّا بِالصّابون. *báysil ʔidáyya bi-ṣṣabūn.* I wash my hands with soap.

صاحِب *ṣāɦib* NOUN (PLURAL: **أصْحاب** *ʔaṣɦāb*)

(male) **friend** صاحْبي عزمْني. *ṣáɦbi 3azámni.* My [male] friend invited me.

صاحْبة *ṣáɦba* NOUN, FEMININE (PLURAL:)

(female) **friend** صاحْبِتي عزمِتْني. *ṣaɦbíti 3azamítni.* My [female] friend invited me.

صافي *ṣāfi* ADJECTIVE (FEMININE: **صافْيَة** *ṣafya,* ELATIVE: **أصْفى** *ʔáṣfa*)

clear, pure المايّة صافْيَة جِدّاً. *ilmáyya ṣáfya gíddan.* The water is very clear.

صبّ *ṣabb* VERB (**يِصُبّ** *yiṣúbb*)

pour مُمْكِن لَوْ سمحْت تِصُبِّلي قهْوَة؟ *múmkin law samáɦtᵊ tiṣubbíli ʔáhwa?* Can you please pour me some coffee?

صُباع *ṣubā3* NOUN (PLURAL: **صَوابِع** *ṣawābi3*)

finger السِّتّ لابْسة خاتِم في صُباعْها. *issíttᵊ lábsa xātim fi ṣubá3ha.* The woman has a ring on her finger.

صُبْح *ṣubɦ* NOUN

morning بروح المدْرسة كُلّ يوْم الصُّبْح. *barūɦ ilmadrása kullᵊ yōm iṣṣúbɦ.* I go to school every morning.

صبي *ṣábi* NOUN (PLURAL: **صُبْيان** *ṣubyān*)

boy الصُّبْيان بِيِلْعبوا في الشّارِع. *iṣṣubyān biyil3ábu fi -ššāri3.* The boys are playing in the street.

صحّ *ṣaɦɦ* ADJECTIVE, INVARIABLE (ELATIVE: **أصحّ** *ʔaṣáɦɦ*)

correct, right إجابْتك صحّ! *ʔigábtak ṣaɦɦ!* Your answer is right!

صحافة *ṣaɦāfa* NOUN (NO PLURAL)

press, media, journalism الصّحافة

غطّت الحِكايَة. *iṣṣaḫāfa ɣáṭṭit ilḫikāya.* The press covered the story.

صِحّة *ṣíḫḫa* NOUN (NO PLURAL)

health .الصِّحّة أهمّ مِن الفِلوس *iṣṣíḫḫa ʔahámmᵊ min ilfilūs.* Health is more important than money.

صحّح *ṣáḫḫaḫ* VERB (**يِصحّح** *yiṣáḫḫaḫ*)

correct .لَوْ سمحْت، صحّحْلي أخْطائي *law samáḫt, ṣaḫḫáḫli ʔaxṭāʔi.* Please, correct my mistakes.

صحّى *ṣáḫḫa* VERB (**يِصحّي** *yiṣáḫḫi*)

wake up, make get up أُمّها صحِّتْها بدْري. *ʔummáha ṣaḫḫítha bádri.* Her mother woke her up early.

صِحي *ṣíḫi* VERB (**يِصْحى** *yíṣḫa*)

wake up, get up هِيَّ دايْماً بْتِصْحى بدْري. *híyya dáyman bitíṣḫa bádri.* She always wakes up early.

- Compare the two entries above. The first is transitive (takes an object), while the second is intransitive. Many intransitive measure-I verbs have transitive counterparts in measure-II verbs, which have a shadda (double consonant).

صِحّي *ṣíḫḫi* ADJECTIVE (PLURAL: **أصِحّاء** *ʔaṣiḫḫāʔ*)

healthy .بياكُل أكْل صِحّي *biyākul ʔaklᵊ ṣíḫḫi.* He eats healthy food.

صخْرة *ṣáxra* NOUN (PLURAL: **صُخور** *ṣuxūr*)

rock, boulder .هُوَّ اسْتخبّى وَرا صخْرة *húwwa -staxábba wára ṣáxra.* He hid behind a rock.

صدّق *sádda?* VERB (**يِصدّق** *yisádda?*)

believe .هُوَّ صدّق اللي قالِتْه *húwwa sádda? ílli ʔalítu.* He believed what she said.

- The **ص** in this particular word is pronounced *s* (as if it were **س**), but most people retain the spelling from Modern Standard Arabic. You may notice this in a few other words.

صرف *ṣáraf* VERB (**يِصْرِف** *yíṣrif*)

spend .صرف كُلّ فْلوسُه *ṣáraf kullᵊ flūsu.* He spent all his money.

صعْب *ṣa3b* ADJECTIVE (ELATIVE: **أصْعب** *ʔáṣ3ab*)

difficult, hard .التّمْرين صعْب *ittamrīn ṣa3b.* The exercise is difficult.

صُغيّر *ṣuɣáyyar* ADJECTIVE (ELATIVE: **أصْغر** *ʔáṣɣar*)

small, little .عنْدي قُطّة صُغيّرة *3ándi ʔúṭṭa ṣ(u)ɣayyára.* I have a little cat. .بحِبّ العِيال الصُّغيّرين *baḫíbb il3iyāl iṣṣuɣayyarīn.* I love small children.

young .الوَلد الصُّغيّر مُؤدّب *ilwálad iṣṣuɣáyyar muʔáddab.* The young boy is polite.

صفْحة *ṣáfḫa* NOUN

page .علّمْت الصّفْحة تمانْيَة مِن الكِتاب *3allímt iṣṣáfḫa tamánya min ilkitāb.* She marked page 8 of the book.

صِفْر *ṣifr* NOUN (PLURAL: **أصْفار** *ʔaṣfār*)

zero .لازِم نِبْتِدي مِن الصِّفْر *lāzim*

nibtídi min iṣṣífr. We have to start from zero.

صفيحة *ṣafīḥa* NOUN (PLURAL: **صفايح** *ṣafāyiḥ*)

can, tin الأكْل اللي في الصّفيحة مِش صِحّي. *ilʔákl ílli fi -ṣṣafīḥa miš ṣíḥḥi.* Food in a can is not healthy.

صلّح *ṣállaḥ* VERB (**يِصلّح** *yiṣállaḥ*)

repair, fix هُوَّ صلّح الكُّرْسي المكْسور. *húwwa ṣállaḥ ikkúrsi -lmaksūr.* He repaired the broken chair.

correct لَوْ سمحْت ، صلّحْلي أخْطائي. *law samáḥt, ṣalláḥli ʔaxṭāʔi.* Please, correct my mistakes.

صِلْصال *ṣilṣāl* NOUN

clay, putty الوِلاد بِيْحِبّوا يِلْعبوا بِالصِّلْصال. *ilwilād biyḥíbbu yil3ábu bi-ṣṣilṣāl.* Children like to play with putty.

صنْدوق *sandūʔ* NOUN (PLURAL: **صَناديق** *sanadīʔ*)

box خبِّت الفِلوس في صنْدوق صُغيرّ. *xábbit ilfilūs fi sandūʔ ṣuɣáyyar.* She hid the money in a little box.

- In this word, **ص** (which is usually pronounced *ṣ*) sounds like **س** *s*.

صوْت *ṣōt* NOUN (PLURAL: **أصْوات** *ʔaṣwāt*)

sound سمعْت صوْت غريب. *samá3tᵊ ṣōt ɣarīb.* I heard a strange noise..

voice عنْدها صوْت حِلْو. *3andáha ṣōt ḥilw.* She has a lovely voice.

volume مُمْكِن تِعلّي الصّوْت؟ *múmkin ti3álli -ṣṣōt?* Can you turn up the volume?

صوّر *ṣáwwar* VERB (**يِصوّر** *yiṣáwwar*)

photograph, take a picture (of) بحِبّ أصوّر الحَيَوانات. *baḥíbbᵊ ʔaṣáwwar ilḥayawanāt.* I like to photograph animals.

صورة *ṣūra* NOUN (PLURAL: **صُوَر** *ṣúwar*)

picture البِنْت لوِّنِت الصّورة. *ilbíntᵊ lawwínit iṣṣūra.* The girl colored the picture.

photo(graph) بِياخُد صُوَر حِلْوَة. *biyāxud ṣúwar ḥílwa.* He takes beautiful photos.

صيْف *ṣēf* NOUN (NO PLURAL)

summer عملْت أيْه الصّيْف اللي فات؟ *3amáltᵊ ʔēh iṣṣēf ílli fāt?* What did you do last summer?

- The nouns for spring, summer, fall, and winter do not have plural forms in Egyptian Arabic. Instead, the plural noun **فُصول** *fuṣūl* (seasons) is used: **فُصول الصّيْف** *fuṣūl iṣṣēf* (lit. seasons of summer).

ض ـض ـضـ ضـ ض

isolated initial medial final

Ḍaad is the fifteenth letter of the Arabic alphabet. It is the dark counterpart of the letter د *d*. To better understand the contrast between light and dark consonants, compare the place of articulation for the light L in the English word leak and the dark L in word dull. (➲ See notes for ص.) Phonemic transcription: ***ḍ***

ا ب ت ث ج ح خ د ذ ر ز س ش ص **ض** ط ظ ع غ ف ق ك ل م ن ه و ي

ضاعِف *ḍā3if* VERB (**يِضاعِف** *yiḍā3if*)

double ضاعِف أرْباحُه. *ḍā3if ʔarbāħu.* He doubled his gains.

ضِحِك *ḍíħik* VERB (**يِضْحك** *yíḍħak*)

laugh ضِحِك و لَوْ إنّ النُّكْتة مكانِتْش ظريفة. *ḍíħik wi law ʔinn innúkta ma-kanítšᵊ ẓarīfa.* He laughed even though the joke wasn't funny.

ضِحِك على *ḍíħik 3ála* **deceive, fool** متْخلّيش حدّ يِضْحك عليْك. *ma-txallīš ħaddᵊ yíḍħak 3alēk.* Don't let anybody fool you.

ضحّك *ḍáħħak* VERB (**يِضحّك** *yiḍáħħak*)

make laugh القِصّة ضحّكِتْني. *ilqíṣṣa ḍaħħakítni.* The story made me laugh.

ضخْم *ḍaxm* ADJECTIVE (ELATIVE: **أضْخم** *ʔáḍxam*)

enormous, huge اِشْترى كِمِّيّة بِضاعة ضخْمة. *ištára kimmíyyit biḍā3a ḍáxma.* He bought an enormous amount of merchandise.

ضرب *ḍárab* VERB (**يِضْرب** *yíḍrab*)

hit الوَلد الصُّغيرّ ضرب صاحْبُه. *ilwálad iṣṣuɣáyyar ḍárab ṣáħbu.* The young boy hit his friend.

strike, ring جرس المدْرسة ضرب السّاعة اِتْنيْن. *gáras ilmadrása ḍárab issā3a ʔitnēn.* The school bell rang at two o'clock.

ضرب نار *ḍárab nār* **shoot, fire** البوليس ضرب نار في الهَوا. *ilbulīs ḍárab nār fi -lhau.* The police fired in the air.

ضرْبة *ḍárba* NOUN

blow, strike الضّرْبة على راسُه كانِت شِديدة. *iḍḍárba 3ála rāsu kānit šidīda.* The blow to his head was strong.

ضرورة *ḍarūra* NOUN

need المايّة ضرورة. *ilmáyya ḍarūra.* Water is a need.

ضروري *ḍarūri* ADJECTIVE

necessary, required عنْدي كُلّ الأدَوات الضّرورية عشان أعْمِل صنْدوق. *3ándi kull ilʔadawāt iḍḍaruríyya 3ašān ʔá3mil sandū.* I have all the necessary tools to build a box.

ضِعِف *ḍí3if* VERB (**يِضْعف** *yíḍ3af*)

weaken, become weak ذاكرِةْ الواحِد بتِضْعف لمّا بيْعجِّز. *zākírit ilwāḥid bitíḍ3af lámma biy3ággiz.* One's memory becomes weak as one ages.

ضعيف *ḍa3īf* ADJECTIVE (PLURAL: **ضُعاف** *ḍu3āf,* ELATIVE: **أضْعف** *ʔáḍ3af*)

weak جِدّي ضعيف. *gíddi ḍa3īf.* My grandfather is weak.

low الفُرْصة إنّها تْمْطّر ضعيفة. *ilfúrṣa ʔinnáha tmáṭṭar ḍa3īfa.* The chance that it will rain is low.

ضِلّ *ḍill* NOUN (PLURAL: **ضِلال** *ḍilāl*)

shade; shadow بحِبّ أقْعُد في الضِّلّ. *baḥíbbᵊ ʔáʔ3ud fi -ḍḍill.* I like to sit in the shade.

ضلِّل *ḍállil* VERB (**يِضلِّل** *yiḍállil*)

shade ضلِّلْت شبابيكي. *ḍallíltᵊ šababīki.* I shaded my windows.

ضلْمة *ḍálma* NOUN

dark, darkness مبعْرفْش أشوف في الضّلْمة. *ma-ba3ráfšᵊ ʔašūf fi -ḍḍálma.* I can't see in the dark.

ضهْر *ḍahr* NOUN (PLURAL: **ضُهور** *ḍuhūr*)

back ضهْري بيِوْجعْني بعْد التّمْرين. *ḍáhri biyiwgá3ni ba3d ittamrīn.* My back hurts me after exercising.

ضُهْر *ḍuhr* NOUN **بعْد الضُّهْر** *ba3d iḍḍúhr*

afternoon رِجِع مِن الشُّغْل بعْد الضُّهْر. *rígi3 min iššúɣlᵊ ba3d iḍḍúhr.* He returned from work in the afternoon.

ضيّع *ḍáyya3* VERB (**يِضيّع** *yiḍáyya3*)

lose, misplace ضيّعْت خاتمِها. *ḍayyá3tᵊ xatímha.* She lost her ring.

waste أنا ضيّعْت وَقْتي! *ʔána ḍayyá3tᵊ wáʔti!* I wasted my time!

ضيْف *ḍēf* NOUN (PLURAL: **ضِيوف** *ḍiyūf*)

guest كان فيه ضِيوف كِتير في الفرح. *kān fī ḍiyūf kitīr fi -lfáraḥ.* There were many guests at the wedding.

ضيّق *ḍáyyaʔ* ADJECTIVE (ELATIVE: **أضْيَق** *ʔáḍyaʔ*)

tight البنْطلوْن ده ضيّق أوَي. *ilbanṭalōn da ḍáyyaʔ ʔáwi.* These pants are too tight.

narrow القاعة ضيّقة. *ilqā3a ḍayyáʔa.* The hall is narrow.

ط

ـط ـطـ طـ ط

final medial initial isolated

Ṭaa is the sixteenth letter of the Arabic alphabet. It is the dark counterpart of the letter ت *t*. (➲ See notes for ص and ض for more on dark letters.) Phonemic transcription: ***ṭ***

ا ب ت ث ج ح خ د ذ ر ز س ش ص ض **ط** ظ ع غ ف ق ك ل م ن ه و ي

طابِع *ṭābi3* NOUN (PLURAL: **طَوابِع** *ṭawābi3*)

stamp عنْدي مجْموعِةْ طَوابِع مِن كُلّ بلد. *3ándi magmū3it ṭawābi3 min kullᵊ bálad.* I have a collection of stamps from every country.

طار *ṭār* VERB (**يِطير** *yiṭīr*)

fly العصفور بِيْطير في السّما. *il3aṣafūr biyṭīr fi -ssáma.* The bird flies in the sky.

طازة *ṭāza* ADJECTIVE, INVARIABLE

fresh بشْترِي فاكْهة طازة بسّ. *baštíri fákha ṭāza bass.* I only buy fresh fruit.

طاقية *ṭaʔíyya* NOUN (PLURAL: **طَواقي** *ṭawāʔi*)

cap لِبِس طاقية عشان يِحْمي نفْسُه مِن الشّمْس. *líbis ṭaʔíyya 3ašān yíḥmi náfsu min iššáms.* He wore a cap to protect himself from the sun.

طِبّ *ṭibb* NOUN (NO PLURAL)

medicine إبْني عايِز يِدْرِس طِبّ. *ʔíbni 3āyiz yídris ṭibb.* My son wants to study medicine.

طبّاخ *ṭabbāx* NOUN

cook, chef المطْعم فيه طبّاخ إيطالي. *ilmáṭ3am fī ṭabbāx ʔiṭāli.* The restaurant has an Italian chef.

- When a plural form is not listed for a noun, you can assume that its plural is regular. The regular plural ending for nouns denoting humans is ـين *-īn:* طبّاخين *ṭabbaxīn* (chefs)
- Most masculine human nouns can be made feminine by adding the ending ـة *-a.* طبّاخ *ṭabbāx* (male chef) → طبّاخة *ṭabbāxa* (female chef).

طبخ *ṭábax* VERB (**يُطْبُخ** *yúṭbux*)

cook مِش عايِز أطْبُخ حاجة النّهارْده. *miš 3āyiz ʔáṭbux ḥāga -nnahárda.* I don't want to cook anything today.

طبّخ *ṭábbax* VERB (**يِطبّخ** *yiṭábbax*)

cook up, prepare هُوَّ طبّخ وَجْبِتك المفُضّلة. *húwwa ṭábbax wagbítak ilmufaḍḍála.* He prepared your favorite meal.

طبْع *ṭab3* NOUN (PLURAL: **طِباع** *ṭibā3*)

nature, character, disposition الكّلْب ده طبْعُه حِلْو. *ikkálbᵊ da ṭáb3u ḥilw.* This dog has a good nature.

طبق *ṭábaʔ* NOUN (PLURAL: **أطْباق** *ʔaṭbāʔ*)

plate, dish حطّ الأكْل في طبق حِلْو. *ḥaṭṭ ilʔáklᵊ f ṭábaʔ ḥilw.* He placed the food on a beautiful plate.

dish بسْتعْمِل تشْكيلةْ خُضار لِلطّبق ده. *bastá3mil taškīlit xuḍār li-ṭṭábaʔ da.* I use a mix of vegetables for this dish.

طبّق *ṭábbaʔ* VERB (**يِطبّق** *yiṭábbaʔ*)

fold هُوَّ طبّق الوَرقة. *húwwa ṭábbaʔ ilwáraʔa.* He folded the paper.

طَبَنْجَة *ṭabanga* NOUN

gun ظابِط الشُّرْطة معاه طَبَنْجَة. *ẓābiṭ iššúrṭa ma3ā ṭabanga.* The police officer has a gun.

طبيعة *ṭabī3a* NOUN

nature بحِبّ الأفْلام الوَثائِقية عن الطّبيعة. *baḥíbb ilʔaflām ilwasaʔiqíyya 3an iṭṭabī3a.* I like documentaries about nature.

طرابيْزة *ṭarabēza* NOUN

table يَلّا نُقْعُد على الطّرابيْزة عشان ناكُل. *yálla núʔ3ud 3ála -ṭṭarabēza 3ašān nākul.* Let's sit at the table to eat.

طرح *ṭáraḥ* VERB (**يِطْرح** *yíṭraḥ*)

introduce المُدرِّس طرح مَوْضوع مُهِمّ لِلنِّقاش. *ilmudárris ṭáraḥ mawḍū3 muhímmᵊ li-nniqāš.* The teacher introduced an important topic for discussion.

طرد *ṭárad* VERB (**يُطْرُد** *yúṭrud*)

fire, dismiss طرد المُوَظّف. *ṭárad ilmuwáẓẓaf.* He fired the employee.

طرْف *ṭarf* NOUN (PLURAL: **أطْراف** *ʔaṭrāf*)

edge, margin, border رسمِت على طرْف الوَرقة. *rásamit 3ála ṭarf ilwáraʔa.* She drew on the border of the paper.

طري *ṭári* ADJECTIVE (ELATIVE: **أطْرى** *ʔáṭra*)

soft اِشْتريْت لِلبيْبي لِعْبة طرية. *ištarēt li-lbēbi lí3ba ṭaríyya.* I bought the baby a soft toy.

طريق *ṭarīʔ* NOUN (PLURAL: **طُرُق** *túruʔ*)

road, path فيه شجر جنْب الطّريق. *fī šágar gamb iṭṭarīʔ.* There are trees along the road.

way, route بيْتي في الطّريق ده! *bēti fi -ṭṭarīʔ da!* My house is this way!

path, course طريقُه ناجِح. *ṭarīʔu nāgiḥ.* His path is successful.

طريقة *ṭarīʔa* NOUN (PLURAL: **طُرُق** *túruʔ*)

method, way المُدرِّسة وَرِّت الوَلد طريقةْ كِتابةْ إسْمُه. *ilmudarrísa wárrit ilwálad ṭarīʔit kitābit ʔísmu.* The teacher showed the boy the way to write his name.

طفى *ṭáfa* VERB (**يِطْفي** *yíṭfi*)

turn off طفيْت النّور؟ *ṭafēt innūr?* Did you turn off the light?

طلب *ṭálab* VERB (**يُطْلُب** *yúṭlub*)

order طلبِت أكْل. *ṭálabit ʔakl.* She ordered food.

طلب *ṭálab* NOUN

order الطّلب وَصل النّهارْده. *iṭṭálab wáṣal innahárda.* The order arrived today.

طلبية *ṭalabíyya* NOUN

order الطّلبية وَصلِت النّهارْده. *iṭṭalabíyya wáṣalit innahárda.* The order arrived today.

طِلِع *ṭíli3* VERB (**يِطْلع** *yíṭla3*)

get on, get in, board طِلِع عَ الطّيّارة. *ṭíli3 3a -ṭṭayyāra.* He got on the plane.

طماطِم *ṭamāṭim* COLLECTIVE NOUN, FEMININE

tomatoes مبحِبِّش آكُل طماطِم. *ma-baḥíbbiš ʔākul ṭamāṭim.* I don't like to eat tomatoes.

طول *ṭūl* NOUN (PLURAL: **أطْوال** *ʔaṭwāl*)

length طول الفيلْم قدّ أيْه؟ *ṭūl ilfílmᵊ ʔaddᵊ ʔē?* What is the length of the movie?

height طول الجبل ده رهيب. *ṭūl ilgábal da rahīb.* The height of this mountain is great.

طَويل *ṭawīl* ADJECTIVE (PLURAL: **طُوال** *ṭuwāl,* ELATIVE: **أطْوَل** *ʔáṭwal*)

long شعْرها طَويل. *ša3ráha ṭawīl.* She has long hair.

tall عمُّه راجِل طَويل. *3ámmu rāgil ṭawīl.* His uncle is a tall man.

طيّارة *ṭayyāra* NOUN

plane سافِرْت بِالطّيّارة. *safírtᵊ bi-ṭṭayyāra.* I traveled by plane.

طيِّب *ṭáyyib*

ADJECTIVE (ELATIVE: **أطْيَب** *ʔáṭyab*) **kind, nice** قريبي طيِّب أوي. *ʔarībi ṭáyyib ʔáwi.* My cousin is very kind.

INTERJECTION **okay, all right** طيِّب، هاجي بُكْره. *ṭáyyib, hāgi búkra!* Okay, I will come tomorrow!

ظ

ظ ظـ ـظـ ـظ

isolated initial medial final

Ẓaa is the seventeenth letter of the Arabic alphabet. It is the dark counterpart of the letter ز *z*. (➲ See notes for ص and ض for more on dark letters.) This letter is rather uncommon in Egyptian Arabic and is replaced in some words by ز or ض. Phonemic transcription: **ẓ**

ا ب ت ث ج ح خ د ذ ر ز س ش ص ض ط **ظ** ع غ ف ق ك ل م ن ه و ي

ظابِط شُرْطة *ẓābiṭ šúrṭa* NOUN

(PLURAL: **ظُبّاط شُرْطة** *ẓubbāṭ šúrṭa*)

police officer, cop ظابِط الشُّرْطة وَقّفْني لإنّي كُنْت بسوق بِسُرْعة. *ẓābiṭ iššúrṭa waʔʔáfni la-ʔínni kuntᵊ basūʔ bi-súr3a.* The police officer pulled me over because I was speeding (lit. driving fast).

➲ Compare with **شُرْطة** *šúrṭa* p. 70.

ظريف *ẓarīf* ADJECTIVE

funny كانِت نُكْتة ظريفة بْجدّ. *kānit núkta ẓarīfa b-gádd.* It was a really funny joke.

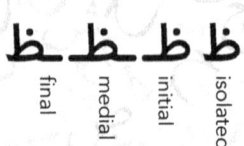

ع

ع ـعـ عـ ـع

isolated initial medial final

'Ayn is the eighteenth letter of the Arabic alphabet. It is the voiced equivalent of the letter ح *ḥ* and has no equivalent in English. Rather than try to follow a complicated explanation of how to produce this sound, it is better to listen carefully to the audio tracks and mimic what you hear. Phonemic transcription: ***3***

ا ب ت ث ج ح خ د ذ ر ز س ش ص ض ط ظ **ع** غ ف ق ك ل م ن ه و ي

عائِلي *3āʔíli* ADJECTIVE

family- دي مُشْكِلة عائِلية. *di muškíla 3āʔilíyya.* It's a family problem.

عادة *3āda* NOUN

habit, custom التّدْخين عادة سيِّئة. *ittadxīn 3āda sayyíʔa.* Smoking is a bad habit.

عادِل *3ādil* ADJECTIVE

fair المُباراة كانِت عادِلة. *ilmubarā kānit 3ādíla.* The game was fair.

عارِضِةْ أزْياء *3āríḍit ʔazyāʔ* NOUN

fashion model بِتِشْتغل عارِضِةْ أزْياء. *bitištáɣal 3āríḍit ʔazyāʔ.* She works as a model.

عازِب *3āzib* ADJECTIVE

single, unmarried هُوَّ عازِب. *húwwa 3āzib.* He is single.

عاش *3āš* VERB (**يِعيش** *yi3īš*)

live بِيْعيشوا معَ بعْض. *biy3īšu má3a ba3ḍ.* They live together.

عاصِفة *3āṣífa* NOUN (PLURAL: **عَواصِف** *3awāṣif*)

storm العاصِفة دمّرِت البيْت. *il3āṣífa dammárit ilbēt.* The storm damaged the house.

عاقِب *3āqib* VERB (**يِعاقِب** *yi3āqib*)

punish المُدرِّسة عاقْبِت التِّلْميذ. *ilmadrása 3áqbit ittilmīz.* The school punished the student.

عاقِل *3āʔil* ADJECTIVE (ELATIVE: **أعْقل** *ʔá3ʔal*)

wise إنْتَ راجِل عاقِل! *ʔínta rāgil 3āʔil!* You're a wise man!

عالم *3ālam* NOUN (PLURAL: **عَوالِم** *3awālim*)

world المصْرِيّين عايْشين في كُلّ أنْحاء العالم. *ilmaṣriyyīn 3ayšīn fi kullᵊ ʔanḥāʔ il3ālam.* Egyptians live all over the world.

عالي *3āli* ADJECTIVE (FEMININE: **عالْيَة** *3álya,* ELATIVE: **أعْلى** *ʔá3la*)

high .الحيْطة عالْيّة *ilḫēṭa 3álya.* The wall is high.

عام *3ām* VERB (**يِعوم** *yi3ūm*)

swim تِعْرف تِعوم ؟ *tí3raf ti3ūm?* Can you swim?

sail .المركِب عام الصُّبْح *ilmárkib 3ām iṣṣúbḫ.* The boat sailed in the morning.

عامّ *3āmm* ADJECTIVE (ELATIVE: **أعمّ** *ʔa3ámm*)

general .اِدّيني إجابة عامّة على سُؤالي *iddīni ʔigāba 3āmma 3ála suʔāli.* Give me a general answer to my question.

عايِز *3āyiz* ADJECTIVE

want (+ object) .عايِز قهْوَة *3āyiz ʔáhwa.* I want coffee.

want to (+ imperfect verb) . مِش عايِز أروح لِوَحْدي *miš 3āyiz ʔarūḫ li-wáḫdi.* I don't want to go alone.

- This word is an active participle (adjective), but other conjugations of the verb are, in comparison, rarely used in Egyptian Arabic.
- As an adjective, it agrees in gender and number with its subject. The feminine form is **عايْزة** *3áyza* and the plural is **عايْزين** *3ayzīn.*
- The examples above are as a man would say them. A woman would say **عايْزة قهْوَة** *3áyza ʔáhwa.* (I want coffee.)

عبْر *3abr* PREPOSITION

across, over .الخبر مُنْتشِر عبْر القارّات *ilxábar munátšir 3abr ilqarrāt.* The news has spread across the continents.

عجب *3ágab* VERB (**يِعْجِب** *yí3gib*)

like (lit. please) .عجبُه الفيلْم بْجدّ *3ágabu -lfílmᵊ b-gádd.* He really liked the movie (lit. pleased him).

- Notice that the subject and object are, respectively, the object and subject in the English translation.
- The subject more commonly precedes the verb in Egyptian Arabic, but it can also follow the verb, as in the example above. We could also say **الفيلْم عجبُه** *ilfílm 3ágabu.*

عجّز *3ággiz* VERB (**يِعجِّز** *yi3ággiz*)

grow old, age ذاكِرِةْ الواحِد بِتِضْعف لمّا بِيْعجِّز. *zākírit ilwāḫid bitíḍ3af lámma biy3ággiz.* One's memory becomes weak as one ages.

عجلة *3ágala* NOUN (PLURAL: **عجل** *3ágal*)

wheel, tire اِشْتريْت أرْبع عجلات لِلعربية. *ištarēt ʔárba3 3agalāt li-l3arabíyya.* I bought four tires for the car.

bicycle, bike تِعْرف تِسوق عجلة ؟ *tí3raf tisūʔ 3ágala?* Do you know how to ride a bike?

عجوز *3agūz* ADJECTIVE (PLURAL: **عَواجيز** *3awagīz*)

(person) **old** . الرّاجِل العجوز لابِس

نضّارة *irrāgil il3agūz lābis naḏḏāra.* The old man wears glasses.

➲ Compare with **قديم** *ʔadīm* p. 102.

عجيبة *3agība* NOUN (PLURAL: **عجايِب** *3agāyib*)

wonder, marvel فيه سبع عجايِب في العالم. *fī sába3 3agāyib fi -l3ālam.* There are seven wonders in the world.

عدّ *3add* VERB (**يِعِدّ** *yi3ídd*)

count الوَلد بيِعْرف يِعِدّ لِحدّ عشرة. *ilwálad biyí3raf yi3ídd^ə li-ḫadd^ə 3āšara.* The boy can count to ten.

عدد *3ádad* NOUN (PLURAL: **أعْداد** *ʔa3dād*)

number, figure عدد النّاس في العالم بيِزْيد. *3ádad innās fi -l3ālam biyzīd.* The number of people in the world is increasing.

عدُوّ *3adúww* NOUN (PLURAL: **أعْداء** *ʔa3dāʔ*)

enemy هُوَّ حارِب العدُوّ. *húwwa ḫārib il3adúww.* He fought the enemy.

عدّى *3ádda* VERB (**يِعدّي** *yi3áddi*)

cross الوِلاد مِش مفْروض يِعدّوا الشّارِع لِوَحْدُهُم. *ilwilād miš mafrūḏ yi3áddu -ššāri3 li-waḫdúhum.* Children should not cross the street alone.

عدّى مِن قُدّام *3ádda min ʔuddām*

pass (by) العربية عدِّت مِن قُدّام بيْتي. *il3arabíyya 3áddit min ʔuddām bēti.* The car passed by my house.

عدّى مِن *3ádda min* **succeed at, pass** عدّى مِن الاِمْتِحان. *3ádda min ilʔimtiḫān.* He passed the examination.

عربي *3árabi*

ADJECTIVE (PLURAL: **عرب** *3árab*) **Arab**

جَواز القرايِب معْروف في العالم العربي. *gawāz ilʔarāyib ma3rūf fi -l3ālam il3árabi.* Marriage between cousins is common in Arab countries.

NOUN (language) **Arabic** مبتْكلِّمْش عربي كْوَيِّس. *ma-batkallímš^ə 3árabi kwáyyis.* I don't speak Arabic well.

- Although Egyptians are themselves Arabs, when they refer to someone as being Arab, they mean that the person is from another Arab country.

عربية *3arabíyya* NOUN

car بيِرْوح الشُّغْل بِالعربية. *biyrūḫ iššúɣl^ə bi-l3arabíyya.* He goes to work by car.

- **عربية** *3arabíyya* can also be the feminine form of **عربي** *3árabi* (Arab): an Arab woman. This usage is much less common, so in most contexts, **عربية** *3arabíyya* will, in fact, mean 'car.'

عرض *3áraḏ* VERB (**يِعْرِض** *yí3riḏ*)

introduce الأُسْتاذ عرض مَوْضوع مُهِمّ لِلنِّقاش. *ilʔustāz 3áraḏ mawḏū3 muhímm^ə li-nniqāš.* The teacher introduced an important topic for discussion.

offer عرض عليّا شُغْل جْديد. *3áraḏ 3aláyya šuɣl^ə gdīd.* He offered me a new job.

عرْض *3arḍ* NOUN (PLURAL: **عُروض** *3urūḍ*)

display, show عرْض الأسْعار مِش مظْبوط. *3arḍ ilʔas3ār miš maẓbūṭ.* The display of prices is not correct.

offer, proposal رفضْت عرْضُهُم ليْه؟ *rafáḍtᵊ 3arḍúhum lē?* Why did you refuse their offer?

عرْض *3arḍ* NOUN (PLURAL: **أعْراض** *ʔa3rāḍ*)

width, breadth قِسْت عرْض السِّرير. *ʔistᵊ 3arḍ issirīr.* I measured the width of the bed.

عِرِف *3írif* VERB (**يِعْرف** *yí3raf*)

know مِش عارِف. *miš 3ārif.* I don't know.

know (how to), can (+ imperfect verb) تيْتة بْتِعْرف إزّايْ تُطْبُخ أكْل صِحّي. *tēta btí3raf ʔizzāy túṭbux ʔaklᵊ ṣíḫḫi.* My grandma knows how to cook healthy food.

- This verb is often an active participle (adjective), as in the first example above. A woman would put the adjective in the feminine form and say **مِش عارْفة** *miš 3árfa.* (I don't know.)

عرّف *3árraf* VERB (**يِعرّف** *yi3árraf*)

introduce عرّفْني على أهْلُه. *3arráfni 3ála ʔáhlu.* He introduced me to his parents.

عروسة *3arūsa* NOUN (PLURAL: **عرايِس** *3arāyis*)

bride العروسة شكْلها حِلْو بِالفُسْتان ده. *il3arūsa šakláha ḫilwᵊ bi-lfustān da.* The bride looks beautiful in that dress!

doll البِنْت الصُّغيرّة بْتِلْعب بِالعروسة بْتاعِتْها. *ilbínt iṣṣuɣayyára bitíl3ab bi-l3arūsa b(i)ta3ítha.* The little girl is playing with her doll.

عزِّل *3ázzil* VERB (**يِعزِّل** *yi3ázzil*)

move عزِّلِت لِبيْت جِديد. *3azzílit li-bēt gidīd.* She moved to a new house.

عزم *3ázam* VERB (**يِعْزِم** *yí3zim*)

invite عزمْت أصْحابي على العشا. *3azámtᵊ ʔaṣḫābi 3ála -l3áša.* I invited my friends to dinner.

عشا *3áša* NOUN (PLURAL: **عشْوات** *3ašwāt*)

dinner باكُل العشا مِتْأخّر. *bākul il3áša mitʔáxxar.* I eat dinner late.

➲ Compare with **اِتْعشّى** *it3ášša* p. 5.

عشان *3ašān*

PREPOSITION **for** اِشْترِت لبن عشان إبْنها الصُّغيرّ. *ištárit lában 3ašān ʔibnáha -ṣṣuɣáyyar.* She bought milk for her small son.

because of هُمّا مبْيِتْكلِّموش عشان المُشْكِلة. *húmma ma-byitkallimūš 3ašān ilmuškíla.* They don't talk because of the problem.

ADVERB **عشان كِده** *3ašān kída* **therefore, so** المطرة مطّرِت، عشان كِده فِضِلْت في البيْت. *ilmáṭara maṭṭárit, 3ašān kída fiḍíltᵊ fi -lbēt.* It rained, so I stayed at home.

CONJUNCTION **because** الوَلد تعْبان عشان عيّان. *ilwálad ta3bān 3ašān 3ayyān.* The boy is tired because he is ill.

CONJUNCTION (+ imperfect verb) **in order to, to, so that** المفْروض يِذاكِر عشان يِجيب درجات كُوَيِّسة. *ilmafrūḍ yizākir 3ašān yigīb daragāt kuwayyísa.* He should study to get good grades.

- By imperfect verb, we specifically mean the bare imperfect verb without the prefix بِـ *-bi*.
- A variation of **عشان** *3ašān* is **علشان** *3alašān*.

عشرة *3ášara* NUMBER (SHORT: **عشر** *3ášar*)

ten خمْسة زائِد خمْسة بِيْقوا عشرة. *xámsa zāʔid xámsa yíbʔu 3ášara.* Five plus five makes ten.

➲ See note for **تلاتة** *talāta* p. 30.

عِشْرين *3išrīn* NUMBER

twenty اِتْجوِّزوا مِن عِشْرين سنة. *itgawwízu min 3išrīn sána.* They got married twenty years ago.

عصْر *3aṣr* NOUN (PLURAL: **عُصور** *3uṣūr*)

era, century المدينة اِتْغيرّت على مرّ العُصور. *ilmadīna (i)tɣayyárat 3ála marr il3uṣūr.* The city changed over the centuries.

عصْري *3áṣri* ADJECTIVE

modern اِشْترِت فرْش عصْري. *ištárit farš^ə 3áṣri.* She bought modern furniture.

عصْفور *3aṣfūr* NOUN (PLURAL: **عصافير** *3aṣafīr*)

bird العصْفور بِيْغنّي على الشّجرة. *il3aṣfūr biyyánni 3ála -ššágara.* The bird is singing in the tree.

عصير *3aṣīr* NOUN (PLURAL: **عصايِر** *3aṣāyir*)

juice مبشْربْش ميّا كْتير، بفضّل العصير. *ma-bašrábš^ə máyya ktīr, bafáḍḍal il3aṣīr.* I don't drink a lot of water; I prefer juice.

عضْم *3aḍm* COLLECTIVE NOUN (UNIT NOUN: **عضْمة** *3áḍma*, PLURAL: **عِضام** *3iḍām*)

bones الكلْب لقى عضْمة في الرّمْلة على البحْر. *ilkálb láʔa 3áḍma fi -rrámla 3ála -lbaḥr.* The dog found a bone in the sand at the beach.

عُضْو *3uḍw* NOUN (PLURAL: **أعْضاء** *ʔa3ḍāʔ*)

member أعْضاء الفريق بِيِشْتغلوا معَ بعْض. *ʔa3ḍāʔ ilfarīʔ biyištáɣalu má3a ba3ḍ.* The members of the team work together.

عفْش *3afš* NOUN (NO PLURAL)

furniture سِتّي اِشْترِت عفْش جْديد. *sítti (i)štárit 3afš^ə gdīd.* My grandma bought new furniture.

عقْد *3aʔd* (PLURAL: **عُقود** *3uʔūd*)

contract أنا مضّيْت العقْد. *ʔána maḍḍēt il3áʔd.* I signed the contract.

عُقْد *3uʔd* NOUN (PLURAL: **عُقاد** *3uʔād*)

necklace لابْسة عُقْد غالي. *lábsa 3uʔd^ə ɣāli.* She is wearing an expensive necklace.

عقْل *3aʔl* NOUN (PLURAL: **عُقول** *3uʔūl*)

mind الرِّياضة كُوَيِّسة لِلجِسْم و العقْل. *irriyāḍa k(u)wayyísa li-lgism^ə w il3áʔl.* Exercise is good for the body and the mind.

عكْس *3aks* NOUN

opposite بِنْتي عملِت عكْس اللي قُلْتُهولْها. *bínti 3ámalit 3aks ílli ʔultuhúlha.* My daughter did the opposite of what I told her.

علامة *3alāma* NOUN

mark, sign, symbol; birthmark أخويا عنْدُه علامة على خدُّه اليِمين. *ʔaxūya 3ándu 3alāma 3ála xáddu -lyimīn.* My brother has a birthmark on his right cheek.

عِلْبة *3ílba* NOUN (PLURAL: **عِلب** *3ílab*)

box خبِّت الفِلوس في عِلْبة صُغيرّة. *xábbit ilfilūs fi 3ílba ṣ(u)ɣayyára.* She hid the money in a little box.

علّق *3álla?* VERB (**يِعلّق** *yi3álla?*)

hang علّق الصّورة فوْق الطّرابيْزة. *3álla? iṣṣūra fō? iṭṭarabēza.* Hang the picture above the table.

علم *3álam* NOUN (PLURAL: **أعْلام** *ʔa3lām*)

flag علم مصْر أحْمر و أبْيَض و إسْوِد. *3álam maṣr, ʔáħmar wi ʔábyaḍ wi ʔíswid.* The flag of Egypt is red, white, and black.

عِلْم *3ilm* NOUN (PLURAL: **عُلوم** *3ulūm*)

science, knowledge بحِبّ أدْرِس عِلْم الكُمْبْيوتِر. *baħíbbᵊ ʔádris 3ilm ilkumbyūtir.* I like to study computer science.

علِّم *3állim* VERB (**يِعلِّم** *yi3állim*)

mark, label علِّمْت إسْم إبْني على الإزازة. *3allímtᵊ ʔismᵊ ʔíbni 3ála -lʔizāza.* I marked my child's name on the bottle.

علني *3álani* ADJECTIVE

public عايِز يِقدِّم خِطاب علني. *3āyiz yiʔáddim xiṭāb 3álani.* He wants to give a public speech.

على *3ála* PREPOSITION

on الأكْل على الطّرابيْزة. *ilʔáklᵊ 3ála -ṭṭarabēza.* The food is on the table.

- على *3ála* can optionally be shortened to عَ *a* before a definite article.
- As with most prepositions, the usage is quite idiomatic, so it may be translated in various ways (not always as 'on') depending on the context. Keep an eye on prepositions and their translations in example sentences throughout the dictionary.

I	عليّا *3aláyya*	WE	علينْا *3alēna*
YOU M.	عليْك *3alēk*	YOU PL.	عليْكو *3alēku*
YOU F.	عليْكي *3alēki*		
HE	عليْه *3alē*	THEY	عليْهُم *3alēhum*
SHE	عليها *3alēha*		

علّى *3álla* VERB (**يِعلّي** *yi3álli*)

raise, elevate, lift up المحلّ علّى

أسْعارُه. *ilmaħállᵊ 3álla ʔas3āru.* The store raised its prices.

عمّ *3amm* NOUN (PLURAL: **أعْمام** *ʔa3mām*)

uncle الشِّرْكة اللي بْيِشْتغل فيها بِتاعِة عمُّه. *iššírka -lli byištáɣal fīha bitā3it 3ámmu.* The company that he works for is his uncle's.

- In Arabic, terms for uncle and aunt are more specific than in English. **عمّ** *3amm* and **عمّة** *3ámma* are your father's brother and sister, respectively. Their spouses would be **جوْز عمّة** *gōz 3ámma* (lit. aunt's husband) and **مِرات عمّ** *mirāt 3amm* (lit. uncle's wife).
- **عمّو** *3ámmu* is used to address your uncle directly.

➲ Compare with **خال** *xāl* and **خالة** *xāla* p. 45.

عمّة *3ámma* NOUN

aunt عمِّة عُمر صُغيرّة. *3ámmit 3úmar ṣuɣayyára.* Omar's aunt is young.

عمّتو *3ammítu* NOUN

auntie عمِّتو، اِدّيني المعْلقة. *3ammítu, iddīni -lma3láʔa.* Auntie, give me the spoon.

- **عمّتو** *3ammítu* is used to address your aunt directly

عُمْر *3umr* NOUN (PLURAL: **أعْمار** *ʔa3mār*)

life, life span طول عُمْري عايِش في إسْكِنْدِرية. *ṭūl 3úmri 3āyiš fi-skindíraya.* I've lived in Alexandria all my life.

عُمْرُه ما *3úmru ma* **never** عُمْرُهُم ما كلوا سمك. *3umrúhum ma kálu sámak.* They have never eaten fish. عُمْرها ما بْتِتِّصِل. *3umráha ma btittíṣil.* She never calls.

- In the dictionary, we show the masculine singular as the base form. The phrase **عُمْرُه ما** *3úmru ma* means 'he never.' It can be replaced with other pronoun suffixes. (➲ See table on p. 147.)

عمل *3ámal* VERB (**يِعْمِل** *yí3mil*)

make الوَلد عمل رسْمة لِأُمُّه. *ilwálad 3ámal rásma li-ʔúmmu.* The boy made a drawing for his mom. عملْت كيْكة. *3amáltᵊ kēka.* I made a cake.

do بِتِعْمِل أيْه في وَقْت فِراغك؟ *bití3mil ʔē fi waʔtᵊ f(i)rāɣak?* What do you do in your free time?

عمل نفْسُه *3ámal náfsu* **act, behave** بِيِعْمِل نفْسُه غبي أَوْقات. *biyí3mil náfsu ɣabi ʔawʔāt.* He acts stupid sometimes.

عُمْلة فضّة *3úmla fáḍḍa* NOUN

coin ساب عُمْلات فضّة على الطّرابيْزة. *sāb 3umlāt fáḍḍa 3ála -ṭṭarabēza.* He left some coins on the table.

عُمومي *3umūmi* ADJECTIVE

public الشّاطِئ العُمومي ده مجّاني. *iššāṭiʔ il3umūmi da maggāni.* This public beach is free.

عن *3an* PREPOSITION

about الفيلْم بْيِحْكي عن حَياتُه الخاصّة.

ilfílmᵊ byíħki 3an ħayātu -lxāṣṣa. The movie is about his private life.

عنْد *3and* PREPOSITION

by, at .حطّ الرِّسالة عنْد الباب *ħaṭṭ irrisāla 3and ilbāb.* He put the letter by the door.

in one's country, where one is from الصّيْف حرّ أَوي عنْدُكو؟ *iṣṣēf ħarrᵊ ʔáwi 3andúku?* Is it very hot in the summer where you're from?

عنْدُه *3ándu* PSEUDO-VERB **have** . معنْديش وَقْت دِلْوَقْتي *ma-3andīš waʔtᵊ dilwáʔti.* I don't have time right now. الوَلد عنْدُه لِعْبة جْديدة. *ilwálad 3ándu lí3ba gdīda.* The child has a new toy.

- The base form **عنْدُه** *3ándu* means 'he has.' It can be replaced with other pronoun suffixes. See the table below.
- As a pseudo-verb, the negative is formed by sandwiching the phrase with **مـ ـش** *ma- -š:* **عنْدي** *3ándi* (I have) → **معنْديش** *ma-3andīš* (I don't have)

I	**عنْدي** *3ándi*	WE	**عنْدِنا** *3andína*
YOU M.	**عنْدك** *3ándak*	YOU PL.	**عنْدْكو** *3andúku*
YOU F.	**عنْدِك** *3ándik*		
HE	**عنْدُه** *3ándu*	THEY	**عنْدُهم** *3andúhum*
SHE	**عنْدها** *3andáha*		

عِنْوان *3inwān* NOUN (PLURAL: **عناوين** *3anawīn*)

address .هكْتِبْلك عِنْواني *haktíblak 3inwāni.* I'll write down my address for you.

title .مِش قادِر أفْتِكِر عِنْوان الكِتاب *miš ʔādir ʔaftíkir 3inwān ilkitāb.* I can't remember the book's title.

عوّر *3áwwar* VERB (**يِعوّر** *yi3áwwar*)

hurt, wound, injure عوّرْت صُباعي بِالسِّكّينة. *3awwártᵊ ṣubā3i bi-ssikkīna.* I hurt my finger with the knife.

عيّان *3ayyān* ADJECTIVE

ill, sick, unwell مرُحْتِش الشُّغْل لإِنّي عيّان. *ma-rúħtiš iššúɣlᵊ la-ʔínni 3ayyān.* I didn't go to work because I'm sick.

عيد *3īd* NOUN (PLURAL: **أعْياد** *ʔa3yād*)

holiday .بسافِر في العيد *basāfir fi -l3īd.* I'm traveling on the holiday.

عيْش *3ēš* NOUN

bread .كلْت عيْش كِتير أَوي *kaltᵊ 3ēš kitīr ʔáwi.* I ate too much bread!

عيّط *3áyyaṭ* VERB (**يِعيّط** *yi3áyyaṭ*)

cry البِيْبِيهات بِيْعيّطوا لمّا بِيْكونوا جعانين. *ilbibihāt biy3ayyáṭu lámma biykūnu ga3anīn.* Babies cry when they are hungry.

عيّل *3áyyal* NOUN (PLURAL: **عِيال** *3iyāl*)

child, kid مِن كام سنة كُنْت لِسّه عيّل صُغيرّ. *min kam sána kuntᵊ líssa 3áyyal ṣuɣáyyar.* Just a few years ago, you were still a kid.

childish, immature متزْعلْش، متبِقاش عيّل! *ma-tiz3álš, ma-tib?āš 3áyyal!* Don't get upset... don't be such a child!

عيْلة *3ēla* NOUN (PLURAL: **عائِلات** *3ā?ilāt*)

family عزم عيْلْتُه عَ العشا. *3ázam 3íltu 3a -l3áša.* He invited his family to dinner. عيلْتُه كانوا فُقرا جِدّاً و معاهُمْش فلْوس. *3íltu kānu fú?ara gíddan wi ma-3ahúmš^ə flūs.* His family was very poor and had no money.

عيْن *3ēn* NOUN (PLURAL: **عُيون** *3uyūn*)

eye عيْنيْها بِتاكْلْها. *3inēha bitakúlha.* Her eyes are itching (lit. eating) her.

عِيِي *3íyi* VERB (**يِعْيا** *yí3ya*)

get sick عِيِت فا فِضْلِت في البيْت. *3íyit fa fíḍlit fi -lbēt.* She got sick, so she stayed at home.

غ

غ غـ ـغـ ـغ

isolated initial medial final

Ghayn is the nineteenth letter of the Arabic alphabet. It is the voiced equivalent of the letter خ *x* and has no equivalent in English. It is pronounced like the guttural r of French and German. Phonemic transcription: **ɣ**

ا ب ت ث ج ح خ د ذ ر ز س ش ص ض ط ظ ع **غ** ف ق ك ل م ن ه و ي

غابة *ɣāba* NOUN

forest النّار دمّرِت الغابة. *innār dammárit ilɣāba.* The fire destroyed the forest.

غالِباً *ɣālíban* ADVERB

probably البيْبي بيْعيّط، غالِباً عايِز لبن. *ilbēbi biy3áyyaṭ, ɣālíban 3āyiz lában.* The baby is crying because he probably wants milk.

غالي *ɣāli* ADJECTIVE (FEMININE: **غالْيَة** *ɣálya*, ELATIVE: **أغْلى** *ʔáɣla*)

expensive الخاتِم غالي. *ilxātim ɣāli.* The ring is expensive.

غامِق *ɣāmiʔ* ADJECTIVE (PLURAL: **غَوامِق** *ɣawāmiʔ*, ELATIVE: **أغْمق** *ʔáɣmaʔ*)

dark هُوَّ لابِس قميص أحْمر غامِق. *húwwa lābis ʔamīṣ ʔáħmar ɣāmiʔ.* He's wearing a dark red shirt.

غبي *ɣábi* ADJECTIVE (PLURAL: **أغْبِيا** *ʔaɣbíya*, ELATIVE: **أغْبى** *ʔáɣba*)

stupid, silly بيِعْمِل نفْسُه غبي أَوْقات. *biyí3mil náfsu ɣábi ʔawʔāt.* He acts stupid sometimes.

غدا *ɣáda* NOUN (PLURAL: **غدْوات** *ɣadwāt*)

lunch باكُل غدايا في الشُّغْل. *bākul ɣadāya fi -ššuɣl.* I eat my lunch at work.

غرْب *ɣarb* NOUN (NO PLURAL)

west الهَوا جايّ مِن الغرْب. *ilháwa gayyᵊ min ilɣárb.* The wind is coming from the west.

غِرِق *ɣíriʔ* VERB (**يِغْرق** *yíɣraʔ*)

be inundated المدينة غِرْقِت في الفَيَضان. *ilmadīna ɣírʔit fi -lfayaḍān.* The city was inundated in the flood.

drown الوَلد غِرِق في النّهْر. *ilwálad ɣíriʔ fi -nnahr.* The boy drowned in the river.

غريب *ɣarīb* ADJECTIVE (ELATIVE: **أغْرب** *ʔáɣrab*)

strange بِنْعيش في عالم غريب جِدّاً.

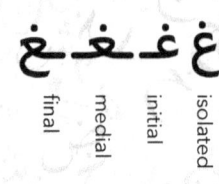

bin3īš fi 3ālam ɣarīb gíddan. We live in a very strange world.

غزالة *ɣazāla* NOUN (PLURAL: **غِزْلان** *ɣizlān*)

deer شُفْت غزالة في الغابة. *šuftᵊ ɣazāla fi -lɣāba.* I saw a deer in the forest.

غسل *ɣásal* VERB (**يِغْسِل** *yíɣsil*)

wash غسل التُّفّاحة قبْل ما ياكُلْها. *ɣásal ittuffāḫa ʔáblᵊ ma yakúlha.* He washed the apple before eating it. غسل سِنانُه. *ɣásal sinānu.* He brushed (lit. cleaned) his teeth.

غشّ *ɣašš* VERB (**يِغِشّ** *yiɣíšš*)

deceive, con غشّني في المُنْتَج. *ɣaššíni fi -lmúntag.* He deceived me about the product.

غطّى *ɣáṭṭa* VERB (**يِغطّي** *yiɣáṭṭi*)

cover, conceal السِّتّات بِيْغطّوا شعْرُهُم في الجامِع. *issittāt biyɣáṭṭu ša3rúhum fi -lgāmi3.* Women cover their hair in the mosque.

غطّى على *ɣáṭṭa 3ála* **obscure, block, make less noticeable** المبْنى الجِّديد غطّى على المنْظر. *ilmábna -ggidīd ɣáṭṭa 3ála -lmánẓar.* The new building blocked the view.

- Notice that the verb takes a direct object in the first sense (cover literally), while in the second sense, it can take the preposition على *3ála.*

غلط *ɣálaṭ* ADJECTIVE, INVARIABLE

wrong جَوابك غلط! *gawābak ɣálaṭ!* Your answer is wrong!

bad التِّلِفِزْيوْن غلط على الأطْفال. *ittilifizyōn ɣálaṭ 3ála -lʔaṭfāl.* Television is bad for children.

غلْطة *ɣálṭa* NOUN (PLURAL: **غلطات** *ɣalaṭāt*)

mistake هُوَّ اتْعلِّم مِن غلطاتُه. *húwwa -t3állim min ɣalaṭātu.* He learned from his mistakes.

غِلي *ɣíli* VERB (**يِغْلي** *yíɣli*)

boil الشّايْ بِيِغْلي. *iššāy biyíɣli.* The tea is boiling.

غنّى *ɣánna* VERB (**يِغنّي** *yiɣánni*)

sing هِيَّ بِتْحِبّ تْغنّي. *híyya bitḫíbbᵊ tɣánni.* She loves to sing.

غني *ɣáni* ADJECTIVE (PLURAL: **أغْنِيا** *ʔaɣníya,* ELATIVE: **أغْنى** *ʔáɣna*)

rich النّاس الأغْنِيا المفْروض يِساعْدوا الفُقرا. *innās ilʔaɣníya, ilmafrūḍ yisá3du -lfúʔara.* Rich people should help the poor.

غَويط *ɣawīṭ* ADJECTIVE (ELATIVE: **أغْوَط** *ʔáɣwaṭ*)

deep حمّام السِّباحة غَويط. *ḫammām issibāḫa ɣawīṭ.* The swimming pool is deep.

غيّر *ɣáyyar* VERB (**يِغيّر** *yiɣáyyar*)

change غيّر هُدومُه بعْد الجِّيم. *ɣáyyar hudūmu ba3d ižžím.* He changed his clothes after the gym.

- This verb is transitive. (➲ Compare with **اِتْغيّر** *itɣáyyar* p. 5.)

ف

ف ـفـ فـ ـف

isolated initial medial final

Faa is the twentieth letter of the Arabic alphabet. It is pronounced f (as in the English word fox). It also represents *v* in foreign words, in which case it may be written with three dots: ڤ Phonemic transcription: ***f***

ا ب ت ث ج ح خ د ذ ر ز س ش ص ض ط ظ ع غ **ف** ق ك ل م ن ه و ي

فا *fa* CONJUNCTION

so, therefore قفش الكّوْرة، فا كِسِب. *ʔáfaš ikkōra, fa kísib.* He caught the ball, so he won.

- This word can also be suffixed to the following word as **فـ** *fa-*.
- This word can also be drawn out to a long vowel: *fā...*

فات *fāt* VERB (**يِفوت** *yifūt*)

pass (by) التِّلْميذ فاتِتُه المدْرسة النّهارْده. *ittilmīz fatítu -lmadrása -nnahárda.* The student missed school today.

اللي فات *ílli fāt* **last __** (that passed)

عيد ميلادُه كان الإِسْبوع اللي فات. *3īd milādu kān ilʔisbū3 ílli fāt.* His birthday was last week (lit. the week that has passed).

- Notice in the first example above that the English translation uses the verb 'miss,' with the subject 'student' and the object 'school.' In Arabic, the sentence is literally 'The student, passed him the school today' where 'school' is the subject, even though the word order here is flexible.

فاجِئ *fāgiʔ* VERB (**يِفاجِئ** *yifāgiʔ*)

surprise هُمّا فاجْئوها عشان عيد ميلادْها. *húmma fagʔūha 3ašān 3īd miládha.* They surprised her for her birthday.

فاخِر *fāxir* ADJECTIVE

classy, fancy, refined, high-class

المطْعم ده فاخِر. *ilmáṭ3am da fāxir.* This restaurant is fancy.

فاصِل *fāṣil* NOUN (PLURAL: **فَواصِل** *fawāṣil*)

break القناة هَيْجيب الفيلْم بعْد الفاصِل. *ilqanā haygīb ilfílmᵊ ba3d ilfāṣil.* The [TV] channel will show the movie after the [commercial] break.

فاصولْيا *faṣúlya* COLLECTIVE NOUN, FEMININE

beans ماما طبّخِت فاصولْيا بِاللّحْمة.

māma ṭabbáxit faṣúlya bi-lláḫma. Mom cooked beans with meat.

فاضي *fāḍi* ADJECTIVE (FEMININE: **فاضْيَة** *fáḍya*)

empty العِلْبة فاضْيَة. *il3ílba fáḍya.* The box is empty. اِكْتِبِي إِسْمك في المكان الفاضي. *iktíbi ʔísmak fi -lmakān ilfāḍi.* Write your name in the blank [lit. empty space].

فاكِر *fākir* ADJECTIVE

remember مِش فاكِر إِسْمها. *miš fākir ʔismáha.* I don't remember her name.

- This is actually an active participle, although the verb it is derived from is not in common usage. As an adjective, it agrees with the gender and number of the subject. A woman would say **مِش فاكْرة** *miš fákra* (I don't remember).

فاكْهة *fákha* NOUN (PLURAL: **فَواكِه** *fawākih*)

fruit ماما اشْترِت تُفّاح و فاكْهة تانْيَة. *māma -štárit tuffāḫ wi fákha tánya.* My mother bought apples and other fruit.

فِبْرايِر *fibrāyir* NOUN (NO PLURAL)

February هَيْسافِر في فِبْرايِر. *haysāfir fi fibrāyir.* He will travel in February.

فتح *fátaḫ* VERB (**يِفْتح** *yíftaḫ*)

open فتح الشِّبّاك. *fátaḫ iššibbāk.* He opened the window.

فتْرة *fátra* NOUN

period دي فتْرة صعْبة. *di fátra ṣá3ba.* This is a difficult period.

الفتْرة الأخيرة ADVERB *ilfátra -lʔaxīra*

lately (lit. the recent period) الجّوّ حِلْو الفتْرة الأخيرة. *iggáwwᵊ ḫilw ilfátra -lʔaxīra.* The weather has been nice lately.

فحْص *faḫṣ* NOUN (PLURAL: **فُحوصات** *fuḫuṣāt*)

test, analysis أنا مِسْتنّي نتايِج الفحْص. *ʔána mistánni natāyig ilfáḫṣ.* I'm waiting for the test results.

فِراخ *firāx* COLLECTIVE NOUN, FEMININE

chicken عايِز فِراخ وَلّا سمك؟ *3āyiz firāx wálla sámak?* Do you want chicken or fish?

- **فِراخ** *firāx* is originally the plural of **فرْخة** *fárxa* and is used when referring to chicken meat.

فرح *fáraḫ* NOUN (PLURAL: **أفْراح** *ʔafrāḫ*)

wedding فرحْهُم في الصّيْف. *faráḫhum fi -ṣṣēf.* Their wedding is in the summer.

فرْخة *fárxa* NOUN (PLURAL: **فِراخ** *firāx*)

chicken, hen فرْخِتي بِتْبيض بيْضة واحْدة كُلّ يوْم. *farxíti bitbīḍ bēḍa wáḫda kullᵊ yōm.* My chicken lays one egg every day.

فرْدي *fárdi* ADJECTIVE

single حجزْت أوْضة فرْدية. *ḫagáztᵊ ʔōḍa fardíyya.* I booked a single room.

فرْش *farš* NOUN (NO PLURAL)

furniture سِتّي اِشْترِت فرْش جْديد. *sítti*

(i)štárit faršᵊ gdīd. My grandma bought new furniture.

- As in English (~~furnitures~~), this word is never plural. Instead another word is used: **تلات قِطع مِن الفرْش** *tálat ʔíṭa3 min ilfárš* (three pieces of furniture).
- Remember that Egyptians don't normally use diacritics (tashkeel) in their writing. Without diacritics, some words become **homographs** (same spelling but different pronunciations and meanings). **فرش** could be **فرْش** *farš* (furniture) or **فُرش** *fúraš* (brushes).

فُرْشة *fúrša* NOUN (PLURAL: **فُرش** *fúraš*)

brush مُمْكِن أسْتعْمِل فُرْشِتك؟ *múmkin ʔastá3mil furšítak?* Can I use your brush?

فُرْصة *fúrṣa* NOUN (PLURAL: **فُرص** *fúraṣ*)

chance اِدّيْتُه فُرْصة تانْيَة. *iddētu fúrṣa tánya.* I gave him a second chance.

فرْع *far3* NOUN (PLURAL: **فُروع** *furū3*)

branch البنْك ليه فُروع في كُلّ مدينة. *ilbánkᵊ lī furū3 fi kullᵊ madīna.* The bank has branches in every city.

فُرْن *furn* NOUN (PLURAL: **أفْران** *ʔafrān*)

oven نِسيت الكّيْكة في الفُرْن. *nisīt ikkēka fi -lfurn.* She forgot the cake in the oven.

bakery روح اِشْترِي شُوَيِّةْ عيْش مِن الفُرْن. *rūḫ ištíri šuwayyit 3ēš min ilfúrn.* Go buy some bread from the bakery.

فرنْسا *faránsa* NOUN (NO PLURAL), FEMININE

France عايِز أزور فرنْسا السّنة الجّايّة. *3āyiz ʔazūr faránsa (i)ssána -ggáyya.* I want to visit France next year.

فريق *farīʔ* NOUN (PLURAL: **فِرق** *fíraʔ*)

team الفريق ده قَوي جِدّاً. *ilfarīʔ da qáwi gíddan.* This team is very strong.

فُسْتان *fustān* NOUN (PLURAL: **فساتين** *fasatīn*)

dress لِبْسِت فُسْتان إسْوِد. *líbsit fustān ʔíswid.* She wore a black dress.

فُسْحَة *fúsḫa* NOUN (PLURAL: **فُسح** *fúsaḫ*)

break التّلاميذ بِياخْدوا فُسْحة عشان ياكْلوا. *ittalamīz biyáxdu fúsḫa 3ašān yáklu.* The students take a break to eat.

فشل *fášal* VERB (**يِفْشل** *yífšal*)

fail هِيَّ مِش عايْزة تِفْشل في وَظيفِتْها الجِّديدة. *híyya miš 3áyza tífšal fi waẓifítha -ggidīda.* She doesn't want to fail at her new job.

فصْل *faṣl* NOUN (PLURAL: **فُصول** *fuṣūl*)

section, chapter الكِّتاب فيه خمس فصول. *ikkitāb fī xámas faṣūl.* The book has five chapters.

class, classroom فيه عشر تلاميذ في الفصْل. *fī 3ášar talamīz fi -lfaṣl.* There are ten students in the class.

act بِيْموت في نِهايِةْ الفصْل الأوّل. *biymūt fi nihāyit ilfáṣl ilʔáwwal.* He dies at the end of the first act.

season فيه أرْبع فُصول. *fī ʔárba3 fuṣūl.* There are four seasons.

- Although this word is presented as having four senses (chapter, class, act, season), they all have something in common: they are all kinds of divisions. So, basically, in Arabic, 'seasons' are referred to as 'divisions (of the year).'

فضاء *faḍāʔ* NOUN

(outer)space رِحْلِةْ الفضاء كانِت ناجْحة. *riḫlit ilfaḍāʔ kānit nágḫa.* The space trip was successful.

فضّة *fáḍḍa* NOUN (NO PLURAL)

silver مبشْترِيش فضّة. *ma-baštirīš fáḍḍa.* I don't buy silver.

فِضِل *fíḍil* VERB (**يِفْضل** *yífḍal*)

stay فِضِلْت في البيْت اليوْم كُلُّه. *fiḍíltᵊ fi -lbēt ilyōm kúllu.* I stayed home all day.

continue, keep (doing) فِضِل يِغنّي لِحدّ ما كُلّ النّاس سابوا الحفْلة. *fíḍil yiɣánni li-ḫaddᵊ ma kull innās sābu -lḫáfla.* He kept singing until everyone left the party.

فضّى *fáḍḍa* VERB (**يِفضّي** *yifáḍḍi*)

empty (out) فضّت شنْطِتْها على الطّرابيْزة. *fáḍḍit šanṭítha 3ála -ṭṭarabēza.* She emptied her bag out on the table.

فِطار *fiṭār* NOUN (NO PLURAL)

breakfast الفُنْدُق بِيْقدِّم فِطار في الأوْضة. *ilfúnduʔ biyʔáddim fiṭār fi -lʔōḍa.* The hotel serves breakfast in the room.

فِطِر *fíṭir* VERB (**يِفْطر** *yífṭar*)

have breakfast مبفْطرْش الصُّبْح. *ma-bafṭárš iṣṣúbḫ.* I don't have breakfast in the morning.

فِعْلاً *fí3lan* ADVERB

really, in fact إنْتَ بْتِقْرا كِتاب تِخين فِعْلاً! *ʔínta btíʔra kitāb tixīn fí3lan!* You're reading a really thick book!

فقير *faʔīr* ADJECTIVE (PLURAL: **فُقرا** *fúʔara,* ELATIVE: **أفْقر** *ʔáfʔar*)

poor عيلْتُه كانوا فُقرا جِدّاً و معاهُمْش فْلوس. *3íltu kānu fúʔara giddan wi ma-3ahúmšᵊ flūs.* His family was very poor and had no money.

فكّر *fákkar* VERB (**يِفكّر** *yifákkar*)

think, consider بفكّر أسافِر الإسْبوع الجّاي. *bafákkar ʔasāfir ilʔisbū3 iggáyy.* I'm thinking of traveling next week.

فكّر في *fákkir fi* **think about** بِتْفكّر في أيْه؟ *bitfákkar fi ʔē?* What are you thinking about?

remind فكّرْني أجيب الكِتاب بُكْره. *fakkárni ʔagīb ilkitāb búkra.* Remind me to bring the book tomorrow.

- Pay attention to prepositions in context. They do not always translate directly between Arabic and English. The common translation for 'about' is **عن** *3an,* and the common translation of **في** *fi* is 'in,' but 'think about' is **فكّر في** *fákkir fi* (lit. think in).

فِكْرة *fíkra* NOUN (PLURAL: **أفْكار** *ʔafkār*)

idea ميرْنا عنْدها أفْكار جِديدة كْتير. *mírna 3andáha ʔafkār gidīda ktīr.* Mirna has many new ideas.

فِلْفِل *fílfil* COLLECTIVE NOUN

black pepper; peppers بحِبّ أضيف الفِلْفِل لِلّحْمة. *baħíbbᵊ ʔaḍīf ilfílfil li-lláħma.* I like to add pepper to meat.

فِلوس *filūs* PLURAL NOUN

money البيْت بِيْتكلِّف فِلوس كِتير. *ilbēt yitkállif filūs kitīr.* A house costs a lot of money.

فنّ *fann* NOUN (PLURAL: **فُنون** *funūn*)

art مرْيَم بِتِدْرِس فُنون جميلة في إيطالْيا. *máryam bitídris funūn gamīla fi ʔiṭálya.* Mariam is studying fine arts in Italy.

فِنْجان *fingān* NOUN (PLURAL: **فناجين** *fanagīn*)

cup اِدّيني فِنْجان قهْوَة. *iddīni fingān ʔáhwa.* Give me a cup of coffee.

فُنْدُق *fúnduʔ* NOUN (PLURAL: **فنادِق** *fanādiʔ*)

hotel الفُنْدُق أرْبع نُجوم. *ilfúnduʔ ʔárba3 nugūm.* The hotel is four stars.

فِهِم *fíhim* VERB (**يِفْهم** *yífham*)

understand مبفْهمْش عربي. *ma-bafhámšᵊ 3árabi.* I don't understand Arabic.

فوْق *fō*

PREPOSITION **above** علّقِت الصّورة فوْق الكنبة. *3alláʔit iṣṣūra fōʔ ilkánaba.* She hung the picture above the sofa.

PREPOSITION **over** الطّيّارة بِتْطير فوْق المُحيط. *iṭṭayyāra bitṭīr fōʔ ilmuħīṭ.* The plane is flying over the ocean.

ADVERB **up** بُصّ فوْق! أيْه اللي فوْق ده؟ *buṣṣᵊ fōʔ! ʔēh ílli fōʔ daʔ* Look up! What is that up there [in the sky?]

ADVERB **upstairs** أُمّك فوْق. *ʔúmmak fōʔ.* Your mother is upstairs.

في *fi* PREPOSITION

in أنا عايِش في مدينة كِبيرة. *ʔána 3āyiš fi madīna k(i)bīra.* I live in a big city.

into الرّيحة الوِحْشة دخلِت في قلْب البيْت. *irrīħa -lwíħša dáxalit fi ʔalb ilbēt.* The bad smell went into the house.

at الوِلاد في المدْرسة. *ilwilād fi -lmadrása.* The children are at school.

فَيَضان *fayaḍān* NOUN

flood المطرة سبِّبِت فَيَضان. *ilmáṭara sabbíbit fayaḍān.* The rainfall caused a flood.

فيل *fīl* NOUN (PLURAL: **أفْيال** *ʔafyāl*)

elephant الفيل ليه وِدان كِبيرة. *ilfīl lī widān kibīra.* The elephant has big ears.

فيلْم *film* NOUN (PLURAL: **أفْلام** *ʔaflām*)

movie, film الأفْلام القديمة كانِت أبْيَض و إسْوِد. *ilʔaflām ilʔadīma kānit ʔábyaḍ w íswid.* Old movies were in black and white (lit. white and black).

فينْ *fēn* ADVERB

where إنْتَ عايِش فينْ؟ *ʔínta 3āyiš fēn?* Where do you live?

فيه *fī(h)* PSEUDO-VERB

there is, there are فيه فيلْم لطيف في التِّلِفِزْيونْ. *fī filmᵊ laṭīf fi -ttilifizyōn.* There is a nice movie on TV.

- **فيه** *fī(h)* literally means 'in it' and is sometimes seen with this meaning (See the example sentence for **مْلوِّث** *muláwwis* p. 129.)

فِيو *viyū* NOUN (PLURAL: **فِيوهات** *viyuhāt*)

view حجزْت أوْضة بِفْيو. *ḥagáztᵊ ʔōḍa bi-vyu.* I booked a room with a view.

ق

ق ـقـ قـ ـق

isolated initial medial final

Qaaf is the twenty-first letter of the Arabic alphabet. In Egyptian Arabic, it is usually a glottal stop–the same sound represented by the letter ء (hamza), like the sound between the vowels in 'uh-oh!' or the Cockney pronunciation of be**tt**er. Phonemic transcription: ***ʔ*** But in some words, it is pronounced like the ***q*** of Modern Standard Arabic, similar to *k* but pronounced further back in the mouth.

قابِل *ʔābil* VERB (**يِقابل** *yiʔābal*)

meet قابِلْتُه أوِّل مرّة في حفْلة. *ʔabíltu ʔáwwil márra fi ḫáfla.* I met him for the first time at a party.

قاد *qād* VERB (**يِقود** *yiqūd*)

lead هِيَّ قادِت الفريق. *híyya qādit ilfarīʔ.* She led the team.

قارّة *qārra* NOUN

continent فيه سبع قارّات. *fī sába3 qarrāt.* There are seven continents.

قارِن *qārin* VERB (**يِقارِن** *yiqārin*)

compare قارْنِت الأسْعار في المحلّيْن. *qárnit ilʔas3ār fi -lmaḫallēn.* She compared the prices in the two shops.

قاس *ʔās* VERB (**يِقيس** *yiʔīs*)

measure قاسِت إبْنها. *ʔāsit ʔibnáha.* She measured her son.

قاعة *qā3a* NOUN

hall الفصْل في آخِر القاعة. *ilfáṣlᵊ f ʔāxir ilqā3a.* The classroom is at the end of the hall.

قاعْدة *qá3da* NOUN (PLURAL: **قَواعِد** *qawā3id*)

rule أنا عارِف قَواعِد اللِّعْبة. *ʔána 3ārif ʔawā3id illí3ba.* I know the rules of the game.

قال *ʔāl* VERB (**يِقول** *yiʔūl*)

say قال إنُّه مِش عايِز ياكُل. *ʔāl ʔínnu miš 3āyiz yākul.* He said that he doesn't want to eat.

tell, speak قُلْت الحقيقة. *ʔult ilḫaʔīʔa.* I told the truth.

قاموس *qamūs* NOUN (PLURAL: **قَواميس** *qawamīs*)

dictionary اِشْتريْت قاموس عربي مصْري. *ištarēt qamūs 3árabi máṣri.* I bought an Egyptian Arabic dictionary.

قانون *qanūn* NOUN (PLURAL: **قَوانين** *qawanīn*)

law القَوانين واضْحة. *ilqawanīn wáḍḫa.*

The laws are clear.

rule أنا عارِف قَوانين اللِّعْبة. *ʔána 3ārif qawanīn illí3ba.* I know the rules of the game.

القاهِرة *ilqāhíra* NOUN (NO PLURAL)

Cairo هُوَّ عايِش في القاهِرة. *húwwa 3āyiš fi -lqāhíra.* He lives in Cairo.

قايْمة *qáyma* NOUN (PLURAL: **قَوايِم** *qawāyim*)

list المُدرِّس عنْدُه قايْمة بِأسامي التّلاميذ. *ilmudárris 3ándu qáyma bi-ʔasāmi -ttalamīz.* The teacher has a list with the name of students.

قبض *ʔábaḍ* VERB (**يِقْبض** *yíʔbaḍ*)

earn, get paid بتِقْبض كتير في شُغْلها الجِّديد. *bitíʔbaḍ kitīr fi šuɣláha -ggidīd.* She earns a lot at her new job.

قِبِل *ʔíbil* VERB (**يِقْبل** *yíʔbal*)

agree قِبِل يِساعِدْني في تنْضيف البيْت. *ʔíbil yisa3ídni fi tanḍīf ilbēt.* He agreed to help me clean the house.

قبْل *ʔabl* PREPOSITION

before نقلْنا هِنا قبْل الحرْب. *naʔálna hína ʔabl ilḥárb.* We moved here before the war.

قتل *ʔátal* VERB (**يِقْتِل** *yíʔtil*)

kill هُوَّ لطيف جِدّاً ميِقْدرْش حتّى يِقْتِل نمْلة. *húwwa laṭīf gíddan ma-yiʔdárš^ə ḥátta yíʔtil námla.* He is so nice he can't even kill an ant.

قدّ *ʔadd*

قدّ بعْض *ʔadd^ə ba3ḍ* **equal** المُربّع ليه جَوانِب قدّ بعْض. *ilmurábba3 lī gawānib ʔadd^ə ba3ḍ.* A square has equal sides.

على قدّ *3ála ʔadd* **fit** العروسة على قدّ الصّنْدوق. *il3arūsa 3ála ʔadd issandūʔ.* The doll fits in the box.

مِش قدّ كِده *miš ʔadd^ə kída* **poor, not good** أفْكارُه مِش قدّ كِده. *ʔafkāru miš ʔadd^ə kída.* His ideas aren't very good.

قُدّام *ʔuddām* PREPOSITION

in front of ركن قُدّام البيْت. *rákan ʔuddām ilbēt.* He parked in front of the house.

قِدِر *ʔídir* VERB (**يِقْدر** *yíʔdar*)

be able to, can بيِقْدر يُرْقُص كُويِّس أَوي. *biyíʔdar yúrʔuṣ kuwáyyis ʔáwi.* He can dance very well. هِشام يِقْدر يِرْفع أَوْزان تِقيلة. *hišām yíʔdar yírfa3 ʔawzān tiʔīla.* Hisham can lift heavy weights. تِقْدر تِعوم؟ *tíʔdar ti3ūm?* Can you swim? كانِت بِتِقْدر تِرْقُص كُويِّس أَوي. *kānit bitíʔdar tírʔuṣ kuwáyyis ʔáwi.* She used to be able to dance very well.

قُدْرة *qúdra* NOUN

ability التِّلْميذ عنْدُه قُدْرات مُميّزة. *ittilmīz 3ándu qudrāt mumayyáza.* The student has special abilities.

قدّم *ʔáddim* VERB (**يِقدّم** *yiʔáddim*)

serve قدِّم فاكْهة بعْد الغدا. *ʔáddim fákha ba3d ilɣáda.* He served fruit after dinner.

offer المطْعم قدِّمْله عشا مجّاني.

ilmáṭ3am ʔaddímlu 3áša maggāni. The restaurant offered him a free dinner.

provide, supply, equip قدِّمْلي معْلومات جِديدة. *ʔaddímli ma3lumāt gidīda.* He provided me with new information.

قديم *ʔadīm* ADJECTIVE (PLURAL: **قُدام** *ʔudām,* ELATIVE: **أقْدم** *ʔáʔdam*)

(thing) **old** البيْت ده قديم. *ilbēt da ʔadīm.* This house is old.

➲ Compare with **عجوز** *3ajūz* p. 84.

قرا *ʔára* VERB (**يِقْرا** *yíʔra*)

read قرا كِتاب جِديد. *ʔára kitāb gidīd.* He read a new book.

قرار *qarār* NOUN

decision كان قرار صعْب. *kān qarār ṣa3b.* It was a difficult decision.

قِرْد *ʔird* NOUN (PLURAL: **قُرود** *ʔurūd*)

monkey القِرْد كان مِتْعلّق على شجرة. *ilʔírdᵊ kān mit3állaʔ 3ála šágara.* The monkey was hanging from a tree.

قرّر *qárrar* VERB (**يِقرّر** *yiqárrar*)

decide لازِم تِقرّر بِسُرْعة. *lāzim tiqárrar bi-súr3a.* You need to decide quickly.

قرْن *qarn* NOUN (PLURAL: **قُرون** *qurūn*)

century المدينة اتْغيّرِت على مرّ القُرون. *ilmadīna -tɣayyárit 3ála marr ilqurūn.* The city changed over the centuries.

قُريِّب *ʔuráyyib* ADVERB

soon أشوفك قُريِّب! *ʔašūfak ʔuráyyib!* See you soon!

قُريِّب مِن *ʔuráyyib min* PREPOSITION **near, close to** الوَلد بِيُقف قُريِّب مِن أُمُّه. *ilwálad bíyuʔaf ʔuráyyib min ʔúmmu.* The child stands close to his mother. عايْشة قُريِّب مِن أهْلها. *3áyša ʔuráyyib min ʔahláha.* She lives near her parents.

قريب *ʔarīb* NOUN (PLURAL: **قرايِب** *ʔarāyib*)

cousin قريبي عايِش برّه. *ʔarībi 3āyiš bárra.* My cousin lives abroad.

قرْيَة *qárya* NOUN (PLURAL: **قُرى** *qúra*)

village الحَياة هادْيَة في القرْيَة. *ilḥayā hádya fi -lqárya.* Life is tranquil in the village.

قِسْم شُرْطة *ʔismᵊ šúrṭa* NOUN (PLURAL: **أقْسام شُرْطة** *ʔaʔsām šúrṭa*)

police department راحِت على قِسْم الشُّرْطة. *rāḥit 3ála ʔism iššúrṭa.* She went to(ward) the police department.

قسّم *ʔássim* VERB (**يِقسّم** *yiʔássim*)

divide الأُسْتاذ قسِّم التّلاميذ لِمجْموعات. *ilʔustāz ʔássim ittalamīz li-magmu3āt.* The teacher divided the students into groups.

قصّ *ʔaṣṣ* VERB (**يِقُصّ** *yiʔúṣṣ*)

cut قصِّت شعْرها. *ʔáṣṣit ša3ráha.* She cut her hair.

- But she didn't necessarily cut her hair herself. It could also mean 'She got her hair cut' (by a hairdresser).

قُصاد *ʔuṣād* PREPOSITION

across from, opposite قعدْت قُصادُه. *ʔa3ádtᵊ ʔuṣādu.* I sat opposite him. **قُصاد الشّارِع** *ʔuṣād iššāri3* ADVERB **across the street** هتْلاقي قِسْم الشُّرْطة قُصاد الشّارِع. *hatlāʔi ʔism iššúrṭa ʔuṣād iššāri3.* You can find the police station across the street.

قِصّة *qíṣṣa* NOUN (PLURAL: **قِصص** *qíṣaṣ*)

story, tale مِش بصدّق القِصّة الغريبة دي! *miš baṣádda? ilqíṣṣa -lɣarība di!* I don't believe this strange story!

قصد *ʔáṣad* VERB (**يُقْصُد** *yúʔṣud*)

mean, intend مقصدْش يِجْرحْها. *ma-ʔaṣádšᵊ yigráḥha.* He didn't mean to hurt her.

قصْر *ʔaṣr* NOUN (PLURAL: **قُصور** *ʔuṣūr*)

palace, castle القصْر ده قديم جِدّاً. *ilʔáṣrᵊ da ʔadīm gíddan.* This castle is very old.

قُصيّر *ʔuṣáyyar* ADJECTIVE (ELATIVE: **أقْصر** *ʔáʔṣar*)

short لِبْسِت جيبة قُصيّرة. *líbsit žība ʔuṣayyára.* She wore a short skirt.

قضّى *ʔáḍḍa* VERB (**يِقضّي** *yiʔáḍḍi*)

spend, pass قضّيْت يوْمي و أنا بقْرا. *ʔaḍḍēt yōmi, wi ʔána báʔra.* I spent my day reading.

قُطّة *ʔúṭṭa* NOUN (PLURAL: **قُطط** *ʔúṭat*)

cat عنْدي قُطّة رُمادية. *3ándi ʔúṭṭa rumadíyya.* I have a gray cat.

قطْر *ʔaṭr* NOUN (PLURAL: **قُطُرة** *ʔuṭúra*)

train عايِز أسافِر بِالقطْر. *3āyiz ʔasāfir bi-lʔáṭr.* I want to travel by train.

قطع *ʔáṭa3* VERB (**يِقْطع** *yíʔṭa3*)

cut هُوَّ قطع الوَرقة نُصّيْن. *húwwa ʔáṭa3 ilwáraʔa nuṣṣēn.* He cut the paper into halves.

قطّع *ʔáṭṭa3* VERB (**يِقطّع** *yiʔáṭṭa3*)

cut up الطّبّاخ قطّع الفرْخة. *iṭṭabbāx ʔáṭṭa3 ilfárxa.* The cook cut up the chicken.

- Compare the two entries above. Many transitive measure-I verbs have measure-II (with a shadda–double consonant) counterparts that express an intensified or a repeated action:
  قطع *ʔáṭa3* (cut–once)
  قطّع *ʔáṭṭa3* (cut up–into many pieces)

(➲ See also the note for **صِحي** *ṣíḥi* p. 75.)

قعد *ʔá3ad* VERB (**يُقْعُد** *yúʔ3ud*)

sit قعد جنْبي. *ʔá3ad gámbi.* He sat next to me.

stay قعدْنا في فُنْدُق قُريِّب مِن البحْر. *ʔa3ádna fi fúnduʔ ʔuráyyib min ilbáḥr.* We stayed in a hotel near the beach.

قعْر *ʔa3r* NOUN (PLURAL: **قُعور** *ʔu3ūr*)

bottom, base الحبْل وِقِع في قعْر البير. *ilḥáblᵊ wíʔi3 fi ʔa3r ilbīr.* The rope fell to the bottom of the well.

قفش *ʔáfaš* VERB (**يِقْفِش** *yíʔfiš*)

catch الشُّرْطة قفشِت الحرامية. *iššúrṭa ʔáfašit ilḫaramíyya.* The police caught the thieves. قفشْت سمكة. *ʔafášt^ə sámaka.* I caught a fish.

قفل *ʔáfal* VERB (**يِقْفِل** *yíʔfil*)

lock قفل الباب. *ʔáfal ilbāb.* He locked the door.

close, shut المحلّ بيِقْفِل بدْري. *ilmaḫáll^ə biyíʔfil bádri.* The store closes early.

hang up قالِت معَ السّلامة و قفلِت الخطّ. *ʔālit má3a -ssalāma wi ʔáfalit ilxáṭṭ.* She said goodbye and hung up.

قِفْل *ʔifl* NOUN (PLURAL: **أقْفال** *ʔaʔfāl*)

lock حطّيْت المُفْتاح في القِفْل. *ḫaṭṭēt ilmuftāḫ fi -lʔifl.* I put the key in the lock.

قلْب *ʔalb* NOUN (PLURAL: **قُلوب** *ʔulūb*)

heart قلْبها طيِّب. *ʔalbáha ṭáyyib.* She has a good heart. (lit. Her heart is good.)

قلع *ʔála3* VERB (**يِقْلع** *yíʔla3*)

remove, take off قلع جزْمِتُه. *ʔála3 gazmítu.* He took his shoes off.

قلق *ʔálaʔ* NOUN

worry, concern سبِّبِت قلق جامِد لِأُمّها؟ *sábbibit ʔálaʔ gāmid li-ʔummáha?* She caused her mother much worry.

قلِّل *ʔállil* VERB (**يِقلِّل** *yiʔállil*)

lower, decrease المحلّ قلِّل أسْعارُه. *ilmaḫáll^ə ʔállil ʔas3āru.* The store lowered its prices.

قلم *ʔálam* NOUN (PLURAL: **أقْلام** *ʔaʔlām*)

pen المُدرِّسة صلّحِت الاِمْتِحانات بِقلم أحْمر. *ilmudarrísa ṣalláḫit ilʔimtiḫanāt bi-ʔálam ʔáḫmar.* The teacher corrected the examinations with a red pen.

قمر *ʔámar* NOUN (PLURAL: **أقْمار** *ʔaʔmār*)

moon بقْدر أشوف القمر في السّما باللّيْل. *báʔdar ʔašūf ilʔámar fi -ssáma bi-llēl.* I can see the moon in the sky at night.

قميص *ʔamīṣ* NOUN (PLURAL: **قُمْصان** *ʔumṣān*)

shirt القميص صُغيرّ أَوي. *ilʔamīṣ ṣuɣáyyar ʔáwi.* The shirt is very small.

قَهْوَة *ʔáhwa*

NOUN (NO PLURAL) **coffee** بشْرب قهْوَة الصُّبْح. *bášrab ʔáhwa (i)ṣṣubḫ.* I drink coffee in the morning.

NOUN (PLURAL: **قَهاوي** *ʔahāwi*)

(traditional) **coffeehouse** العواجيز بيِحِبّوا يْروحوا قهْوِةْ المنْطِقة. *il3awagīz biyḫíbbu yrūḫu ʔáhwit ilmanṭíʔa.* Old people like to go to the neighborhood coffeehouse.

➲ See note for **كافيْه** *kafē* p. 107.

قَوي *qáwi* ADJECTIVE (PLURAL: **أقْوِيا** *ʔaqwíya,* ELATIVE: **أقْوى** *ʔáqwa*)

strong السِّتّات الأقْوِيا بيِقْدروا يِعْمِلوا أيّ حاجة. *issittāt ilʔaqwíya biyiʔdáru* *yi3mílu ʔayyᵊ ḫāga.* Strong women can do anything.

قياس *ʔiyās* NOUN

measurement المسْطرة ادِّت قِياس غلط. *ilmasṭára ʔíddit ʔiyās ɣálaṭ.* The ruler gave a wrong measurement.

قيمة *ʔīma* NOUN (PLURAL: **قِيَم** *qíyam*)

value, cost قيمةْ الخاتِم ده مُهِمّة جِدّاً. *ʔīmit ilxātim da muhímma gíddan.* The value of this ring is very important.

- In this particular word, **ق** is pronounced differently in the singular and plural.

ك

ك ـك ـكـ كـ

isolated initial medial final

Kaaf is the twenty-second letter of the Arabic alphabet. It is pronounced k (as in the English word keep). Phonemic transcription: ***k***

ا ب ت ث ج ح خ د ذ ر ز س ش ص ض ط ظ ع غ ف ق **ك** ل م ن ه و ي

ـك *-ak* PRONOUN, MASCULINE

(possessive) **your** إسْمك أيْه؟ *ʔísmak ʔē?* What is your name?

(object) **you** شُفْتك إمْبارِح في المنْطِقة. *šúftak ʔimbāriḫ fi -lmanṭíʔa.* I saw you yesterday in the neighborhood.

- Pronoun suffixes have variations depending on the ending of the word they are suffixed to. If a word ends in a vowel, it becomes long and the suffix becomes **ـك** *-k:* **شافوك** *šafūk* (they saw you)

ـِك *-ik* PRONOUN, FEMININE

(possessive) **your** فينْ أُخْتِك؟ *fēn ʔúxtik?* Where is your sister?

(object) **you** بحِبِّك! *baḫíbbik!* I love you!

- After a vowel, this suffix becomes **ـكي** *-ki:* **بيْحِبّوكي** *biyḫibbūki* (they love you)

➲ See **ـي** *-i* on p. 147 for a table of all pronoun suffixes.

كاب *kāb* NOUN

(hat) **cap** لِبِس كاب عشان يِحْمي نفْسُه مِن الشّمْس. *líbis kāb 3ašān yíḫmi náfsu min iššáms.* He wore a cap to protect himself from the sun.

- This word is borrowed from the English 'cap.' Egyptian Arabic has borrowed many words from English and French, especially those related to technology, fashion, and foreign food.

كارْت *kart* NOUN (PLURAL: **كُروت** *kurūt*)

card هُوَّ ادّى كُروت لِلمعازيم. *húwwa ʔídda kurūt li-lma3azīm.* He gave cards to the invitees.

credit card بدْفع بِالكارْت. *bádfa3 bi-lkárt.* I'm paying by [credit] card.

كاس *kās* NOUN

(stemmed) **cup, glass** إبْنها كسر

.الكّاس ʔibnáha kásar ikkās. Her son broke the cup.

كاسْكيْتة *kaskíta* NOUN

cap لِبس كاسْكيْتة عشان يِحْمي نفْسُه مِن الشّمْس. *líbis kaskíta 3ašān yíḫmi náfsu min iššáms.* He wore a cap to protect himself from the sun.

كافيْه *kafē* NOUN (PLURAL: **كافيهات** *kafihāt*)

café, coffeehouse, coffee shop القهاوي بِتِبْقى رْخيصة جِدّاً عن الكافيهات. *ilʔahāwi bitíbʔa rxīṣa gíddan 3an ilkafihāt.* Coffeehouses are much cheaper than cafés.

- A **كافيْه** *kafē* is a Western-style café (with espresso drinks–think Starbucks), while an **قهْوة** *ʔáhwa* is a traditional Egyptian coffeehouse (with Turkish coffee and shishas.)

كام *kam* DETERMINER

a few, some, certain فيه كام واجِب معملْهُمْش. *fī kam wāgib ma-3amalhúmš.* There are a few assignments he didn't do. فيه كام تِلْميذ بيِتْصرّفوا غلط. *fī kam tilmīz biyitṣarráfu ɣálaṭ.* Certain students behave badly.

بِكام *bi-kām* ADVERB **how much** بِكام الفُسْتان ده؟ *bi-kām ilfustān da?* How much does this dress cost?

- The vowel sound in this word is short when used as a determiner before a noun but otherwise long.

كامِل *kāmil* ADJECTIVE

complete لقيْت الفيلْم كامِل على الإنْترِنْت. *laʔēt ilfílmᵊ kāmil 3ála -lʔintirnát.* I found the complete movie on the internet.

كاميرا *kāmira* NOUN, FEMININE

camera اِشْترى كاميرا جْديدة. *ištára kamīra gdīda.* He bought a new camera.

كان *kān* VERB (**يِكون** *yikūn*)

be هُوَّ مصْري. *húwwa máṣri.* He is Egyptian. (lit. He, Egyptian.) عايْزة تْكون مُدرِّسة زيّ أُمّها. *3áyza tkūn mudarrísa zayyᵊ ʔummáha.* She wants to be a teacher like her mother. كان صاحْبي في المدْرسة. *kān ṣáḫbi fi -lmadrása.* He was my friend at school. خلّيك كُويِّس معاه. *xallīk kuwáyyis ma3ā.* Be nice to him.

- This verb is normally unexpressed in the present tense, as in the first example above.
- Another verb substitutes for the imperative, as in the last example. (See our book *The Big Fat Book of Egyptian Arabic Verbs* for a full conjugation table and more example sentences.)

كاوِتْش *kawítš*

COLLECTIVE NOUN **rubber** البوت ده معْمول مِن الكاوِتْش. *ilbūt da ma3mūl min ilkawítš.* These boots are made of rubber.

ADJECTIVE, INVARIABLE **rubber-** الوَلد لِعِب بِلِعْبة كاوِتْش. *ilwálad lí3ib bi-lí3ba kawítš.* The child played with a rubber toy.

- Materials (rubber, wood, gold, etc.) can be used like adjectives but are invariable.

كبّ *kabb* VERB (**يِكُبّ** *yikúbb*)

spill الجارسوْنة كبِّت القهْوة على شنْطِتي. *ilgarasōna kábbit ilʔáhwa 3ála šanṭíti.* The waitress spilled coffee on my bag.

كِبِر *kíbir* VERB (**يِكْبر** *yíkbar*)

grow, get bigger الوِلاد بيِكْبروا كُلّ شهْر. *ilwilād biyikbáru kullᵊ šahr.* Children grow every month.

كِبِر في سِنّ *kíbir fi sinn* **grow old, age** (lit. grow in age) ذاكِرِةْ الواحِد بِتِضْعف لمّا بيِكْبر في السِّنّ. *zākírit ilwāḥid bitíḍ3af lámma biyíkbar fi -ssinn.* One's memory becomes weak as one ages.

كِبير *kibīr* ADJECTIVE (PLURAL: **كُبار** *kubār,* ELATIVE: **أكْبر** *ʔákbar*)

big, large إحْنا عايْشين في البيْت الكِّبير ده اللي على التّلّ. *ʔíḥna 3ayšīn fi -lbēt ikkibīr da (i)lli 3ála -ttall.* We live in that big house on the hill.

كِتاب *kitāb* NOUN (PLURAL: **كُتُب** *kútub*)

book ده كِتابي المُفضّل. *da kitābi -lmufáḍḍal.* This is my favorite book.

كتب *kátab* VERB (**يِكْتِب** *yíktib*)

write كتب رِسالة طَويلة لِخطيبْتُه. *kátab risāla ṭawīla li-xaṭíbtu.* He wrote a long letter to his fiancée.

type بقْدر أكْتِب بِسُرْعة عَ الكُمْبْيوتِر. *báʔdar ʔáktib bi-súr3a 3a -lkumbyūtir.* I can type fast on the computer.

كُتْر *kutr* NOUN (NO PLURAL)

increase كُتْر الزُّوّار النّهارْده بِسبب الجوّ الحِلْو. *kutr izzuwwār innahárda bi-sábab ilgáww ilḥílw.* The increase in visitors today is because of the nice weather.

كِتْف *kitf* NOUN (PLURAL: **كِتاف** *kitāf*)

shoulder عوّرْت كِتْفي. *3awwártᵊ kítfi.* I hurt my shoulder.

كِتير *kitīr* (ELATIVE: **أكْتر** *ʔáktar*)

ADJECTIVE, (USUALLY) INVARIABLE **a lot of, much, many** إنْتَ المفْروض تِشْرب مايّة كْتير. *ʔínta -lmafrūḍ tíšrab máyya ktīr.* You should drink a lot of water. فيه ناس كِتير في الميدان. *fī nās kitīr fi -lmidān.* There are a lot of people in the square.

ADVERB **a lot, very much, too much** هِيَّ بِتِتْكلِّم كِتير. *híyya b(i)titkállim kitīr.* She talks too much.

كِدْب *kídb* NOUN

lies, lying متْصدّقْش كِدْبُه. *ma-tṣaddáʔšᵊ kídbu.* Don't believe his lies.

➲ See note for **كِذْب** *kízb* p. 109.

كِده *kída* ADVERB

like this, thus وَقّف الموسيقى! مقْدرْش أذاكِر كِده. *wáʔʔaf ilmusīqa! ma-ʔdáršᵊ ʔazākir kída.* Stop the music! I can't study like this.

كذا *káza* DETERMINER

several ___ بحِبّ كذا كِتاب. *baḫíbbᵊ káza kitāb.* I like several books.

كِدِب *kízib* VERB (**يِكْدِب** *yíkzib*)

lie, tell a lie (to) كِدْبِت على أهْلها. *kízbit 3ála ʔahláha.* She lied to her parents.

كِدْب *kízb* NOUN

lies, lying متْصدّقْش كِدْبُه. *ma-tṣaddáʔšᵊ kízbu.* Don't believe his lies.

- The words in the two entries above are also commonly pronounced with د *d:* **كِدِب** *kídib* (lie), **كِدْب** *kidb* (lying)

كرافتّة *karavátta* NOUN

necktie دايمًا بِيِلْبِس كرافتّة معَ قميص. *dáyman biyílbis karavátta má3a ʔamīṣ.* He always wears a tie with a shirt.

كرّر *kárrar* VERB (**يكرّر** *yikárrar*)

repeat كرّرِت نفْس الغلْطة. *karrárit nafs ilɣálṭa.* She repeated the same mistake.

كُرْسي *kúrsi* NOUN (PLURAL: **كراسي** *karāsi*)

chair المطْعم عنْدُه كراسي عالْيَة للأطْفال. *ilmáṭ3am 3ándu karāsi 3alya li-lʔaṭfāl.* The restaurant has high chairs for children.

كِرِه *kírih* VERB (**يِكْرَه** *yíkrah*)

hate بكْرَه الموسيقى العالْيَة. *bákrah ilmusīqa -l3alya.* I hate loud music.

كُرْه *kurh* NOUN (NO PLURAL)

hate الكُرْه إحْساس مِش حِلْو. *ilkúrhᵊ ʔiḫsās miš ḫilw.* Hate is not a nice feeling.

كِسِب *kísib* VERB (**يِكْسب** *yíksab*)

win هُمّا كِسْبوا مُباراةْ الكوْرة. *húmma kísbu mubarā ilkōra.* They won the soccer game.

كسر *kásar* VERB (**يِكْسر** *yíksar*)

break كسرِت نضّارِتْها لمّا وِقْعِت. *kásarit naḍḍarítha lámma wíʔ3it.* She broke her glasses when she fell.

كسْلان *kaslān* ADJECTIVE (ELATIVE: **أكْسل** *ʔáksal*)

lazy هُوَّ ذكي بسّ كسْلان. *húwwa záki bassᵊ kaslān.* He is smart but lazy.

كفّى *káffa* VERB (**يكفّي** *yikáffi*)

be enough الدَّوا بيْكفّي أُسْبوع. *iddáwa biykáffi ʔusbū3.* The medicine is enough for one week.

كفيف *kafīf* ADJECTIVE (PLURAL: **مكْفوفين** *makfufīn*)

blind عنْدُه كلْب بِيْساعْدُه عشان هُوَّ كفيف. *3ándu kalbᵊ biysá3du 3ašān húwwa kafīf.* He has a dog to help him because he's blind.

كل *kal* VERB (**ياكُل** *yākul*)

eat الوَلد كل التُّفّاحة بِتاعْتُه. *ilwálad kal ittuffāḫa b(i)tá3tu.* The boy ate his apple.

- This verb is also commonly pronounced أكل *2ákal* in the perfect tense.

كُلّ *kull* DETERMINER

each, every (+ indefinite singular noun) كُلّ طِفْل بِيْحِبّ أُمُّه. *kullᵊ ṭiflᵊ biyḫíbbᵊ ʔúmmu.* Every child loves his mother.

all (of) (+ definite plural noun) كُلّ التّلاميذ بِيِسْمعوا مُدرِّسِتْهُم. *kull ittalamīz biyismá3u mudarrisíthum.* All of the students are listening to their teacher. كُلّ قرايْبي في أمْريكا. *kullᵊ ʔarāybi fi ʔamrīka.* All of my cousins are in America.

كلام *kalām* NOUN (NO PLURAL)

speech, talking الوَلد الصُّغيرّ عنْدُه مشاكِل في الكلام. *ilwálad iṣṣuɣáyyar 3ándu mašākil fi -lkalām.* The little boy has speech problems.

كلْب *kalb* NOUN (PLURAL: كِلاب *kilāb*)

dog عنْدي كلْب إسْمُه فْلافي. *3ándi kalbᵊ ʔísmu flāfi.* I have a dog named Fluffy.

كلّف *kállif* VERB (يِكلّف *yikállif*)

cost البيْت بِيْكلِّف فِلوس كِتير. *ilbēt biykállif filūs kitīr.* A house costs a lot of money.

كِلْمة *kílma* NOUN (PLURAL: كِلِمات *kalimāt*)

word تِعْرِف كام كِلْمة بِالعربي؟ *tí3rif kam kílma bi-l3árabi?* How many words do you know in Arabic?

speech قالِت كِلْمة في فرحْها. *ʔālit kílma fi faráḫha.* She gave a speech at her wedding.

كمان *kamān* ADVERB

also, too, as well يوسِف مُهْمِل في المدْرسة و في البيْت كمان. *yūsif múhmil fi -lmadrása wi fi -lbēt kamān.* Youssef is careless at school and at home, too. أنا كمان! *ʔána kamān!* Me, too!

كُمْبْيوتر *kumbyūtar* NOUN

computer جِدّي مبْيِسْتعْمِلْش الكُمْبْيوتِر. *gíddi ma-byista3mílš ilkumbyūtir.* My grandfather doesn't use a computer.

كمّل *kámmil* VERB (يِكمّل *yikámmil*)

continue لمّا رِجِع مِن الشُّغْل، كمِّل الفيلْم. *lámma rígi3 min iššúɣl, kámmil ilfílm.* When he returned from work, he continued the movie.

complete, finish مكمِّلْش رسْمِتُه. فِضِل في الفصْل عشان يِكمِّلْها. *ma-kammílšᵊ rasmítu. fíḍil fi -lfaṣlᵊ 3ašān yikammílha.* He didn't finish his drawing. He stayed in class to complete it.

كِمّية *kimmíyya* NOUN

amount اِشْترى كِمِّيّة بِضاعة كْبيرة. *ištára kimmiyyit biḍā3a kbīra.* He bought a large amount of merchandise.

كنبة *kánaba* NOUN (PLURAL: كنب *kánab*)

sofa, couch قعدْت على الكنبة. *ʔa3ádtᵊ 3ála -lkánaba.* I sat on the sofa.

كِنيسة *kinīsa* NOUN (PLURAL: **كنايِس** *kanāyis*)

church العيْلة كُلّها بِترْوح الكِنيسة أيّام الحدّ. *il3ēla kulláha bitrūḫ ilkinīsa ʔayyām ilḫádd.* The whole family goes to church on Sundays.

كهْربا *kahrába* NOUN (NO PLURAL)

electricity الكهْربا قطعِت تاني. *ilkahrába ʔáṭa3it tāni.* The electricity went out (lit. cut) again.

ـكو *-ku* PRONOUN, PLURAL

(possessive) **your** واوْ! ده بيْتْكو؟ *wāw! da bítku?* Wow! Is this your house?

(object) **you** خلّيني أعرّفْكو على صاحْبي الجِديد. *xallīni ʔa3arráfku 3ála ṣáḫbi -lgidīd.* Let me introduce you to my new friend.

➲ See ـي *-i* on p. 147 for a table of all pronoun suffixes.

كوبّاية *kubbāya* NOUN

glass الوَلد شِرِب كوبّايِةْ مايّة. *ilwálad šírib kubbāyit máyya.* The boy drank a glass of water.

كوبْري *kúbri* NOUN (PLURAL: **كباري** *kabāri*)

bridge فيه كباري كِتير على النّهْر. *fī kabāri kitīr 3ála -nnahr.* There are several bridges over the river.

كوْرة *kōra* NOUN (PLURAL: **كُوَر** *kíwar*)

ball إبن تَوْفيق عايِز يِلْعب بِالكوْرة. *ʔibnᵊ tawfīʔ 3āyiz yíl3ab bi-kkōra.* Tawfik's son wants to play with the ball.

soccer اِتْفرّجْت على ماتْش الكّوْرة. *itfarrágtᵊ 3ála ma-tš ikkōra.* I watched the soccer game.

كوْرِةْ السّلّة NOUN (NO PLURAL) *kōrit issálla*

basketball شُفْت مُباراةْ كوْرِةْ السّلّة في التّلِفِزْيوْن. *šuftᵊ mubarāt kōrit issálla fi -ttilifizyōn.* I watched the basketball game on TV.

- We write a sukuun on **taa marbuuta** (ةْ) to show that it is pronounced *t*, whereas without it, taa marbuuta would be silent.
- The feminine ending ـة *-a* becomes ـةِ *-it* when it is joined to the following noun to make a compound noun, which we can think of as meaning 'of': كوْرِةْ السّلّة *kōrit issálla* (literally, ball of the basket)

كَوى *káwa* VERB (**يِكْوي** *yíkwi*)

iron كَوى هُدومُه. *káwa hudūmu.* He ironed his clothes.

كُوَيِّس *kuwáyyis* (ELATIVE: **أحْسن** *ʔáḫsan,* **أفْضل** *ʔáfḍal*)

ADJECTIVE **good, nice** أنا عارِف مطْعم كُوَيِّس. *ʔána 3ārif máṭ3am kuwáyyis.* I know a good restaurant.

ADJECTIVE **fine, well** أنا كُوَيِّس، يا مدام. شُكْراً. *ʔána kuwáyyis, ya madām. šúkran.* I'm fine, ma'am. Thank you.

ADVERB **well** إنْتَ بِتِتْكلِّم عربي كُوَيِّس! *ʔínta bititkállim 3árabi kuwáyyis!* You speak Arabic well!

- You might expect that this adjective would have the elative form ~~أكْوس~~ ~~*ákwas*~~ (better, best),

following the pattern of other elatives. But instead, the elative forms of less common synonyms (borrowed from Modern Standard Arabic) are used.
(➲ See **أحْسن** *ʔáḫsan* p. 7 and **أفْضل** *ʔáfḍal* p. 13)

ـكي *-ki* PRONOUN, FEMININE

your بِتاكْلي غداكي في الشُّغْل؟ *bitákli ɣadāki fi -ššuɣl?* Do you eat your lunch at work?

you هُمّا بيِزْوروكي؟ *húmma biyzurūki?* Do they visit you?

كيس *kīs* NOUN (PLURAL: **أكْياس** *ʔakyās*)

(shopping) bag لازِم نِقلِّل اِسْتِعْمال الأكْياس البِلاسْتيك. *lāzim niʔállil isti3māl ilʔakyās ilbilástik.* We should decrease the use of plastic bags.

كيْك *kēk* NOUN

cake الكيْك ده لذيذ! *ilkēk da lazīz!* This cake is delicious!

كيْكة *kēka* NOUN

cake الكيْكة دي لذيذة! *ilkēka di lazīza!* This cake is delicious!

- The words for 'cake' in the two entries above are borrowed from English. Both variations are common.

ل

ل ـلـ لـ ـل

isolated initial medial final

Laam is the twenty-third letter of the Arabic alphabet. It is pronounced as the light l in the English word leak–and not as the dark l in word dull. Phonemic transcription: ***l***

ا ب ت ث ج ح خ د ذ ر ز س ش ص ض ط ظ ع غ ف ق ك **ل** م ن ه و ي

لِـ *li-* PREPOSITION

to قُلْت أيْه لِلسِّتّ؟ *ʔultᵊ ʔē li-ssitt?* What did you say to the woman?

into قسِّمْت البيْتزا لِحِتت. *ʔassímt ilpītza li-ḫítat.* I divided the pizza into pieces.

for عنْدي ليك أخْبار حِلْوَة. *3ándi līk ʔaxbār ḫílwa.* I have good news for you. اِشْترى هِدية لأُمُّه. *ištára hidíyya l-ʔúmmu.* He bought a gift for his mother.

until قريْت كِتاب لِلسّاعة عشرة. *ʔarēt kitāb li-ssā3a 3ášara.* I read a book until 10 o'clock.

- The first sense ('to') is mainly used before a person but not after verbs of motion with a place. See the note for **راح** *rāḫ* p. 56.

I	ليّا *líyya*	WE	لينا *līna*
YOU M.	ليك *līk*	YOU PL.	ليكو *līku*
YOU F.	ليكي *līki*		
HE	ليه *lī(h)*	THEY	ليهُم *līhum*
SHE	ليها *līha*		

لأ *laʔ* INTERJECTION

no لأ، مِش عايِز قهْوَة. *laʔ, miš 3āyiz ʔáhwa.* No, I don't want coffee.

لإنّ *la-ʔínn* CONJUNCTION

because الوَلد تعْبان لإِنُّه عيّان. *ilwálad ta3bān la-ʔínnu 3ayyān.* The boy is tired because he is ill.

- This word can also be pronounced *li-ʔínn* or *li-ʔánn.*
- A pronoun suffix is added to the conjunction, as in the example sentence, if not followed by a noun.
- See table on the next page.

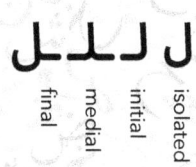

I	لإنّي *la-ʔínni*	WE	لإنّنا *la-ʔinnína*
YOU M.	لإنّك *la-ʔínnak*	YOU PL.	لإنُّكو *la-ʔinnúku*
YOU F.	لإنِّك *la-ʔínnik*		
HE	لإنّه *la-ʔínnu*	THEY	لإنُّهم *la-ʔinnúhum*
SHE	لإنّها *la-ʔinnáha*		

لا... وَلا... *la... wála...* CONJUNCTION

neither... nor... لا جِدّي وَلا سِتّي في البيْت. *laʔ gíddi wála sítti fi -lbēt.* Neither my grandfather nor my grandmother is home.

لازِم *lāzim* ADJECTIVE

necessary, required عنْدي كُلّ الأدَوات اللازْمة عشان أعْمِل صنْدوق. *3ándi kull ilʔadawāt illázma 3ašān ʔá3mil sandūʔ.* I have all the necessary tools to build a box.

PSEUDO-VERB, INVARIABLE **must, have to, should, need to** لازِم أمْشي بدْري. *lāzim ʔámši bádri.* I should leave early. لازِم تِسْمع كلامي أحْسنْلك! *lāzim tísma3 kalāmi ʔaḫsánlak!* You should listen to me better! إنْتَ تعْبان، لازِم تِروح المُسْتشْفى. *ʔínta ta3bān, lāzim tirūḫ ilmustášfa.* You're sick. You have to go to the hospital! لازِم أشْترِي حاجة مِن المحلّ. *lāzim ʔaštíri ḫāga min ilmaḫáll.* I need to buy something from the store.

- Note that لازِم *lāzim,* as a pseudo-verb, is invariable, so both a man and a woman would say لازِم أروح *lāzim ʔarūḫ* (I have to go).

لايِق على *lāyiʔ 3ála* ADJECTIVE (ELATIVE: **ألْيَق** *ʔályaʔ*)

suitable, appropriate, proper for الفُسْتان ده مِش لايِق على الفرح. *ilfustān da miš lāyiʔ 3ála -lfáraḫ.* This dress is not appropriate for the wedding.

fitting, the right size for البنْطلوْن لايِق عليْه. *ilbanṭalōn lāyiʔ 3alē.* The pants fit him.

لِبِس *líbis* VERB (**يِلْبِس** *yílbis*)

wear دايْماً بِيِلْبِس جينْز معَ قميصُه. *dáyman biyílbis žīnz má3a ʔamīṣu.* He always wears jeans with his shirt.

put on لِبْسِت الجاكيت بِتاعْها. *líbsit iǆǆākit bitá3ha.* She put on her jacket.

get dressed لِبِس عشان يِروح الحفْلة. *líbis 3ašān yirūḫ ilḫáfla.* He got dressed to go to the party.

لِبْس *libs* NOUN (NO PLURAL)

clothes, clothing بشْترِي لِبْس جْديد عشان العيد. *baštíri libsᵊ gdīd 3ašān il3īd.* I'm buying new clothes for the holiday.

لبن *lában* NOUN (PLURAL: **ألْبان** *ʔalbān*)

milk الوَلد بِيِشْرب لبن الصُّبْح. *ilwálad biyíšrab lában iṣṣúbḫ.* The child drinks milk in the morning.

لحْمة *láḫma* NOUN (PLURAL: **لُحوم** *luḫūm*)

meat .هِيَّ مبْتاكُلْش لحْمة *híyya ma-btākulšᵊ láḫma.* She doesn't eat meat.

لِحْيَة *líḫya* NOUN

beard .شكْلُه اِتْغيرّ لمّا شال لِحْيتُه *šáklu (i)tɣáyyar lámma šāl liḫyítu.* His look changed when he removed his beard.

لذيذ *lazīz* NOUN (PLURAL: **لُذاذ** *luzāz*)

delicious .الأكْل لذيذ جِدّاً *ilʔáklᵊ lazīz gíddan.* The food is very delicious.

لِسّه *líssa* ADVERB

still .الكيْكة لِسّه في الفُرْن *ilkēka líssa fi -lfurn.* The cake is still in the oven. **(not) yet** .لِسّه مخلّصْش واجْباتُه *líssa ma-xalláṣšᵊ wagbātu.* He didn't finish his homework yet.

لطيف *laṭīf* NOUN (PLURAL: **لُطاف** *luṭāf*)

kind, nice, friendly .الجارْسوْن لطيف *ilgarsōn laṭīf.* The waiter is friendly.

لِعِب *lí3ib* VERB (**يِلْعب** *yíl3ab*)

play .مِش مفْروض تِلْعب بِالنّار *miš mafrūḍ tíl3ab bi-nnār.* You should not play with fire.

لِعْبة *lí3ba* NOUN (PLURAL: **ألْعاب** *ʔal3āb*)

toy .البِنْت كسرِت ألْعابْها *ilbíntᵊ kásarit ʔal3ábha.* The girl broke her toys. **game** .اللِّعْبة سهْلة جِدّاً *illí3ba sáhla gíddan.* The game is very easy.

لُغة *lúɣa* NOUN

language .بتْكلِّم تلات لُغات *batkállim tálat luɣāt.* I speak three languages.

لفّ *laff* VERB (**يِلِفّ** *yilíff*)

turn .لفّ عشان يِشوف مين اللي وَراه *laffᵊ 3ašān yišūf mīn ílli warā.* He turned to see who was behind him. .لِفّ شْمال مِن فضْلك *liffᵊ šmāl min fáḍlak.* Turn left, please. **لفّ حَواليْن** *laffᵊ ḫawalēn* **circle, go around** .الأرْض بِتْلِفّ حَواليْن الشّمْس *ilʔárḍᵊ bitlíffᵊ ḫawalēn iššáms.* The earth goes around the sun.

لقب *láqab* NOUN (PLURAL: **ألْقاب** *ʔalqāb*)

nickname سوسو ده لقبي. إسْمي الحقيقي سحر. *sūsu da láqabi. ʔísmi -lḫaqīqi sáḫar.* Sousou is my nickname. My real name is Sahar.

لقط *láʔaṭ* VERB (**يُلْقُط** *yúlʔuṭ*)

catch !اُلْقُط الكّوْرة *úlʔuṭ ikkōra!* Catch the ball!

لُقْمة *lúʔma* NOUN (PLURAL: **لُقم** *lúʔam*)

bite, morsel مُمْكِن آخُد لُقْمة مِن السّنْدَوِتْش بْتاعك؟ *múmkin ʔāxud lúʔma min issandawítšᵊ btā3ak?* Can I have a bite of your sandwich?

لقى *láʔa* VERB (**يِلْقى/يِلاقي** *yilʔa/yilāʔi*)

find .لقِت مفاتيحْها تحْت الكُّرْسي *láʔit mafatíḫha taḫt ikkúrsi.* She found her keys under the chair.

لكِن *lākin* CONJUNCTION

but, rather مسافِرْش بِالعربية، لكِن

بالقطر. *ma-safírš^ə bi-l3arabíyya, lākin bi-lʔáṭr.* He didn't travel by car but by train.

- This word contains an unwritten long vowel: **لكِن** *lākin (~~lákin~~)*

لمّ *lamm* VERB (**يِلِمّ** *yilímm*)

pick up, collect الوَلد لمّ ألْعابُه. *ilwálad lamm^ə ʔal3ābu.* The child picked up his toys.

لمّا *lámma* CONJUNCTION

when اِتْعشّيْت لمّا رِجِعْت البيْت. *it3aššēt lámma rigí3t ilbēt.* I ate dinner when I got home.

while, as لمّا كُنْت ماشي، التِّليفوْن رنّ. *lámma kunt^ə māši, ittilifōn rann.* As I was leaving, the phone rang.

لمْبة *lámba* NOUN

lamp اِسْتعْملْت لمْبة عشان أنوّر الأوْضة. *ista3málit^ə lámba 3ašān ʔanáwwar ilʔōḍa.* I used a lamp to light up the room.

لمس *lámas* VERB (**يِلْمِس** *yílmis*)

touch متِلْمِسْش وِشّك! *ma-tilmíss^ə wíššak!* Don't touch your face!

لمع *láma3* VERB (**يِلْمع** *yílma3*)

shine عيْنيْها بِتِلْمع لمّا بِتْشوفُه. *3inēha bitílma3 lámma bitšūfu.* Her eyes shine when she sees him.

لَوْ *law* CONJUNCTION

if لَوْ الجوّ كْويِّس، هَيْروح البحْر. *law iggáww^ə kwáyyis, hayrūḥ ilbáḥr.* If the weather is good, he will go to the beach. لَوْ الجّوّ كان كُوَيِّس، كان راح البحْر. *law iggáww^ə kān kuwáyyis, kān rāḥ ilbáḥr.* If the weather were good, he would have gone to the beach.

لَوْ سمحْت *law samáḥt* ADVERB

please (lit. if you permit) لَوْ سمحْت، ساعِدْني! *law samáḥt, sa3ídni!* Please, help me!

- To a woman, you would say the feminine form: **لَوْ سمحْتي** *law samáḥti*

لوِّث *láwwis* VERB (**يِلوِّث** *yiláwwis*)

pollute المصْنع بِيْلوِّث المدينة. *ilmáṣna3 biyláwwis ilmadīna.* The factory is polluting the city.

لوْحة *lōḥa* NOUN (PLURAL: **لِوَح** *líwaḥ*)

painting فيه لِوَح كِتير في المتْحف. *fī líwaḥ kitīr fi -lmátḥaf.* There are many paintings in the museum.

لِوَحْدُه *li-wáḥdu* ADVERB

alone, by oneself رامي عايِش لِوَحْدُه. *rāmi 3āyiš li-wáḥdu.* Rami lives alone.

I	**لِوَحْدي** *li-wáḥdi*	WE	**لِوَحِدْنا** *li-waḥdína*
YOU M.	**لِوَحْدك** *li-wáḥdak*	YOU PL.	**لِوَحْدُكو** *li-waḥdúku*
YOU F.	**لِوَحْدِك** *li-wáḥdik*		
HE	**لِوَحْدُه** *li-wáḥdu*	THEY	**لِوَحْدُهُم** *li-waḥdúhum*
SHE	**لِوَحْدها** *li-waḥdáha*		

لوْن *lōn* NOUN (PLURAL: **ألْوان** *ʔalwān*)

color أيْه لوْنك المفُضّل؟ *ʔē lōnak ilmufáḍḍal?* What is your favorite color?

لوِّن *láwwin* VERB (**يِلوِّن** *yiláwwin*)

color العِيال لوِّنوا الصّورة. *il3iyāl lawwínu -ṣṣūra.* The children colored the pictures.

ليسْتة *lísta* NOUN

list المُدرِّس عنْدُه ليسْتة بِأسامي التّلاميذ. *ilmudárris 3ándu lísta bi-ʔasāmi -ttalamīz.* The teacher has a list with the name of students.

ليْل *lēl* NOUN

nighttime

بِاللّيْل *bi-llēl* ADVERB **at night** هِيَّ مبِتْنامْش كْوَيِّس بِاللّيْل. *híyya ma-bitnámšᵊ kwáyyis bi-llēl.* She doesn't sleep well at night.

ليْلة *lēla* NOUN (PLURAL: **لَيالي** *layāli*)

night أنا بحْلم بيك كُلّ ليْلة. *ʔána báhlam bīk kullᵊ lēla.* I dream of you every night.

ليه *lī(h)* PSEUDO-VERB

have الوَرْد ده ليه ريحة حِلْوَة. *ilwárdᵊ da lī rīḫa ḫílwa.* Those flowers have a nice smell.

I	ليّا *líyya*	WE	لينا *līna*
YOU M.	ليك *līk*	YOU PL.	ليكو *līku*
YOU F.	ليكي *līki*		
HE	ليه *lī*	THEY	ليهُم *līhum*
SHE	ليها *līha*		

- A more common way to express 'have' is the construction **عنْده** *3ándu* (p. 90). **ليه** *lī* is used mainly 1) if the subject is inanimate (as in the example sentene); 2) if the object is a family member, body part, or characteristic.

ليْه *lē* ADVERB

why ليْه عملْت كِده؟ *lē 3amáltᵊ kída?* Why did you do that?

م

م ـمـ مـ ـم

isolated initial medial final

Miim is the twenty-fourth letter of the Arabic alphabet. It is pronounced m (as in the English word <u>m</u>an). Phonemic transcription: ***m***

ا ب ت ث ج ح خ د ذ ر ز س ش ص ض ط ظ ع غ ف ق ك ل **م** ن ه و ي

ما عدا *ma 3áda* PARTICLE

except كُلّ الضُّيوف مِشْيوا ما عدا أُخْتي. *kull iddụyūf míšyu ma 3áda ʔúxti.* All the guests have left except my sister.

مات *māt* VERB (**يِموت** *yimūt*)

die الكَلْب مات إزّاي؟ *ikkálbᵊ māt ʔizzāy?* How did the dog die?

مادّة *mádda* NOUN (PLURAL: **مَوادّ** *mawádd*)

subject العُلوم و التّاريخ كانوا مَوادّي المُفضّلين في المدْرسة. *il3ulūm w ittarīx kānu mawáddi -lmufaddalīn fi -lmadrása.* Science and history were my favorite subjects in school.

ماشي *māši* ADVERB

okay, all right ماشي، هاجي بُكْره! *māši, hāgi búkra!* Okay, I will come tomorrow!

ماضي *mādi* ADJECTIVE

past اِنْسى الماضي! *ínsa -lmādi!* Forget the past!

ماما *māma* NOUN (NO PLURAL), FEMININE

mom ماما، عايْزاني أساعْدِك في المطْبخ؟ *māma, 3ayzāni ʔasá3dik fi -lmáṭbax?* Mom, do you want me to help you in the kitchen? الوَلد الصُّغيرّ باس مامْتُه. *ilwálad iṣṣuɣáyyar bās mámtu.* The little boy kissed his mom.

- If a feminine noun ends in ـا, it is treated as if it were spelled ـة, which becomes ـتـ *-it-*, before a pronoun suffix: **ماما** *māma* → **مامْتُه** *mámtu* (➲ See note for رُتْبة *rútba* p. 57.)

مايّة *máyya* NOUN (NO PLURAL)

water مُمْكِن تِدّيني شْوَيّة مايّة، لَوْ سمحْت؟ *múmkin tiddīni šwayyit* *máyya, law samáħt?* Could you give me some water, please?

مايو *māyu* NOUN (NO PLURAL)

May شهْر يونْيو بعْد مايو. *šahrᵊ yúnyu baʕdᵊ māyu.* The month of June is after May.

مُباراة *mubarā* NOUN (PLURAL: **مُبارَيات** *mubarayāt*)

game, match هُمّا كِسْبوا المُباراة. *húmma kísbu -lmubarā.* They won the game.

- You may notice that a lot of words in Arabic begin with مـ *ma-*, مِـ *mi*, and مُـ *mu-*. These prefixes are used to create various word forms equivalent to the suffixes -ing, -er, -ed, etc. in English.

مبْسوط *mabsūṭ* ADJECTIVE

happy, glad مبْسوط إنّك حبّيْت هِدِيِّتك. *mabsūṭ ʔínnak ħabbēt hidiyyítak.* I'm happy that you liked your gift.

مبْلول *mablūl* ADJECTIVE

wet شعْري مبْلول. *šáʕri mablūl.* My hair is wet.

مبْنى *mábna* NOUN (PLURAL: **مباني** *mabāni*)

building المبْنى جِديد. *ilmábna gidīd.* The building is new.

مِتْأخّر *mitʔáxxar* ADVERB

late وَصل الشُّغْل مِتْأخّر. *wáṣal iššúɣlᵊ mitʔáxxar.* He arrived late at work.

مِتْأكِّد *mitʔákkid* ADJECTIVE

certain, sure مِتْأكِّد إنّ ده الصُّبْح، بصّيْت في السّاعة. *mitʔákkid ʔinnᵊ da (i)ṣṣúbħ, baṣṣēt fi -ssāʕa.* I am certain it is morning. I looked at the clock.

متْحف *mátħaf* NOUN (PLURAL: **متاحِف** *matāħif*)

museum التّلاميذ مُمْكِن يِزوروا المتْحف بِبلاش. *ittalamīz múmkin yizūru (i)lmátħaf bi-balāš.* Students can visit the museum for free.

مُتحمِّس *mutaħámmis* ADJECTIVE

excited مُتحمِّس لِلشُّغْل الجِّديد. *mutaħámmis li-ššuɣl iggidīd.* I am excited about (lit. to) this new job.

- Notice the preposition used after this adjective. Prepositions do not always translate directly between Arabic and English.

مِترْتِّب *mitráttib* ADJECTIVE

tidy, organized شوف البيْت مِترْتِّب إزّاي! *šūf ilbēt mitráttib ʔizzāy!* Look how tidy the house is!

مِتْرو *mítru* NOUN (PLURAL: **مِتْروهات** *mitruhāt*)

subway هاخُد المِتْرو. *hāxud ilmítru.* I'll take the subway.

مُتساوي *mutasāwi* ADJECTIVE (**مُتساوْيَة** *mutasáwya*)

equal المُربّع ليه جَوانِب مُتساوْيَة. *ilmurábbaʕ lī gawānib mutasáwya.* A square has equal sides.

مِتْعادِل *mitʕādil* ADJECTIVE

even كُلّ واحِد كِسِب اللِّعْبة مرّتيْن، يِبْقى كُلُّهم مِتْعادْلين. *kullᵊ wāħid kísib illíʕba marritēn, yíbʔa kullúhum mitʕadlīn.*

Everyone won the game twice, so they are all even.

مِتْعصّب *mit3áṣṣab* ADJECTIVE

angry أمين مِتْعصّب جِدّاً. *ʔamīn mit3áṣṣab giddan.* Amin is very angry.

مِتْعلّق *mit3állaʔ* ADJECTIVE

hanging, hung up الصّورة مِتْعلّقة ع الحيْطة. *iṣṣūra mit3alláʔa 3a -lḫēṭa.* The picture is hanging on the wall.

مُتَوَحّش *mutawáḫḫiš* ADJECTIVE

wild متِلْعبْش معَ الحَيَوانات المُتَوَحِّشة. *ma-til3ábšᵊ má3a -lḫayawanāt ilmutawaḫḫíša.* Don't play with wild animals.

مِتْوَسّخ *mitwássax* ADJECTIVE

dirty وِشّ الوَلد كان مِتْوَسّخ. *wišš ilwálad kān mitwássax.* The boy's face was dirty.

مثِّل *mássil* VERB (**يمِثِّل** *yimássil*)

act مثِّل في أفْلام كِتير. *mássil fi ʔaflām kitīr.* He acted in many movies.

مثلاً *másalan* ADVERB

for example مُمْكِن ترْسِم، مثلاً، عصْفور. *múmkin tírsim, másalan, 3aṣfūr.* You can draw, for example, a bird.

مجّاني *maggāni* ADJECTIVE

free (of charge) المطْعم بيِدّي مشْروب مجّاني معَ الأكْل. *ilmáṭ3am biyíddi mašrūb maggāni má3a -lʔakl.* The restaurant gives drinks for free with food.

مُجرّد *mugárrad* ADVERB

just, mere مُجرّد فِكْرِةْ السّفر بِالطّيّارة بِتْخوِّفْه. *mugárrad fíkrit issáfar bi-ṭṭayyāra bitxawwífu.* Just the idea of traveling by plane scares him.

مجْموع *magmū3* NOUN (PLURAL: **مجاميع** *magamī3*)

grade, score التِّلْميذ جاب مجْموع وِحِش في الاِمْتِحان. *ittilmīz gāb magmū3 wíḫiš fi -lʔimtiḫān.* The student got a bad score on the examination.

مجْموعة *magmū3a* NOUN

group كُلّ مجْموعة فيها خمس تلاميذ. *kullᵊ magmū3a fīha xámas talamīz.* Each group has five students.

مجْنون *magnūn* ADJECTIVE (PLURAL: **مجانين** *maganīn*, ELATIVE: **أجنّ** *ʔagánn*)

crazy, insane هِيَّ مجْنونة بِقُططْها. *híyya magnūna bi-ʔuṭáṭha.* She is crazy about her cats.

مِحْتاج *miḫtāg* PSEUDO-VERB

need, require الزّرْع مِحْتاج شُوَيِّةْ مايّة. *izzár3ᵊ miḫtāg šuwayyit máyya.* The plants need some water. هِيَّ مِحْتاجة مُساعْدة. *híyya miḫtāga musá3da.* She needs help.

مُحْترم *muḫtáram* ADJECTIVE

respected, respectable, esteemed المُدرِّس مُحْترم أوي. *ilmudárris muḫtáram ʔáwi.* The teacher is very respected. الرّاجِل ده مِن عيْلة مُحْترمة. *irrāgil da min 3ēla* *muɧtárama.* This man is from a respectable family.

محطّة *maɧáṯṯa* NOUN

station أخدْت تاكْسي لِلمحطّة الرّئيسية. *ʔaxádtᵊ táksi li-lmaɧáṯṯa -rraʔisíyya.* I took a taxi to the main station.

stop اِسْتنّيْت في المحطّة ساعة. *istannēt fi -lmaɧáṯṯa sā3a.* I waited at the (bus) stop for an hour.

(radio) station مُمْكِن تِغيرّ محطِّةْ الرّادْيو؟ *múmkin tiɣáyyar maɧáṯṯit irrádyu?* Can you change the radio station?

محلّ *maɧáll* NOUN

store, shop اِشْتريْتوا أيْه مِن المحلّ؟ *ištarētu ʔē min ilmaɧáll?* What did you guys buy from the shop?

مُحيط *muɧīṯ* NOUN

ocean المُحيط أزْرق. *ilmuɧīṯ ʔázraʔ.* The ocean is blue.

مُخْتلِف *muxtálif* ADJECTIVE

different رُحْنا مطْعم مُخْتلِف إمْبارِح. *rúɧna máṯ3am muxtálif ʔimbāriɧ.* We went to a different restaurant yesterday.

مدام *madām* NOUN

madam, ma'am أنا كْوَيِّس، يا مدام. شُكْراً. *ʔána kwáyyis, ya madām. šúkran.* I'm fine, ma'am. Thank you.

Mrs. ده مكان مدام فرح. *da makān madām fáraɧ.* This is Mrs. Farah's seat.

مُدّة *múdda* NOUN

period (of time) ميةْ سنة دي مُدّة طَويلة جِداً. *mīt sána, di múdda ṯawīla gíddan.* One hundred years is a very long time.

لِمُدِّةْ *li-múddit* PREPOSITION **for** سافِرْت لِمُدِّةْ كام يوْم. *sāfirtᵊ li-múddit kam yōm.* I traveled for many days.

مدْخل *mádxal* NOUN (PLURAL: **مداخِل** *madāxil*)

entrance المدْخل ده لِلزُّوّار. *ilmádxal da li-zzuwwār.* This entrance is for visitors.

- In this dictionary, you can see several nouns referring to places that begin with **مـ** *ma-*. If we look at **مدْخل** *mádxal,* we can see that it is related to the verb **دخل** *dáxal* (enter) and means a place for entering.

مُدرِّس *mudárris* NOUN

(male) **teacher** المُدرِّس بِيْحِبّ تلاميذُه. *ilmudárris biyɧibbᵊ talamīzu.* The teacher loves his students.

- For nouns denoting male humans, the regular plural is **ـين** *-īn.* The plural can refer to a group of males or a mixed group of males and females: **مُدرّسين** *mudarrisīn* (teachers)

مُدرِّسة *mudarrísa* NOUN

(female) **teacher** المُدرِّسة بِتْحِبّ تلاميذْها. *ilmudarrísa bitɧíbbᵊ* *talamízha.* The teacher loves her students.

- For nouns denoting female humans , the regular plural is **ات** *-āt*: **مُدرِّسات** *mudarrisāt* (female teachers)

مدْرسة *madrása* NOUN (PLURAL: **مدارِس** *madāris*)

school هُوَّ ساكن جنْب المدْرسة. *húwwa sākan gamb ilmadrása.* He lives near the school.

- Keep in mind that people do not write diacritics (tashkeel) in daily life, so **مدرسة** could be *mudarrísa* (teacher) or *madrása* (school); context will usually make it clear.

مِدوّر *midáwwar* ADJECTIVE

round, circular الطّرابيْزة مِدوّرة. *iṭṭarabēza midawwára.* The table is round.

مدينة *madīna* NOUN (PLURAL: **مُدُن** *múdun*)

city, town أنا عايِش في مدينة صُغيرّة. *ʔána 3āyiš fi madīna ṣ(u)ɣayyára.* I live in a small town.

مِرات *mirāt* NOUN

wife (of) مِرات حسن مُدرِّسة. *mirāt ḫásan mudarrísa.* Hassan's wife is a teacher. مِراتُه مُدرِّسة. *mirātu mudarrísa.* His wife is a teacher.

- This word is always followed by a noun or pronoun suffix in a possessive construction, as in the examples.

مُربّع *murábba3* NOUN

square الوَلد رسم مُربّع و مُثلّث عشان يِرْسِم بيْت. *ilwálad rásam murábba3 wi musállas 3ašān yírsim bēt.* The boy drew a square and a triangle to make a house.

مِربّى *mirábba* NOUN, FEMININE

jam بحِبّ أدْهِن مِربّى على العيْش. *baḫíbbᵊ ʔádhin mirábba 3ála -l3ēš.* I like to spread jam on bread.

مرّة *márra*

NOUN **time** هسامْحك المرّة دي! *hasámḫak ilmarrādi!* I'll forgive you this time!

ADVERB **sometime, someday** لَوْ رُحْت إيطالْيا مرّة، هبْعتْلك صورة. *law ruḫtᵊ ʔiṭálya márra, hab3átlak ṣūra.* If I go to Italy sometime, I will send you a photo.

➲ See note for **سنة** *sána* p. 68.

مرْتبة *martába* NOUN (PLURAL: **مراتِب** *marātib*)

place, rank خدِت المرْتبة الأولى. *xádit ilmartába -lʔūla.* She got first place.

مرْكِب *márkib* NOUN (PLURAL: **مراكِب** *marākib*)

boat السّمكة نطّت على المركِب. *issámaka náṭṭit 3ála -lmárkib.* The fish jumped into the boat.

- Some speakers treat this word as a feminine noun.

مرْكز *márkaz* NOUN (PLURAL: **مراكِز** *marākiz*)

center رُحْنا المرْكز التُّجاري.

rúђna -lmárkaz ittugāri. We went to the commercial center.

rank, position .مركزُه في الشِّرْكة كُوَيِّس *markázu fi -ššírka kuwáyyis.* His rank in the company is good.

place, rank .خدِت المركز الأوّل *xádit ilmárkaz ilʔáwwal.* She got first place.

مركزي *markázi* ADJECTIVE

central .البنْك المركزي بِيِقْفِل في الأعْياد *ilbánk ilmarkázi biyíʔfil fi -lʔa3yād.* The central bank is closed on holidays.

- This is a nisba adjective, formed by adding ـي to a noun: **مركز** *márkaz* (center) → **مركزي** *markázi* (central). (➲ See note for **حقيقي** *ђaʔīʔi* p. 43)

مُريح *murīђ* ADJECTIVE (ELATIVE: **أرْيَح** *ʔáryaђ*)

comfortable .اِشْتريْت سِرير مُريح *ištarēt sirīr murīђ.* I bought a comfortable bed.

مُزْدَوِج *muzdáwig* ADJECTIVE

double, dual .عنْدي جِنْسية مُزْدَوِجة *3ándi ginsíyya muzdawíga.* I have dual nationality.

مزْرعة *mazrá3a* NOUN (PLURAL: **مزارِع** *mazāri3*)

farm .المزْرعة فيها فِراخ *ilmazrá3a fīha f(i)rāx.* The farm has chickens.

مسْؤولية *masʔulíyya* NOUN

responsibility, duty الأهْل عنْدُهُم مسْؤوليّات ناحْيِةْ وِلادْهُم. *ilʔáhlᵊ 3andúhum masʔuliyyāt náђyit wiládhum.* Parents have responsibilities toward their children.

مِساحة *misāђa* NOUN

space, area شال الكّنبة عشان يِفضّي مِساحة. *šāl ikkánaba 3ašān yifáḍḍi misāђa.* He removed the sofa to clear up some space.

مُساعْدة *musá3da* NOUN

help, support مِحْتاج مُساعْدة في اخْتِيار لِبْسي. *miђtāg musá3da fi -xtiyār líbsi.* I need help choosing my clothes.

مُسْتشْفى *mustášfa* NOUN (PLURAL: **مُسْتشْفيات** *mustašfayāt*)

hospital .راحِت المُسْتشْفى عشان تعْبانة *rāђit ilmustášfa 3ašān ta3bāna.* She went to the hospital because she is sick.

مُسْتعِدّ *musta3ídd* ADJECTIVE

ready .أنا مُسْتعِدّ أرُدّ على سُؤالك *ʔána musta3íddᵊ ʔarúddᵊ 3ála suʔālak.* I am ready to answer your question.

مُسْتقْبل *mustáʔbal* NOUN (NO PLURAL)

future .عايِز يِبْقى دُكْتور في المُسْتقْبل *3āyiz yíbʔa duktūr fi -lmustáʔbal.* He wants to be a doctor in the future.

مُسْتند *mustánad* NOUN

document .ده مُسْتند مُهِمّ *da mustánad muhímm.* This is an important document.

مُسْتهْتِر *mustáhtir* ADJECTIVE

careless .بِلال مُسْتهْتِر في المدْرسة *bilāl mustáhtir fi -lmadrása.* Bilal is careless at school.

مسح *másaḫ* VERB (**يِمْسح** *yímsaḫ*)

erase المُدرِّس مسح السّبّورة. *ilmudárris másaḫ issabbūra.* The teacher erased the board.

مُسدّس *musáddas* NOUN

gun ظابِط الشُّرْطة معاه مُسدّس. *ẓābiṭ iššúrṭa ma3ā musáddas.* The police officer has a gun.

مسْرحية *masraḫíyya* NOUN

play مُمثِّل مشْهور هَيْشارِك في المسْرحية. *mumássil mašhūr hayšārik fi -lmasráḫaya.* A famous actor will participate in the play.

مُسطّح *musáṭṭaḫ* ADJECTIVE

flat الأرْض مِش مُسطّحة. *ilʔárḍ^ə miš musaṭṭáḫa.* The earth is not flat.

مسْطرة *masṭára* NOUN (PLURAL: **مساطِر** *masāṭir*)

ruler رسمْت خطّ بِمسْطرة. *rasámt^ə xaṭṭ^ə bi-masṭára.* I drew a line with a ruler.

مِسِك *mísik* VERB (**يِمْسِك** *yímsik*)

hold الطِّفْل مِسِك إيد مامْتُه. *iṭṭífl^ə mísik ʔīd mámtu.* The child held his mother's hand.

catch مِسِكْت سمكة. *misíkt^ə sámaka.* I caught a fish.

مِسكّر *misákkar* ADJECTIVE

sweet الكّيْكة دي مِسكّرة أَوي. *ikkēka di misakkára ʔáwi.* This cake is very sweet.

مُسلّي *musálli* ADJECTIVE

fun, entertaining اللِّعْبة مُسلّية أَوي. *illí3ba musallíyya ʔáwi.* The game is a lot of fun.

مُسْمار *musmār* NOUN (PLURAL: **مسامير** *masamīr*)

nail هُوَّ علّق الصّورة على مُسْمار. *húwwa 3állaʔ iṣṣūra 3ála musmār.* He hung the picture on a nail.

مِش *miš* PARTICLE

am/is/are not مِش مُشْكِلْتي! *miš muškílti!* It is not my problem! أنا مِش مشْغول. *ʔána miš mašɣūl.* I'm not busy. هِيَّ مِش هِنا. *híyya miš hína.* She isn't here.

not مِش قادِر أروح الشُّغْل النّهارْده. *miš ʔādir ʔarūḫ iššúɣl innahárda.* I can't go to work today.

will not, is/are not going to هِيَّ مِش هتِكْتِب رِسالة. *híyya miš hatíktib risāla.* She isn't going to write a letter.

do/does not مِش بحِبُّه. *miš baḫíbbu.* I don't like it.

- A bi-imperfect verb (present tense), as in the last example above, can also (and more commonly) be made negative by using a prefix-suffix construction, as shown in the next entry.
- As seen above, **مِش** *miš* is used to form the negative future tense. It is <u>not</u> used to form a negative perfect (past) tense. See below.

مــــش *ma-...-š* PARTICLE

do(es) not أنا مبحِبّوش. *ʔána ma-baɦibbūš.* I don't like it.

did not مرُحْناش السّينِما. *ma-ruɦnāš issīnima.* We didn't go to the movies.

- This prefix-suffix construction is used to form a negative imperfect (present) tense or perfect (past) tense. It is not used to form a negative future tense.

مشاعِر *mašā3ir* PLURAL NOUN

feelings emotions خبِّت مشاعِرْها. *xábbit maša3írha.* She hid her feelings.

مشْروب *mašrūb* NOUN

beverage, drink المطْعم بِيْقدِّم مشْروبات مجّانية. *ilmáṭ3am biyʔáddim mašrubāt magganíyya.* The restaurant offers drinks for free.

مشْغول *mašɣūl* ADJECTIVE

busy بابا دايْماً مشْغول. *bāba dáyman mašɣūl.* My father is always busy.

مُشْكِلة *muškíla* NOUN (PLURAL: **مشاكِل** *mašākil*)

problem, trouble جِدّي عنْدُه مشاكِل صِحّية. *gíddi 3ándu mašākil ṣiɦɦíyya.* My grandfather has health problems.

مُشْمِس *múšmis* ADJECTIVE

sunny الجّوّ النّهارْده مُشْمِس. *iggáww innahárda múšmis.* The weather is sunny today.

مشْهد *máshad* NOUN (PLURAL: **مشاهِد** *mašāhid*)

scene عيّطِت لمّا شافِت المشْهد الحزين. *3ayyáṭit lámma šāfit ilmáshad ilɦazīn.* She cried when she saw the sad scene.

مشْهور *mašhūr*

ADJECTIVE (ELATIVE: **أشْهر** *ʔáshar*)

famous المطْعم مشْهور بِأكْله. *ilmáṭ3am mašhūr bi-ʔáklu.* The restaurant is famous for its food.

popular الأُغْنية دي مشْهورة. *ilʔuɣníyya di mašhūra.* This song is popular.

NOUN **celebrity, star** هُوَّ واحِد مِن أكْبر المشاهير في مصْر. *húwwa wāɦid min ʔákbar ilmašahīr fi maṣr.* He's one of the biggest celebrities in Egypt.

مُشوِّق *mušáwwiq* ADJECTIVE

interesting الكِتاب مُشوِّق جِدّاً. *ilkitāb mušáwwiq gíddan.* The book is very interesting.

مِشي *míši* VERB (**يِمْشي** *yímši*)

walk همْشي عَ البيْت. *hámši 3a -lbēt.* I'm going to walk home.

leave لازِم أمْشي بدْري. *lāzim ʔámši bádri.* I should leave early.

مِشي وَرا *míši wára* **follow** الشُّرْطة مِشيِت وَرا الحرامي. *iššúrṭa míšyit wára -lɦarāmi.* The police followed the thief.

مصْر *maṣr* NOUN (NO PLURAL), FEMININE

Egypt زُرْت مصْر السّنة اللي فاتِت. *zurtᵊ maṣr issána -lli fātit.* I visited Egypt last year.

- Most countries are grammatically feminine in Arabic. But what does the grammatical gender of a country matter? Words such as verbs and adjectives must agree with the noun they refer to. For example, **مصْر كِبيرة** *maṣr kibīra* (Egypt is big.)

مصْري *máṣri* ADJECTIVE

Egyptian بِتْحِبّ الأكْل المصْري؟ *bithíbb ilʔákl ilmáṣri?* Do you like Egyptian food?

- Adjectives of nationality can also be used as nouns to refer to people: **مصْرية** *maṣríyya* (an Egyptian woman); **مصْريِّين** *maṣriyyīn* (Egyptians); and the name of a language or dialect: **مصْري** *máṣri* Egyptian (Arabic)

مصْنع *máṣna3* NOUN (PLURAL: **مصانِع** *maṣāni3*)

factory جوْزْها بِيِشْتغل في المصْنع. *gúzha biyištáɣal fi -lmáṣna3.* Her husband works at the factory.

مضى *máḍa* VERB (**يِمْضي** *yímḍi*)

sign أنا مضيْت العقْد. *ʔána maḍēt il3áʔd.* I signed the contract.

مطْبخ *máṭbax* NOUN (PLURAL: **مطابِخ** *maṭābix*)

kitchen ماما دايْماً في المطْبخ. *māma dáyman fi -lmáṭbax.* My mom is always in the kitchen.

مطّر *máṭṭar* VERB (**يِمطّر** *yimáṭṭar*)

rain المطرة مطّرِت النّهارْده. *ilmáṭara maṭṭárit innahárda.* It rained today.

مطرة *máṭara* NOUN (PLURAL: **أمْطار** *ʔamṭār*)

rain مرُحْناش البحْر بِسبب المطرة. *ma-ruḥnāš ilbáḥrᵊ bi-sábab ilmáṭara.* We didn't go to the beach because of the rain.

مطْعم *máṭ3am* NOUN (PLURAL: **مطاعِم** *maṭā3im*)

restaurant فيه مطْعم جِديد جنْب بيْتي. *fī máṭ3am gidīd gambᵊ bēti.* There is a new restaurant next to my house.

مطْفي *máṭfi* ADJECTIVE

off, turned off التِّلِفِزْيوْن مطْفي. *ittilifizyōn máṭfi.* The television is off.

مطْلوب *maṭlūb* ADJECTIVE

necessary, required عنْدي كُلّ الأدَوات المطْلوبة عشان أعْمِل صنْدوق. *3ándi kull ilʔadawāt ilmaṭlūba 3ašān ʔá3mil sandūʔ.* I have all the necessary tools to build a box.

مظْبوط *maẓbūṭ* ADJECTIVE (ELATIVE: **أظْبط** *ʔáẓbaṭ*)

correct, right, true جَوابك مظْبوط! *gawābak maẓbūṭ!* Your answer is right!

مظْهر *máẓhar* NOUN

appearance, looks بِيِهْتمّ بمْظْهرُه. *biyihtámmᵊ b-maẓháru.* He cares about his looks.

معَ *má3a* PREPOSITION

with عايْشة معَ أُمُّها. *3áyša má3a ʔummúha.* She lives with her mother. مين معايا؟ *mīn ma3āya?* (on the phone) Who am I speaking with? (lit. Who is with me?)

- When a pronoun suffix is added, this word becomes معا *ma3ā-*.

I	معايا *ma3āya*	WE	معانا *ma3āna*
YOU M.	معاك *ma3āk*	YOU PL.	معاكو *ma3āku*
YOU F.	معاكي *ma3ā*		
HE	معاه *ma3ā*	THEY	معاهُم *ma3āhum*
SHE	معاها *ma3āha*		

معاد *ma3ād* NOUN (PLURAL: **مَواعيد** *mawa3īd*)
date, appointment, appointed time لِسّه مقرّروش معاد فرحْهُم. *líssa ma-qarrarūš ma3ād faráħhum.* They didn't decide on their wedding date yet.

مُعْتدِل *mu3tádil* ADJECTIVE
fair, moderate الجّوّ مُعْتدِل. *iggáwwᵊ mu3tádil.* The weather is fair.

معْروف *ma3rūf* ADJECTIVE
common; well-known جَواز القرايِب معْروف في العالم العربي. *gawāz ilʔarāyib ma3rūf fi -l3ālam il3árabi.* Marriage between cousins is common in Arab countries.

مِعْزة *mí3za* NOUN (PLURAL: **مِعيز** *mi3īz*)
goat مبحِبِّش لبن المِعيز. *ma-baħíbbiš lában ilmi3īz.* I don't like goat milk.

معْزوم *ma3zūm* NOUN (PLURAL: **معازيم** *ma3azīm*)
guest, invitee كان فيه معازيم كِتير في الفرح. *kān fī ma3azīm kitīr fi -lfáraħ.* There were many guests at the wedding.

- This word is a passive participle, originally an adjective meaning 'invited,' but also often used as a noun. (➲ See note for **ممْنوع** *mamnū3* p. 130.)

مُعْظم *mú3ẓam* DETERMINER
majority, most (of) مُعْظم الوِلاد بيْحِبّوا الشُّكولاتة. *mú3ẓam ilwilād biyħíbbu -ššukulāta.* Most kids love chocolate.

معلِشّ *ma-3alíšš* INTERJECTION
excuse me, pardon, sorry معلِشّ، مُمْكِن أسْتعْمِل قلمك؟ *ma-3alíšš, múmkin ʔastá3mil ʔálamak?* Sorry, can I use your pen?

معْلقة *ma3láʔa* NOUN (PLURAL: **معالِق** *ma3āliʔ*)
spoon عايِز معْلقة عشان الشّورْبة. *3āyiz ma3láʔa 3ašān iššúrba.* I want a spoon for the soup.

معْلومة *ma3lūma* NOUN
information قريْت المعْلومة دي في الجُّرْنان. *ʔarēt ilma3lūma di fi -ggurnān.* I read this information in the newspaper.

معْمل *má3mal* NOUN (PLURAL: **معامِل** *ma3āmil*)

factory جوْزْها بيِشْتغل في المعْمل. *gúzha b(i)yištáɣal fi -lmá3mal.* Her husband works at the factory.

معْنى *má3na* NOUN

meaning, significance أيْه معْنى الكِلْمة دي؟ *ʔē má3na -lkílma di?* What does this word mean?

مِغيِّم *miɣáyyim* ADJECTIVE

cloudy الدُّنْيا مْغيِّمة النّهارْده. *iddúnya mɣayyíma -nnahárda.* It's cloudy today.

مُفاجِئ *mufāgiʔ* ADJECTIVE

sudden سِمِعْت دَوْشة مُفاجْئة. *simí3tᵊ dáwša mufágʔa.* I heard a sudden noise.

مُفْتاح *muftāḫ* NOUN (PLURAL: **مفاتيح** *mafatīḫ*)

key ضيّعْت مفاتيحي. *ḍayyá3tᵊ mafatīḫi.* I lost my keys.

مفْتوح *maftūḫ* ADJECTIVE

open الباب مفْتوح. *ilbāb maftūḫ.* The door is open.

مفْرش *máfraš* NOUN (PLURAL: **مفارِش** *mafāriš*)

table cloth; bed spread حُطّي مفْرش عَ الطّرابيْزة عشان تِحافْظي عليْها نضيفة. *ḫúṭṭi máfraš 3a -ṭṭarabēza 3ašān tiḫáfẓi 3alēha naḍīfa.* Put a table cloth on the table to keep it clean.

مفْروض *mafrūḍ* ADJECTIVE **obligated**

المفْروض *ilmafrūḍ* PSEUDO-VERB, INVARIABLE

should المفْروض أمْشي بدْري. *ilmafrūḍ ʔámši bádri.* I should leave early.

مِش مفْروض *miš mafrūḍ* PSEUDO-VERB

should not مِش مفْروض تِلْعب بِالنّار. *miš mafrūḍ tíl3ab bi-nnār.* You should not play with fire.

مُفضّل *mufáḍḍal* ADJECTIVE

favorite فاكْهِتي المُفضّلة التُّفّاح. *fakhíti -lmufaḍḍála, ittuffāḫ.* My favorite fruit is apples.

مُفيد *mufīd* ADJECTIVE (ELATIVE: **أفْيَد** *ʔáfyad*)

useful الأدَوات دي مُفيدة جِدّاً. *ilʔadawāt di mufīda gíddan.* These tools are very useful.

مُقابْلة *muʔábla* NOUN

interview المُمثِّل ده بيِكْرهْ المُقابْلات. *ilmámássil da biyíkrah ilmuʔablāt.* This actor hates interviews.

مقاس *maʔās* NOUN

size عنْدك مقاس أصْغر لِلبنْطلوْن ده؟ *3ándak maʔās ʔáṣɣar li-lbanṭalōn da?* Do you have these pants in a smaller size?

مقْبرة *maqbára* NOUN (PLURAL: **مقابِر** *maqābir*)

cemetery, graveyard مبيْحِبِّش يزور المقابِر. *ma-biyḫíbbiš yizūr ilmaqābir.* He doesn't like visiting cemeteries.

مقصّ *maʔáṣṣ* NOUN

scissors قصّيْت الوَرقة بِالمقصّ. *ʔaṣṣēt ilwáraʔa bi-lmaʔáṣṣ.* I cut the paper with scissors.

مُكالْمة *mukálma* NOUN

(phone) call المُكالْمات بِاللّيْل بِبلاش.

ilmukalmāt bi-llēl bi-balāš. Calls at night are free.

مكان *makān* NOUN (PLURAL: **أماكِن** *ʔamākin*)

place فيه أماكِن كِتيرة مُشوِّقة لِلزِّيارة في مصر. *fī ʔamākin kitīra mušawwíqa li-zziyāra fi maṣr.* There are a lot of interesting places to visit in Egypt.

مكْتب *máktab* NOUN (PLURAL: **مكاتِب** *makātib*)

office مكْتبُه قُريِّب مِن الصّالة. *maktábu ʔuráyyib min iṣṣāla.* His office is near the hall.

desk قعد على مكْتبُه و شغّل الكُمْبْيوتر. *ʔá3ad 3ála maktábu wi šáɣɣal ikkumbyūtir.* He sat at his desk and turned on his computer.

مكْتبة *maktába* NOUN

bookstore اِشْتريْت الكِّتاب ده مِن المكْتبة إمْبارِح. *ištarēt ikkitāb da min ilmaktába ʔimbāriḥ.* I bought this book at the bookstore yesterday.

library بِيْروح المكْتبة مرّة في الشّهْر. *biyrūḥ ilmaktába márra fi -ššahr.* He goes to the library once a month.

bookcase خبِّت الكِتاب وَرا المكْتبة. *xábbit ilkitāb wára -lmaktába.* She hid the book behind the bookcase.

مكْسب *máksab* NOUN (PLURAL: **مكاسِب** *makāsib*)

profit, gain مكْسب الشِّرْكة زاد. *máksab iššírka zād.* The company's profit increased.

مِكسّرات *mikassarāt* PLURAL NOUN

mixed nuts اِشْتريْت مِكسّرات لِلحفْلة. *ištarēt mikassarāt li-lḥáfla.* I bought mixed nuts for the party.

مكنة *mákana* NOUN (PLURAL: **مكن** *mákan*)

machine اِشْترى مكنة جِديدة. *ištára mákana g(i)dīda.* He bought a new machine.

ملْح *malḥ* NOUN (NO PLURAL)

salt لَوْ سمحْت، اِدّيني الملْح. *law samáḥt, iddīni -lmalḥ.* Please, give me the salt.

ملِك *málik* NOUN (PLURAL: **مُلوك** *mulūk*)

king الملِك عجوز. *ilmálik 3agūz.* The king is old.

ملِكة *málika* NOUN

queen الملِكة جميلة جِدّاً. *ilmálika gamīla gíddan.* The queen is very beautiful.

مْلوّث *muláwwis* ADJECTIVE

polluted البحْر مْلوِّث لإنّ النّاس بِيرْمِوا بِلاسْتيك فيه. *ilbáḥrᵊ mláwwis la-ʔínn innās biyírmu bilástik fī.* The sea is polluted because people throw plastic in it.

مِلوّن *miláwwin* ADJECTIVE

colored رسم على وَرق مِلوِّن. *rásam 3ála wáraʔ miláwwin.* He drew on colored paper.

ملى *mála* VERB (**يِمْلى** *yímla*)

fill مليْت الإزازة مايّة. *malēt ilʔizāza máyya.* I filled the bottle with water.

- Notice that this verb can have two objects, whereas English would require the preposition 'with' before the second object.

مليان *malyān* ADJECTIVE

full. الموَقف مليان عربيّات. *ilmáwʔaf malyān 3arabiyyāt.* The parking lot is full of cars.

(person) **fat, chubby, stout** هُوَّ مليان عشان بياكُل كِتير. *húwwa malyān 3ašān biyākul kitīr.* He is fat because he eats a lot.

مِليوْن *milyōn* NUMBER

million. فيه مية مِليوْن واحِد في مصر. *fī mīt milyōn wāḫid fi maṣr.* There are 100 million people in Egypt.

مُمثّل *mumássil* NOUN

actor. المُمثِّل معْروف. *ilmumássil ma3rūf.* The actor is well known.

ممرّ *mamárr* NOUN

path. الممرّ ده بِيْوَدّي عَ الجِّنيْنة. *ilmamárrᵊ da biywáddi 3a -gginēna.* This path leads to the garden.

مُمْكِن *múmkin*

ADJECTIVE **possible** كُلّ حاجة مُمْكِنة لَوْ اِشْتغلْنا معَ بعْض. *kullᵊ ḫāga mumkína law ištaɣálna má3a ba3ḍ.* Everything is possible if we work together.

ADVERB **possibly; can, may; could, might** مُمْكِن آجي معاك؟ *múmkin ʔāgi ma3āk?* Can I come with you? مُمْكِن تِدّيني القلم ده، لَوْ سمحْت؟ *múmkin tiddīni -lʔálam da, law samáḫt?* Could you give me that pen, please?

مُمِلّ *mumíll* ADJECTIVE (ELATIVE: **أملّ** *ʔamáll*)

boring. أصْحابُه مُمِلّين. *ʔaṣḫābu mumillīn.* His friends are boring.

ممْنوع *mamnū3* ADJECTIVE

forbidden. ممْنوع التّدْخين هِنا. *mamnū3 ittadxīn hína.* It is forbidden to smoke here.

- This word is the passive participle of the measure-I verb **منع** *mána3* (forbid). (A measure-I verb is a simple verb form that consists of three consonants. More on verb measures can be found in our book *Egyptian Colloquial Arabic Verbs.*) Past participles of measure-I verbs are formed by adding the prefix **مـ**, a shadda (ّ) over the first consonant of the verb, and the long vowel **و** between the second and third consonants. You can find several entries on the preceding and following pages that have this same passive participle pattern, for example, **معْزوم** *ma3zūm* p. 127.

مُميّز *mumáyyaz* ADJECTIVE

special, distinctive اِشْترى هِدية مُميّزة لِأُمُّه. *ištára hidíyya mumayyáza li-ʔúmmu.* He bought a special gift for his mother.

مِن *min* PREPOSITION

from. أنا مِن مصْر. *ʔána min maṣr.* I am from Egypt. هُوَّ قرا إيميْل مِن نورا. *húwwa ʔára ʔī-mēl min nūra.* He read an email from Noura.

of .الخاتِم معْمول مِن دهب *ilxātim ma3mūl min dáhab.* The ring is made of gold.

than .أنا أكْبر مِن أُخْتي *ʔána ʔákbar min ʔúxti.* I'm older than my sister.

ago .بدأْت أسوق مِن سنتيْن فاتوا *badáʔtᵊ ʔasūʔ min sanatēn fātu.* I started driving two years ago.

since .مشُفْتوش مِن السّنة اللي فاتِت *ma-šuftūš min issána -lli fātit.* I have not seen him since last year.

مِن غيْر *min ɣēr* PREPOSITION

without !مقْدرْش أعيش مِن غيْرك *ma-ʔdáršᵊ ʔa3īš min ɣērak!* I can't live without you!

مِن فضْلك *min fáḍlak* ADVERB

please !مِن فضْلك، ساعِدْني *min fáḍlak, sa3ídni!* Please, help me!

- **ك** *-ak* is the masculine singular pronoun suffix, so if you are addressing a woman, be sure to change the phrase to **مِن فضْلِك** *min fáḍlik*, and when speaking to more than one person: **مِن فضْلُكو** *min faḍlúku.*

مناخير *manaxīr* PLURAL NOUN

nose (lit. nostrils) .كسرِت مناخيرْها *kásarit manaxírha.* She broke her nose.

مُناسِب لِـ *munāsib li-* ADJECTIVE (ELATIVE: **أنْسب** *ʔánsab*)

suitable, appropriate, proper for .الفُسْتان ده مِش مُناسِب لِلفرح *ilfustān da miš munāsib li-lfáraḥ.* This dress is not appropriate for the wedding. .اللِّعْبة دي مُناسْبة لِكُلّ الأعْمار *illí3ba di munásba li-kúll ilʔa3mār.* This game is suitable for all ages.

the right size for .البنْطلوْن مُناسِب ليه *ilbanṭalōn munāsib lī.* The pants fit him.

مُناسْبة *munásba* NOUN

event, special occasion .المدينة بِتْقدِّم مُناسْبات كِتيرة *ilmadīna bitʔáddim munasbāt kitīra.* The city offers many events.

مُنْتج *múntag* NOUN

product .المحلّ بِيْبيع مُنْتجات قديمة *ilmaḥállᵊ biybī3 muntagāt ʔadīma.* The store sells old products.

مُنْتشِر *muntášir* ADJECTIVE

spread out, widespread .المدارِس الخاصّة مُنْتشِرة في كُلّ حِتّة في المدينة *ilmadāris ilxāṣṣa muntašíra fi kullᵊ ḥítta fi -lmadīna.* Private schools are spread throughout the city.

منْصِب *mánṣib* NOUN (PLURAL: **مناصِب** *manāṣib*)

position, post .منْصِبي في الشِّرْكة كُويِّس *manṣíbi fi -ššírka kuwáyyis.* My position in the company is good.

منْطِقة *manṭíʔa* NOUN (PLURAL: **مناطِق** *manāṭiʔ*)

neighborhood, area .أنا عايش في منْطِقة هادْية *ʔána 3ayšᵊ fi manṭíʔa hádya.* I live in a quiet neighborhood.

area, region فيه مناطِق كِتير مُشوِّقة لِلزِّيارة في مصْر. *fī manāṭiʔ kitīr mušawwíqa li-zziyāra fi maṣr.* There are a lot of interesting places to visit in Egypt.

منع *mána3* VERB (**يمْنع** *yímna3*)

prevent, forbid منع الصّحافة تِسْأل أسْئِلة. *mána3 iṣṣaɦāfa tísʔal ʔasʔíla.* He forbid the press from asking questions.

مُهْتمّ بِ *muhtámmᵊ bi-* ADJECTIVE

interested in أنا مُهْتمّ جِدّاً بِالتّاريخ. *ʔána muhtámmᵊ gíddan bi-ttarīx.* I'm very interested in history.

مُهِمّ *muhímm* ADJECTIVE (ELATIVE: **أهمّ** *ʔahámm*)

important هِيَّ أخدِت قرار مُهِمّ. *híyya ʔáxadit qarār muhímm.* She made an important decision.

مُهْمِل *múhmil* ADJECTIVE

careless بِلال مُهْمِل في المدْرسة. *bilāl múhmil fi -lmadrása.* Bilal is careless at school.

موبايْل *mubāyl* NOUN

cell phone نِسيت موبايْلي في البيْت. *nisīt mubāyli fi -lbēt.* I forgot my cell phone at home.

مَوْجود *mawgūd* ADJECTIVE

present أنا مكُنْتِش مَوْجود في الفرح. *ʔána ma-kúntiš mawgūd fi -lfáraɦ.* I was not present at the wedding.

مُؤدّب *muʔáddab* ADJECTIVE

polite رنا مُؤدّبة أَوي. *rána muʔaddába ʔáwi.* Rana is very polite.

موْديرْن *mōdirn* ADJECTIVE, INVARIABLE

modern اِشْترِت فرْش موْديرْن. *ištárit faršᵊ mōdirn.* She bought modern furniture.

موْز *mōz* COLLECTIVE NOUN

bananas القُرود بِيْحِبّوا الموْز. *ilʔurūd biyɦíbbu -lmōz.* Monkeys love bananas.

موسيقى *musīqa* NOUN

music بِيِسْمع موسيقى لمّا بِيِعْمِل الواجِب بِتاعُه. *biyísma3 musīqa lámma biyí3mil ilwāgib bitā3u.* He listens to music when he does his homework.

مَوْضوع *mawḍū3* NOUN (PLURAL: **مَواضيع** *mawaḍī3*)

topic, subject, issue, matter ده مَوْضوع خاصّ، مِش عايِز أتْكلِّم عنُّه. *da mawḍū3 xāṣṣ, miš 3āyiz ʔatkállim 3ánnu.* This is a private matter. I don't want to talk about it.

مُوَظّف *muwáẓẓaf* NOUN

employee هُوَّ المُوَظّف الوَحيد اللي بِيوصل مِتْأخّر. *húwwa -lmuwáẓẓaf ilwaɦīd ílli biyūṣal mitʔáxxar.* He is the only employee who arrives late.

- This is a passive participle. Originally, it is an adjective meaning 'employed' but, as with many adjectives, has taken on usage as a noun. Although the verb this passive participle is based on is not listed in this limited dictionary, by knowing about the formation of participles, you can work out that the verb for 'employ' would be **وَظّف** *wáẓẓaf.*

موْف *mōv* ADJECTIVE, INVARIABLE

purple اِشْتريْت طاقية موْف. *ištarēt ṭaʔíyya mōf.* I bought a purple hat.

- **موْف** *mōv* is borrowed from the French word mauve. Adjectives borrowed from other languages are normally invariable, which is why the adjective does not have the feminine ending **ـة** *-a* here.

مَوْقِع إلِكْتْروني *máwqi3 ʔiliktrūni* NOUN (PLURAL: **مُواقِع إلِكْتْرونية** *muwāqi3 ʔiliktruníyya*)

website الشِّرْكة ليها مَوْقِع إلِكْتْروني. *iššírka līha máwqi3 ʔiliktrūni.* The company has a website.

مَوْقَف *máwʔaf* NOUN (PLURAL: **مَواقِف** *mawāʔif*)

parking lot المَوْقف ملْيان عربِيّات. *ilmáwʔaf malyān 3arabiyyāt.* The parking lot is full of cars.

مَوْهِبة *mawhíba* NOUN (PLURAL: **مَواهِب** *mawāhib*)

skill, talent عنْدُه مواهِب كِتير. *3ándu mawāhib kitīr.* He has many skills.

مِيّة *míyya* NUMBER

hundred عِدّ لِغايةْ مية. *3iddᵊ li-ɣāyit míyya.* Count to one hundred. فيه ميةْ مِلْيوْن واحِد في مصْر. *fī mīt milyōn wāɦid fi maṣr.* There are 100 million people in Egypt.

- Notice that the pronunciation before a noun, as in the second example, is *mīt.*

ميِّت *máyyit* ADJECTIVE (PLURAL: **أمْوات** *ʔamwāt*)

dead هُوَّ ميِّت. *húwwa máyyit.* He is dead.

ميدان *midān* NOUN (PLURAL: **مَيادين** *mayadīn*)

square, plaza فيه ميدان صُغيرّ جنْب المطْعم. *fī midān ṣuɣáyyar gamb ilmáṭ3am.* There is a small square next to the restaurant.

مين *mīn* PRONOUN

who مين اللي اتّصل؟ *mīn ílli -ttáṣal?* Who called?

ن

ن ـنـ نـ ـن

isolated initial medial final

Nuun is the twenty-fifth letter of the Arabic alphabet. It is pronounced n (as in the English word <u>n</u>ame). Phonemic transcription: ***n***

ا ب ت ث ج ح خ د ذ ر ز س ش ص ض ط ظ ع غ ف ق ك ل م **ن** ه و ي

ـنا *-na* PRONOUN

(possessive) **our** بيْتْنا قديم. *bítna ʔadīm.* Our house is old. دوْل جيرانّا. *dōl giránna.* These are our neighbors.

(object) **us** تِقْدر تِساعِدْنا؟ *tíʔdar tisa3ídna?* Can you help us?

➲ See ـي *-i* on p. 147 for a table of all pronoun suffixes.

ناجِح *nāgiħ* ADJECTIVE (ELATIVE: **أنْجح** *ʔángaħ*)

successful هُوَّ راجِل ناجِح. *húwwa rāgil nāgiħ.* He is a successful man.

ناحْيَة *náħya* NOUN (PLURAL: **نَواحي** *nawāħi*)

side; direction خبطْت النّاحْيَة الشِّمال مِن عربيتي. *xabáṭt innáħya -ššimāl min 3arabīti.* I hit the left side of my car.

ناحْيِةْ *náħyit* PREPOSITION **toward** الأهْل عليْهُم مسْؤوليّات ناحْيِةْ وِلادْهُم. *ilʔáhlᵊ 3alēhum masʔuliyyāt naħyit wiládhum.* Parents have responsibilities toward their children.

نادي *nādi* NOUN (PLURAL: **نَوادي** *nawādi*)

gym; club بيرْفع أَوْزان في النّادي. *biyírfa3 ʔawzān fi -nnādi.* He lifts weights in the gym.

نار *nār* NOUN, FEMININE (PLURAL: **نيران** *nirān*)

fire الوِلاد كانوا بيِلْعبوا بِالنّار. *ilwilād kānu biyil3ábu bi-nnār.* The children were playing with fire. النّار دمّرِت الغابة. *innār dammárit ilɣāba.* The fire destroyed the forest.

ناس *nās* PLURAL NOUN

people ناس كِتير جُم الحفْلة. *nās kitīr gum ilħáfla.* Many people came to the party.

نال *nāl* VERB (**يِنول** *yinūl*)

obtain, achieve البلد نالِت حُرِّيِّتْها. *ilbálad nālit ħurriyyítha.* The country gained its freedom.

نام *nām* VERB (**ينام** *yinām*)

sleep مبنامْش كْوَيِّس بِاللّيْل. *ma-banámšᵊ kwáyyis bi-llēl.* I don't sleep well at night.

go to sleep, go to bed نِمْت مِتْأخّر إمْبارِح. *nimtᵊ mitʔáxxar ʔimbāriḫ.* I went to bed late last night.

نِبيت *nibīt* NOUN (NO PLURAL)

wine صبّيْت كاس نِبيت. *ṣabbēt kās nibīt.* I poured a glass of wine.

نِتايَة *nitāya* NOUN (PLURAL: **نِتْي** *nity*)

female القُطّة دكر وَلّا نْتايَة؟ *ilʔúṭṭa dákar wálla ntāya?* Is the cat male or female?

نتيجة *natīga* NOUN (PLURAL: **نتايِج** *natāyig*)

result النّتيجة كانِت زيّ ما اتْوَقّعْت. *innatīga kānit zayyᵊ ma -twaqqá3t.* The result was as I expected. نجاحُه نتيجِةْ شُغْلُه الكُوَيِّس. *nagāḫu natīgit šúγlu -lkuwáyyis.* His success is a result of his fine work.

نجاح *nagāḫ* NOUN

success بتْمنّالك حَياة كُلّها نجاح! *batmannālak ḫayā kulláha nagāḫ!* I wish you a life full of success!

نِجِح في *nígiḫ fi* VERB (**يِنْجح في** *yíngaḫ fi*)

succeed at; pass نِجِح في الاِمْتِحان. *nígiḫ fi -lʔimtiḫān.* He passed the examination.

نِجْم *nigm* NOUN (PLURAL: **نُجوم** *nugūm*)

star, celebrity هُوَّ واحِد مِن أكْبر النُّجوم في مصْر. *húwwa wāḫid min ʔákbar innugūm fi maṣr.* He's one of the biggest stars in Egypt.

- A female star is **نِجْمة** *nígma*, identical to the word in the following entry.

نِجْمة *nígma* NOUN (PLURAL: **نُجوم** *nugūm*)

(astronomy) **star** تِقْدر تِعِدّ كُلّ النُّجوم اللي في السّما؟ *tíʔdar ti3íddᵊ kull innugūm ílli fi -ssáma?* Can you count all of the stars in the sky?

نِحاس *niḫās* NOUN (NO PLURAL)

copper النّاس بِيِسْتعْمِلوا النِّحاس مِن زمان. *innās biyista3mílu -nniḫās min zamān.* People have been using copper for ages.

نزف *názaf* VERB (**يِنْزِف** *yínzif*)

bleed الوَلد وِقِع مِن على عجلْتُه و كان بِيِنْزِف. *ilwálad wíʔi3 min 3ála 3agáltu wi kān biyínzif.* The boy fell off his bike and was bleeding.

نِزِل *nízil* VERB (**يِنْزِل** *yínzil*)

drop, fall, decrease الحرارة نِزْلِت. *ilḫarāra nízlit.* The temperature dropped.

get out, disembark هنْزِل التّقاطُع الجّايّ. *hánzil ittaʔāṭu3 iggáyy.* I'll get out at the next corner.

نزِّل *názzil* VERB (**يِنزِّل** *yinázzil*)

lower, decrease المحلّ نزِّل أسْعارُه. *ilmaḫállᵊ názzil ʔas3āru.* The store lowered its prices.

نِسي *nísi* VERB (**يِنْسى** *yínsa*)

forget نِسيت مفاتيحي في البيْت. *nisīt*

mafatīḫi fi -lbēt. I forgot my keys at home.

نشاط *našāṭ* NOUN (PLURAL: **أنْشِطة** *ʔanšíṭa,* **نشاطات** *našaṭāt*)

activity الشِّرْكة زوِّدِت أنْشِطِتْها. *iššírka zawwídit ʔanšiṭítha.* / الشِّرْكة زوِّدِت نشاطاتْها. *iššírka zawwídit našaṭátha.* The company increased its activities.

- This noun has two common plurals: an irregular plural, as well as a regular plural formed with ـات *-at.*

نشر *nášar* VERB (**يِنْشُر** *yúnšur*)

spread هِيَّ نشرِت الأخْبار الحِلْوَة. *híyya nášarit ilʔaxbār ilḫílwa.* She spread the good news.

publish نشرْنا القاموس ده عشان نِساعِدْكو تِتْعلِّموا عربي. *našárna -lqamūs da 3ašān nisa3ídku tit3allímu 3árabi.* We have published this dictionary to help you learn Arabic.

نشيط *našīṭ* ADJECTIVE (ELATIVE: **أنْشط** *ʔánšaṭ*)

active الصُّبْيان نشيطين أكْتر مِن البنات. *iṣṣubyān našiṭīn ʔáktar min ilbanāt.* Boys are more active than girls.

نُصّ *nuṣṣ* NOUN (PLURAL: **أنْصاص** *ʔanṣāṣ*)

half بِعْنا نُصّ بِضاعِتْنا. *bí3na nuṣṣᵊ biḍa3ítna.* We sold half of our products.

middle وِقِفْت في نُصّ الأوْضة. *wiʔiftᵊ f nuṣṣ ilʔōḍa.* I stood in the middle of the room.

نصيب *naṣīb* NOUN (PLURAL: **أنْصِبة** *ʔanṣíba*)

portion, share, stake اِدّيْنا كُلّ واحِد نصيبُه. *iddēna kullᵊ wāḫid naṣību.* We gave each one his share.

نضّارة *naḍḍāra* NOUN

glasses بِتِلْبِس نضّارة عشان تِشوف أحْسن. *bitílbis naḍḍāra 3ašān tišūf ʔáḫsan.* She wears glasses to see better.

- In English, glasses (scissors, pants) are always plural but are singular in Arabic when referring to one 'pair.'

نضِر *náḍir* ADJECTIVE (ELATIVE: **أنْضر** *ʔánḍar*)

bright, radiant بشْرِتْها نضِرة أَوي. *bašrítha náḍira ʔáwi.* Her skin is absolutely radiant.

نضّف *náḍḍaf* VERB (**يِنضّف** *yináḍḍaf*)

clean الطّبّاخ بِيْنضّف إيديْه قبْل ما يُطْبُخ. *iṭṭabbāx biynáḍḍaf ʔidē ʔablᵊ ma yúṭbux.* The chef cleans his hands before cooking.

نِضيف *niḍīf* ADJECTIVE (PLURAL: **نُضاف** *nuḍāf,* ELATIVE: **أنْضف** *ʔánḍaf*)

clean هُدومي نْضيفة، متِغْسِليهُمْش. *hudūmi nḍīfa, ma-tiɣsilīhumš.* My clothes are clean. Don't wash them.

نطّ *naṭṭ* VERB (**يِنُطّ** *yinúṭṭ*)

jump الوَلَد نطّ مِن السِّرير. *ilwálad naṭṭᵊ min issirīr.* The boy jumped off of the bed.

نفخ *náfax* VERB (**يِنْفُخ** *yínfux*)

blow up, inflate الأبّ نفخ البالونة لِبِنْتُه.

ilʔábbᵊ náfax ilbalūna li-bíntu. The father blew up the balloon for his daughter.

blow out نفخْت في الشّمْع. *nafáxtᵊ fi -ššam3.* I blew out the candles.

نفْس الـ *nafs il-* DETERMINER

the same ___ سألْتِني نفْس السُّؤال تاني. *saʔaltíni nafs issuʔāl tāni.* You asked me the same question again.

نفْسُه *náfsu* PRONOUN

oneself مُهِمّ إنّ الواحِد يِعْرف نفْسُه. *muhímm ʔinn ilwāħid yí3raf náfsu.* It is important that one know oneself.

- Below, we can see the forms for myself, yourself, himself, etc.

I	**نفْسي** *náfsi*	WE	**نفْسِنا** *nafsína*
YOU M.	**نفْسك** *náfsak*	YOU PL.	**نفْسْكو** *nafsúku*
YOU F.	**نفْسِك** *náfsik*		
HE	**نفْسُه** *náfsu*	THEY	**نفْسْهُم** *nafsúhum*
SHE	**نفْسها** *nafsáha*		

نفّض *náffaḍ* VERB (**يِنفّض** *yináffaḍ*)

dust نفّضِت الطّرابيْزة قبْل العشا. *naffáḍit iṭṭarabēza ʔabl il3áša.* She dusted the table before dinner.

نِقاش *niqāš* NOUN

discussion هُمّا فتحوا نْقاش مُهِمّ. *húmma fátaħu nqāš muhímm.* They opened an important discussion.

نُقْطة *núʔṭa* NOUN (PLURAL: **نُقط** *núʔaṭ*)

point اِتْكلِّمْنا عن نُقْطة مُهِمّة. *itkallímna 3an núʔṭa m(u)hímma.* We talked about an important point.

period, full stop الجُمْلة بِتِنْتِهي بِنُقْطة. *ilgúmla bitintíhi bi-núʔṭa.* A sentence ends with a period.

drop الدُّكْتور قالّي أحُطّ نُقْطة مِن الدَّوا في كُلّ وِدْن. *idduktūr ʔálli ʔaħúṭṭᵊ núʔṭa min iddáwa fi kullᵊ widn.* The doctor told me to put one drop of medicine in each ear.

نقل *náʔal* VERB (**يِنْقِل** *yínʔil*)

move نقلِت بيْت جِديد. *náʔalit bēt gidīd.* She moved to a new house.

نقّى *náʔʔa* VERB (**يِنقّي** *yináʔʔi*)

choose, select, pick نقّى هِدية لِمْراتُه. *náʔʔa hidíyya li-mrātu.* He chose a gift for his wife.

نقّى *náqqa* VERB (**يِنقّي** *yináqqi*)

clear up, purify الدّوا ده بيْنقّي البشْرة. *iddáwa da biynáqqi -lbášra.* This medication clears up the skin.

- Notice the difference in pronunciation of **ق** in the two entries above.

نُكْتة *núkta* NOUN (PLURAL: **نُكت** *núkat*)

joke نُكْتِتُه مِش ظريفة. *nuktítu miš ẓarīfa.* His joke isn't funny.

نمْل *naml* COLLECTIVE NOUN

ants لقيْت نمْل عنْد عِلْبِةْ السُّكّر. *laʔēt*

naml^ə 3and^ə 3ílbit issúkkar. I found ants near the box of sugar.

نموذج *namūzag* NOUN (PLURAL: **نماذِج** *namāzig*)

model, sample رسم نموذج لِبيْت أحْلامُه. *rásam namūzag li-bēt ʔaħlāmu.* He drew a model of his dream house.

نمّى *námma* VERB (**يِنمّي** *yinámmi*)

develop, make grow نمّى مَوْهِبْتُه. *námma mawhíbtu.* He developed his skill.

نهار *nahār* NOUN

daytime

آخِر النّهار *ʔāxir innahār*

(in the) evening بحِبّ أتمْشّى آخِر النّهار . *baħíbb^ə ʔatmášša ʔāxir innahār.* I like taking walks in the evening.

نِهايَة *nihāya* NOUN

end متْقوليش نِهايةْ القِصّة. *ma-tʔullīš nihāyit ilqíṣṣa.* Don't tell me the end of the story!

نهْر *nahr* NOUN (PLURAL: **أنْهار** *ʔanhār*)

river أنا عايِش جنْب النّهْر. *ʔána 3āyiš gamb innáhr.* I live by the river.

نور *nūr* NOUN (PLURAL: **أنْوار** *ʔanwār*)

light اِطْفي النّور، لَوْ سمحْت. *ítfi -nnūr, law samáħt.* Turn off the light, please.

نوّر *náwwar* VERB (**يِنوّر** *yináwwar*)

light up, illuminate اِسْتعْمِلْت شمْع عشان أنوّر الأوْضة. *ista3mílt^ə šam3^ə 3ašān ʔanáwwar ilʔōḍa.* I used candles to light up the room.

نوْع *nō3* NOUN (PLURAL: **أنْواع** *ʔanwā3*)

type, kind, sort بتْحِبّ أنْهي نوْع مِن الأفْلام؟ *batħíbb^ə ʔánhi nō3 min ilʔaflām?* What kind of movies do you like?

نوفمْبِر *nuvámbir* NOUN (NO PLURAL)

November نوفمْبِر بعْد أُكْتوْبِر. *nuvámbir ba3d^ə ʔuktōbir.* November is after October.

نوْم *nōm* NOUN

sleep النّوْم الكُوَيِّس مُهِمّ للصِّحّة. *innōm ilkuwáyyis muhímm^ə li-ṣṣíħħa.* Good sleep is important for health.

ـني *-ni* PRONOUN

(object) **me** إنْتَ هتْزورْني النّهارْده؟ *ʔínta hatzúrni -nnahárda?* Will you visit me today?

➲ See ـي *-i* on p. 147 for a table of all pronoun suffixes.

ه

ه ﻫ ـﻬـ ـه

isolated initial medial final

Haa is the twenty-sixth letter of the Arabic alphabet. As it is pronounced h (as in hello), it is not a difficult sound for English speakers. However, it can pose more of a challenge when it occurs at the end of a word, as in the word كِره *kírih* (hate). Phonemic transcription: ***h***

ا ب ت ث ج ح خ د ذ ر ز س ش ص ض ط ظ ع غ ف ق ك ل م ن **ه** و ي

هـ *ha-* PARTICLE

will هكلِّمك بعْديْن. *hakallímak ba3dēn.* I will talk to you later.

ـُه *-u* PRONOUN

(possessive) **his, its** ده مِش بيْتُه. *da miš bētu.* This isn't his house. بِياكُل غداه في الشُّغْل. *biyākul ɣadā fi -ššuɣl.* He eats his lunch at work. الكِتاب ده بِتاعُه. *ilkitāb da bitā3u.* This book is his.

(object) **him, it** إنْتَ تِعْرفُه؟ *ʔínta ti3ráfu?* Do you know him? بِتْزوريه؟ *bitzurī?* Do you visit him?

- When this suffix is added to a word ending in a consonant, it is pronounced ـُه *-u;* however, when it is added to a word ending in a vowel, the **ه** is silent and the preceding vowel sound is lengthened. **غدا** *ɣáda* (lunch) → **غداه** *ɣadā* (his lunch); **بِتْزوري** *bitzūri* (you [f.] visit) → **بِتْزوريه** *bitzurī* (you [f.] visit him

➲ See note for **هُوَّ** *húwwa* p. 141 for the usage of pronouns for humans and non-humans.

ـها *-ha* PRONOUN

(possessive) **her, its** شعْرها بُنّي. *ša3ráha búnni.* Her hair is brown.

(object) **her, it** بِيْحِبّها. *biyħibbáha.* He loves her.

➲ See ـي *-i* on p. 147 for a table of all pronoun suffixes.

هادي *hādi* ADJECTIVE (FEMININE: **هادْيَة** *hádya,* ELATIVE: **أهْدى** *ʔáhda*)

quiet, tranquil, calm, soft بحِبّ أقْرا في مكان هادي. *baħíbbᵊ ʔáʔra f makān hādi.* I like to read in a quiet place. هِيَّ بِتْحِبّ الموسيقى الهادْيَة. *híyya bitħíbb ilmusīqa -lhádya.* She likes soft music.

هاي *hāy* INTERJECTION

hi هاي، إزّيّك؟ *hāy, ʔizzáyyak?* Hi, how are you?

هبّ *habb* VERB (**يِهِبّ** *yihíbb*)

blow الهَوا بِيْهِبّ. *ilháwa biyhíbb.* The wind is blowing.

هبط *hábaṭ* VERB (**يِهْبُط** *yíhbuṭ*)

land الطّيّارة هتِهْبُط دِلْوَقْتي. *iṭṭayyāra hatíhbuṭ dilwáʔti.* The plane will land now.

هجم على *hágam 3ála* VERB (**يِهْجِم على** *yíhgim 3ála*)

attack الكلْب هجم على القُطّة. *ilkálbᵊ hágam 3ála -lʔúṭṭa.* The dog attacked the cat.

هُجوم *hugūm* NOUN

attack الشُّرْطة وَقّفِت الهُجوم. *iššúrṭa waʔʔáfit ilhugūm.* The police stopped the attack.

هُدوء *hudūʔ* NOUN (NO PLURAL)

silence, quiet مِحْتاج هُدوء عشان أنام. *miḥtāg hudūʔ 3ašān ʔanām.* I need silence to sleep.

هُدوم *hudūm* PLURAL NOUN

clothes, clothing بشْتِري هُدوم جِديدة عشان العيد. *baštíri hudūm gidīda 3ašān il3īd.* I'm buying new clothes for the holiday.

هدّى *hádda* VERB (**يهدّي** *yiháddi*)

slow down, go slowly إنْتَ بِتْسوق بِسُرْعة، هدّي! *ʔínta bitsūʔ bi-súr3a, háddi!* You're driving fast! Slow down!

هِدية *hidíyya* NOUN (PLURAL: **هدايا** *hadāya*)

gift, present اِشْتريْت شُوَيِّة هدايا لِأُمّي. *ištarēt šuwayyit hadāya li-ʔúmmi.* I bought some gifts for my mother.

هِرِب *hírib* VERB (**يِهْرب** *yíhrab*)

escape حاوِل يِهْرب مِن السِّجْن. *ḥāwil yíhrab min issígn.* He tried to escape from prison.

هُروب *hurūb* NOUN (NO PLURAL)

escape الهُروب فشل. *ilhurūb fášal.* The escape failed.

هزّ *hazz* VERB (**يِهِزّ** *yihízz*)

rock الأُمّ هزِّت البيْبي. *ilʔúmmᵊ házzit ilbēbi.* The mother rocked the baby.

ـهُم *-hum* PRONOUN

(possessive) **their** بِيْحِبّوا وْلادْهُم. *biyḥíbbu wládhum.* They love their children.

(object) **them** هتْزورْهُم النّهارْده؟ *hatzúrhum innahárda?* Will you visit them today?

➲ See ـي -i on p. 147 for a table of all pronoun suffixes.

هُمّا *húmma* PRONOUN

they هُمّا في نفْس الفصْل. *húmma fi nafs ilfáṣl.* They are in the same classroom.

هِنا *hína* ADVERB

here أنا عايِش هِنا. *ʔána 3āyiš hína.* I live here.

هِناك *hinā̄k* ADVERB

there مُمْكِن تِلاقي مفاتيحك هِناك! *múmkin tilāʔi mafatīħak hināk!* You can find your keys there!

هنْدسة *handása* NOUN (NO PLURAL)

engineering بيِدْرِس هنْدسة. *biyídris handása.* He studies engineering.

هُوَّ *húwwa* PRONOUN

(human) **he** هُوَّ اللي فتح الباب. *húwwa -lli fátaħ ilbāb.* He is the one who opened the door.

(non-human) **it** هُوَّ بيْت كِبير بِجدّ. *húwwa bēt kibīr bi-gádd.* It's a really big house.

- As all nouns in Arabic are either masculine or feminine, there is no neutral pronoun 'it' for inanimate objects. Everything is either **هُوَّ** (he) or **هِيَّ** (she).

➲ See also note for **أنا** *ána* p. 15.

هَوا *háwa* NOUN (NO PLURAL)

air الهَوا مُلوِّث في المُدُن. *ilháwa muláwwis fi -lmúdun.* The air is polluted in the cities.

wind فيه هَوا كِتير النّهارْده! *fī háwa k(i)tīr innahárda!* There's a lot of wind today!

هِواية *hiwāya* NOUN

hobby أيْه هِواياتك؟ *ʔē hiwayātak?* What are your hobbies?

هِيَّ *híyya* PRONOUN

(human) **she** هِيَّ أُخْتي. *híyya ʔúxti.* She is my sister.

(non-human) **it** هِيَّ عربية جميلة أَوي. *híyya 3arabíyya gamīla ʔáwi.* It's a really beautiful car.

➲ See note for **هُوَّ** *húwwa.*

هَيْكل *háykal* NOUN (PLURAL: **هَياكِل** *hayākil*)

structure, framework هَيْكل البيْت قَوي. *háykal ilbēt qáwi.* The frame of the house is strong.

و

وو ـو ـو و

isolated initial medial final

Waaw is the twenty-seventh letter of the Arabic alphabet. When it precedes a vowel, it is pronounced w (as in **w**est): وَ *wa,* وِ *wi,* وُ *wu,* وا *wā,* وي *wī.* It is also w in diphthongs: ـَوْ *aw,* ـِوْ *iw.* Otherwise, following a consonant, it is a long vowel: ـو *ū* (as in m**oo**n), but shorter at the end of a word; ـوْ *ō* (as in American English know, but without the glide to w), as French **eau** or German **oh**.

وِ *wi* CONJUNCTION

and حُسام و جنى في نفْس الفصْل. *ḫusām wi žána fi nafs ilfáṣl.* Hossam and Jana are in the same classroom.

- In Standard Arabic, this conjunction is prefixed to the following noun. Many Egyptians tend to write it as a separate word, and we follow this convention in Lingualism materials.
- It is pronounced as *wi* or just w, depending on the adjacent sounds. We write it without the kasra in our materials, but you can see in the phonemic transcription that it is usually pronounced *wi.*

واجِب *wāgib* NOUN

obligation, duty الأهْل عنْدُهُم واجِبات تِجاهْ وِلادْهُم. *ilʔáhlᵊ 3andúhum wagibāt tigāh wiládhum.* Parents have obligations toward their children.

homework, assignment معنْدوش أيّ واجِبات بُكْره. *ma-3andūš ʔayyᵊ wagibāt búkra.* He doesn't have any homework for tomorrow.

واجْهة *wágha* NOUN

front, façade واجْهِة المحلّ فيها شِبّاك كِبير. *waghit ilmaḫállᵊ fīha šibbāk kibīr.* The front of the store has a big window.

واحِد *wāḫid* NUMBER (FEMININE: **واحْدة** *wáḫda*)

one السُّؤال رقم واحِد سهْل. *issuʔāl ráqam wāḫid sahl.* Question number one is easy. بِنْت واحْدة بسّ جت الحفْلة. *bintᵊ wáḫda bassᵊ gat ilḫáfla.* Only one girl came to the party. سافِرْت كذا مرّة في سنة واحْدة. *safírtᵊ káza márra fi sána wáḫda.* I traveled many times in a single year.

- The number 'one,' unlike other numbers in Egyptian Arabic, has a masculine and feminine form and agrees in gender with the noun it refers to.
- Also, unlike other numbers, it follows the noun: **بِنْت واحْدة** *bintᵊ wáħda* (lit. girl one)

واضِح *wāḍiħ* ADJECTIVE (ELATIVE: **أَوْضح** *ʔáwḍaħ*)

clear الحروف في الكِتاب واضْحة. *ilħarūf fi -lkitāb wáḍħa.* The letters in the book are clear.

واطي *wāṭi* ADJECTIVE (FEMININE: **واطْيَة** *wáṭya,* ELATIVE: **أَوْطى** *ʔáwṭa*)

low الشّمْس واطْيَة آخِر النّهار. *iššámsᵊ wáṭya ʔāxir innahār.* The sun is low in the evening.

وافِق *wāfiʔ* VERB (**يِوافِق** *yiwāfiʔ*)

agree وافِق يِساعِدْني في تَنْضيف البيْت. *wāfiʔ yisa3ídni fi tanḍīf ilbēt.* He agreed to help me clean the house.

والِد *wālid* NOUN

father, dad والْدي اِشْترى عربية جِديدة. *wáldi (i)štára 3arabíyya g(i)dīda.* My dad bought a new car.

والِديْن *walidēn* **parents** . لازِم نِسْمع كلام والِديْنا *lāzim nísma3 kalām walidēna.* We should listen to our parents.

وَثِق في *wásaq fi* VERB (**يَثِق في** *yásiq fi*)

trust هِيَّ مبْتثِقْش فيك؟ *híyya ma-btasíqšᵊ fīk?* Doesn't she trust you?

- This word is borrowed from Modern Standard Arabic and thus is pronounced with a fatha in the imperfect form (that is, *yásiq* instead of ~~*yísiq*~~.)

وَجْبة *wágba* NOUN

meal المفْروض ناكُل تلات وَجْبات في اليوْم. *ilmafrūḍ nākul tálat wagbāt fi -lyōm.* We should eat three meals a day.

وَجع *wága3* VERB (**يوْجع** *yíwga3*)

hurt سِنِّتي بتِوْجعْني لمّا بشْرب مايّة ساقْعة. *sinníti bitiwgá3ni lámma bášrab máyya sáʔ3a.* My tooth hurts when I drink cold water.

وَجع *wága3* NOUN (PLURAL: **أَوْجاع** *ʔawgā3*)

pain حاسِس بِوَجع في إيدي الشِّمال. *ħāsis bi-wága3 fi ʔīdi -ššimāl.* I feel pain in my left hand.

وِحْدة *wíħda* NOUN

unit, section, chapter كِتاب التّلاميذ فيه تمان وِحْدات. *kitāb ittalamīz fī tamān wiħdāt.* The students' book has eight units [in it].

وَحش *wáħaš* VERB (**يوْحش** *yíwħaš*)

be missed by بابا وَحشْني. *bāba waħášni.* I miss my dad. (lit. My dad is missed by me.)

وِحِش *wíħiš* ADJECTIVE (ELATIVE: **أَوْحش** *ʔáwħaš*)

bad التِّلِفِزْيوْن وِحِش على الأطْفال.

ittilifizyōn wíḫiš 3ála -lʔaṭfāl. Television is bad for children.

وَحيد *waḫīd* ADJECTIVE

lonely بِتْحِسّ نفْسها وَحيدة لمّا جوْزْها بِيِمْشي. *bitḫíssᵊ nafsáha waḫīda lámma gúzha biyímši.* She feels lonely when her husband leaves.

وَدّع *wádda3* VERB (**يِوَدّع** *yiwádda3*)

say goodbye (to), bid farewell وَدّعْت أَصْحابي. *waddá3tᵊ ʔaṣḫābi.* I said goodbye to my friends.

وِدْن *widn* NOUN (PLURAL: **وِدان** *widān*)

ear عنْدي وَجع مُفاجِئ في وِدْني. *3ándi wága3 mufāgiʔ fi wídni.* I have a sudden pain in my ear.

وَرا *wára* PREPOSITION

behind خبِّت الكِتاب وَرا المكْتبة. *xábbit ilkitāb wára -lmaktába.* She hid the book behind the bookcase.

وَرْد *ward* COLLECTIVE NOUN

flowers هُوَّ ادّالْها وَرْد عشان عيد ميلادْها. *húwwa -ddálha wardᵊ 3ašān 3īd miládha.* He gave her flowers for her birthday.

وَرق *wáraʔ* COLLECTIVE NOUN (UNIT NOUN: **وَرقة** *wáraʔa*, PLURAL: **أَوْراق** *ʔawrāʔ*)

paper رسم على وَرق مِلوِّن. *rásam 3ála wáraʔ miláwwin.* He drew on colored paper. اِشْتريْت كام وَرقة و قلم. *ištarēt kam wáraʔa wi ʔálam.* I bought some paper and a pen.

- **كام** *kam* precedes a singular noun, so in the case of collective nouns, the unit noun form is required, as in the second example above.

وَرّى *wárra* VERB (**يِوَرّي** *yiwárri*)

show وَرِّتْني فُسْتانْها الجِديد. *warrítni fustánha -lgidīd.* She showed me her new dress. هَيْوَرّيك مكانك. *haywarrīk makānak.* He will show you to your seat.

وَزن *wázan* VERB (**يِوْزِن** *yíwzin*)

weigh مُمْكِن تِوْزِن التُّفّاح ده، لَوْ سمحْت؟ *múmkin tíwzin ittuffāḫ da, law samáḫt?* Could you weigh these apples, please?

وَزْن *wazn* NOUN (PLURAL: **أَوْزان** *ʔawzān*)

weight هُوَّ نزِّل وَزْن. *húwwa názzil wazn.* He has lost weight.

وِسِخ *wísix* ADJECTIVE (ELATIVE: **أَوْسخ** *ʔáwsax*)

dirty وِشّ الوَلد كان وِسِخ. *wišš ilwálad kān wísix.* The boy's face was dirty.

وِسْط *wisṭ* NOUN

middle وِقِفْت في وِسْط الأَوْضة. *wiʔíftᵊ f wisṭ ilʔōḍa.* I stood in the middle of the room.

وِشّ *wišš* NOUN (PLURAL: **وِشوش** *wušūš*)

face وِشُّه بِيِبْقى أَحْمر بعْد التّمْرين. *wíššu biyíbʔa ʔáḫmar ba3d ittamrīn.* His face becomes red after exercise.

وَصل *wáṣal/ wíṣil* VERB (**يِوْصل** *yíwṣal*)

arrive (at), reach الضّيْف وَصل بدْري. *iḍḍēf wáṣal bádri.* The guest arrived early. لمّا وَصلْت المحلّ، كان أَصْلاً قفل.

lámma waṣált ilmaḫáll, kān ʔáṣlan ʔáfal. When I reached the shop, it had already closed.

- There are two variations of the perfect (past tense) forms of this verb. In this dictionary, we use **وَصل** *wáṣal* but you may also hear **وِصِل** *wíṣil.*

وَصّى على *wáṣṣa 3ála* VERB (**يِوَصّي على** *yiwáṣṣi 3ála*)

order وَصِّت على أكْل. *wáṣṣit 3ála ʔakl.* She ordered some food.

وَضْع *waḍ3* NOUN (PLURAL: **أوْضاع** *ʔawḍā3*)

situation الوَضْع صعْب. *ilwáḍ3ᵊ ṣa3b.* The situation is difficult.

وَطن *wáṭan* NOUN (PLURAL: **أوْطان** *ʔawṭān*)

homeland, country بحِبّ وَطني. *baḫíbbᵊ wáṭani.* I love my country.

وَطّى *wáṭṭa* VERB (**يِوَطّي** *yiwáṭṭi*)

lower وَطّيْت كُرْسي العربية. *waṭṭēt kúrsi -l3arabíyya.* I lowered the car seat.

turn down مُمْكِن تِوَطّي الرّادْيو، مِن فضلك؟ *múmkin tiwáṭṭi -rrádyu, min fáḍalak?* Could you turn down the radio, please?

وَظيفة *waẓīfa* NOUN (PLURAL: **وَظايِف** *waẓāyif*)

job لقِت وَظيفة في شِرْكة كُوَيِّسة. *láʔit waẓīfa f(i) šírka k(u)wayyísa.* She found a job at a good company.

وَعد *wá3ad* VERB (**يوْعِد** *yíw3id*)

promise وَعد يِزورْني النّهارْده. *wá3ad yizúrni (i)nnahárda.* He promised to visit me today.

وَعْد *wa3d* NOUN (PLURAL: **وُعود** *wu3ūd*)

promise هِيَّ مبْسوطة بِسبب وَعْدُه. *híyya mabsūṭa bi-sábab wá3du.* She is happy because of his promise.

وَقْت *waʔt* NOUN (PLURAL: **أوْقات** *ʔawʔāt*)

time معنْديش وَقْت دِلْوَقْتي. *ma-3andīš waʔtᵊ dilwáʔti.* I don't have time right now.

وَقِح *wáqiḫ* ADJECTIVE (ELATIVE: **أوْقح** *ʔáwqaḫ*)

rude السِّتّ دي وَقِحة جِدّاً. *issíttᵊ di wáqiḫa giddan.* This woman is very rude.

وِقِع *wíʔi3* VERB (**يُقع** *yúʔa3*)

fall الوَلد وِقِع على رُكْبِتُه. *ilwálad wíʔi3 3ála rukbítu.* The child fell on his knee.

وَقّع *wáʔʔa3* VERB (**يِوَقّع** *yiwáʔʔa3*)

drop التِّلْميذ وَقّع قلمُه. *ittilmīz wáʔʔa3 ʔálamu.* The student dropped his pen.

وِقِف *wíʔif* VERB (**يُقف** *yúʔaf*)

stop هُمّا وِقْفوا و بصّوا لْبعْض. *húmma wíʔfu wi báṣṣu l-ba3ḍ.* They stopped and looked at each other.

stand وِقِف جنْب البيْت. *wíʔif gamb ilbēt.* He stood near the house.

stand up هُمّا وِقفوا لمّا العروسة دخلِت القاعة. *húmma wíʔfu lámma -l3arūsa dáxalit ilqā3a.* They stood up when the bride entered the hall.

وَقّف *wáʔʔaf* VERB (**يِوَقّف** *yiwáʔʔaf*)

stop. وَقّف العربية جنْب البيْت. *wáʔʔaf il3arabíyya gamb ilbēt.* He stopped the car near the house. وَقّف الموسيقى! مقْدرْش أذاكِر كِده. *wáʔʔaf ilmusīqa! ma-ʔdáršᵊ ʔazākir kída.* Stop the music! I can't study like this.

وَلا *wála* PARTICLE

no, not a single (+ singular indefinite noun) ليْه مفيش وَلا كِتاب في المكْتبة؟ *lē ma-fīš wála kitāb fi -lmaktába?* Why aren't there any books in the bookcase?

وَلا يْهِمّك *wála yhímmak* **never mind**. نِسيت اللي عايِز أقولُه، وَلا يْهِمّك. *nisīt ílli 3āyiz ʔaʔūlu, wála yhímmak.* I forgot what I wanted to say. Never mind!

وَلّا *wálla* CONJUNCTION

or عايِز فِراخ وَلّا سمك؟ *3āyiz firāx wálla sámak?* Do you want chicken or fish?

وِلادة *wilāda* NOUN

birth. وِلادِةْ إبْنها الأوّلاني كانِت صعْبة. *wilādit ʔibnáha -lʔawwalāni kānit ṣá3ba.* The birth of her first child was difficult.

وَلد *wálad* NOUN (PLURAL: **وِلاد** *wilād*, **أوْلاد** *ʔawlād*)

boy; child, kid. الوَلد بيِلْعب في الجِنيْنة. *ilwálad biyíl3ab fi -lginēna.* The child is playing in the garden.

وَلّع *wálla3* VERB (**يِوَلّع** *yiwálla3*)

light وَلّع شمْعة عشان يِشوف في الضّلْمة. *wálla3 šám3a 3ašān yišūf fi -ḍḍálma.* He lit a candle to see in the dark.

وَهكذا *wa-ha-káza* ADVERB

et cetera, etc., and so on هنِبْتِدي بِأوّل تمْرين، و بعْديْن التّاني وَهكذا. *hanibtídi biʔáwwal tamrīn, wi ba3dēn ittāni wa-ha-káza.* We will start with the first exercise, then the second, etc.

- This expression is borrowed from Modern Standard Arabic.

ويْب سايْت *wib-sáyt* NOUN (PLURAL: **ويْب سايْتْس** *wib-sáyts*)

website. الشِّرْكة ليها ويْب سايْت. *iššírka līha wib-sáyt.* The company has a website.

ويك إنْد *wīk-ʔind* NOUN (PLURAL: **ويك إنْدْس** *wīk inds*)

weekend عامِل أيْه في الويك إنْد؟ *3āmil ʔē fi -lwīk-ʔind?* What are you doing on the weekend?

ي

ي يـ ـيـ ـي
isolated initial medial final

Yaa is the twenty-eighth and final letter of the Arabic alphabet. When it precedes a vowel, it is pronounced y (as in **y**es): يَ *ya,* يِ *yi,* يُ *yu,* يا *yā,* يو *yū.* It is also y in the diphthong: ـَيْ *ay* (as in n**igh**t). Otherwise, following a consonant, it is a long vowel: ـِي *ī* (as in **ea**t); ـِيْ *ē* (as in r**ai**n, but without the glide to y), as French **é** or German **eh**. At the end of a word, it is a short kasra sound (transcribed *i*) as in the English word s**i**t).

ا ب ت ث ج ح خ د ذ ر ز س ش ص ض ط ظ ع غ ف ق ك ل م ن ه و **ي**

ـي *-i* PRONOUN

(possessive) **my** دي بِنْتي. *di bínti.* This is my daughter. عنْدي أوْضْتي. *3ándi ʔúḍti.* I have my own bedroom.

- When a noun ends in a vowel, it is lengthened and the suffix is **ـيا** *-ya:* **بابايا** *babāya* (my dad)

ME/MY	ـي[1] / ـني[2] *-i*[1] / *-ni*[2]	WE	ـنا *-na*
YOU(R) M.	ـك *-ak*	YOU PL.	ـكو[3] *-ku*
YOU(R) F.	ـِك *-ik*		
HIM/HIS	ـُه *-u*	THEM/THEIR	ـهُم *-hum*
HER	ـها *-ha*		

[1]possessive; [2]object; [3]also ـكُم *-kum*

- The table shows pronoun suffixes for all persons. There are slight variations when the word a suffix is added to ends in a vowel or double consonant. See our book *Egyptian Colloquial Arabic Verbs* for more details.

يِمْكِن *yímkin* ADVERB

may, might (+ imperfect verb) يِمْكِن أسافِر الشّهْر الجّاي. *yímkin ʔasāfir iššáhr iggáyy.* I might travel next month.

- This word is actually a conjugated verb meaning 'it is possible,' but is used adverbally and thus invariably.

يمين *yimīn*

NOUN **right** العربي بيِتْكِتِب مِن اليمين لِلشِّمال. *il3árabi biyitkítib min ilyimīn li-ššimāl.* Arabic is written from right to left.

ADJECTIVE, INVARIABLE **right, right-hand**

عنْدها جرْح على إيدْها اليِمين. *3andáha garḥᵊ 3ála ʔídha -lyimīn.* She has a cut on her right hand.

ADVERB **right** لازِم تِلِفّ يمْين. *lāzim tilíffᵊ ymīn.* You should turn right.

ـين *-ēn* SUFFIX

two __ نقلوا مصْر مِن سنتيْن. *náʔalu maṣrᵊ min sanatēn.* They moved to Egypt two years ago.

➲ See note for **اِتْنين** *itnēn.*

يَناير *yanāyir* NOUN (NO PLURAL)

January رِحْلِتي في يَناير. *riḥlíti fi yanāyir.* My trip is in January.

يولْيو *yúlyu* NOUN (NO PLURAL)

July أجازِةْ الصّيْف بِتِبْتِدي في يولْيو. *ʔagāzit iṣṣēf bitibtídi fi yúlyu.* The summer vacation starts in July.

يوْم *yōm* NOUN (PLURAL: **أيّام** *ʔayyām*)

day قضّيْت يوْمي بقْرا. *ʔaḍḍēt yōmi báʔra.* I spent my day reading.

اليوْميْن دوْل *ilyumēn dōl* ADVERB **these days** مِش باكُل كُوَيِّس اليوْميْن دوْل. *miš bākul kuwáyyis ilyumēn dōl.* I'm not eating well these days.

يونْيو *yúnyu* NOUN (NO PLURAL)

June اِتْوَلَدْت في يونْيو. *itwaládtᵊ f yúnyu.* I was born in June.

ييجي *yīgi* ADVERB

around, about, approximately

سافِرْت إيطالْيا مِن ييجي خمس سِنين.
safírtᵊ ʔiṭálya min yīgi xámas sinīn.
I traveled to Italy some five years ago.

- This word is actually a conjugated verb meaning 'it comes (to),' but is used adverbally and thus invariably.

English-Arabic Index

This index is to help you locate Arabic entries in the dictionary. Keep in mind that words in English often have more than one meaning and are sometimes used as different parts of speech. For example, the English word 'age' can be a noun (how old one is) as well as a verb (to get older). If an English word has multiple page number references, you may need to look up each and examine its part of speech, usage in context (through the example sentences), and other grammatical information to find the right word and use it correctly. Although having a full English-Arabic side to the dictionary would be convenient, we have avoided this for two main reasons. It would mean repeating the same information several times in different places in the dictionary, tripling its size and doubling its cost. Also, there is value in taking time to get to know new words and understand how a word in English may have more than one meaning and thus a number of translations in Arabic. Spending this extra time examining entries to find the right one is an effective learning tool. And this is the goal of a learner's dictionary.

Linguistic terms are shown in bold. You can find explanations of these terms on the page numbers referenced.

ability **101**
able **101**
about **29, 44, 89, 148**
above **98**
abroad **22**
absolutely **46**
accelerate **65**
accident **39**
according to **42**
achieve **134**
across **84**
across from **103**
across the street **103**
act **89, 96, 120**
active **136**
activity **136**
actor **130**
additional **27**
address **90**
adhere **3**
afraid **45, 46**
after **23**
afternoon **78**
again **27**
age **68, 84, 108**
agitated **16**
ago **130**
agree **101, 143**
air **141**
alif 1
alif maddah 8
all **110**
all right **31, 81, 118**
allow **67**
alone **116**
along **36**
alongside **36**
also **22, 110**
although **58**
always **50**
am **15**
am not **124**
America **14**
American **15**
amount **110**
analysis **95**
and **142**
angry **120**
animal **44**
another **27**
answer **7, 37**
ants **137**
any **18**
apartment **72**
appearance **126**
appearing **20**
apples **29**
appointment **127**
appropriate **114, 131**
approximately **44, 148**
April **2**
Arab **85**
Arabic **85**
are not **124**
area **123, 131**
arid **33**
arm **51**
army **38**
around **29, 44, 148**
arrive **144**
art **98**
as **62, 116**
as well **22, 110**
ask **63**
assignment **142**
assortment **29**
at **90, 98**
at night **117**

attack **140**
attempt **35, 39**
August **13**
aunt **45, 89**
auntie **45, 89**
autumn **47**

baby **25**
back **78**
bad **93, 143**
bag **73, 112**
bakery **96**
balcony **24**
ball **111**
balloon **20**
bananas **132**
bank **25**
base **103**
basket **67**
basketball **111**
bath **44**
bathe **11**
bathroom **44**
battle **39**
bazaar **68**
be **107**
beach **69, 71**
beans **94**
bear **50**
beard **52, 115**
beautiful **36**
because **86, 113**
because of **63, 86**
become **24**
bed **66**; go to ~ **135**
bed spread **128**
beer **25**
before **101**
begin **21**
beginning **21**
behave **3, 5, 89**
behind **144**
believe **15, 75**
bell **35**
beloved **40**
below **28**
best **7, 12, 13**
better **7, 13**
between **25**
beverage **125**
bicycle **84**
big **108**
bigger: get ~ **108**
bike **84**
bird **87**
birth **146**
birthmark **88**
bit **40, 73**
bit of **73**
bite **115**
black **12**
black pepper **98**
blackboard **64**
bleed **135**
blind **12, 109**
block **40, 93**
blood **52**
blouse **24**
blow **77, 140**
blow out **136**
blow up **136**
blue **10**
board **64, 81**
boat **122**
body **36**
boil **93**
bones **87**
book **40, 108**
bookcase **129**
bookstore **129**
border **80**
bore **62**
bored **62**
boring **130**
born **7**
borrow **13**
both **6**
bottle **10**
bottom **103**
boulder **75**
bowl **67**
box **76, 88**
boy **74, 146**
branch **96**
brave **35, 70**
bread **90**
breadth **86**
break **94, 96, 109**
breakfast **97**
breathe **6**
bride **86**
bridge **111**
bright **136**
bring **33**
brother **8**
brown **25**
brush **65, 96**
build **25**
building **119**
built **3**
burn **41**
bus **7, 20**
business **25**
business- **28**
busy **125**
but **22, 115**
butter **61**
button **61**
buy **12**
by **90**
by means of **19**
by oneself **116**
bye **67**

cabinet **53**
café **107**
Cairo **101**
cake **33, 112**
call **5, 128**
calm **139**
camera **107**
can **76, 101, 130**
candle **73**
cap **79, 106, 107**
car **85**
card **106**
care about **17**
careful **20, 42**
careless **123, 132**
carrots **35**
carry **69**
case **39**
castle **103**
cat **103**
catch **72, 104, 115, 124**
cattle **24**
cause **48, 64**
celebrity **125, 135**
cell phone **132**
cemetery **128**
center **122**
central **123**
century **87, 102**
certain **107, 119**
chair **109**
chance **96**
change **5, 93**
chapter **96, 143**
character **80**
charm **65**
chase **35**
cheap **57**
cheek **46**
cheese **34**
chef **73, 79**

chicken **95**
child **90, 146**
childish **90**
chilly **66**
chocolate **72**
choice **8**
choose **8, 137**
chubby **130**
church **111**
cinema **68**
circle **50, 115**
circular **122**
city **122**
class **51, 96**
classroom **96**
classy **56, 94**
clay **76**
clean **136**
clear **74, 143**
clear up **137**
clever **55, 69**
climb **4**
clock **63**
close **104**
close to **102**
closet **53**
clothes **114, 140**
clothing **114, 140**
cloud **65**
cloudy **128**
club **134**
clue **52**
coat **20**
coffee **104**
coffee shop **107**
coffeehouse **104, 107**
coin **89**
cold **19, 21, 66**; make ~ **22**
collect **36, 116**
collection **29**
college **34**
color **117**
colored **129**
comb **65**
come **29, 37**
come back **57**
comfortable **123**
coming **34**
commercial **28**
common **127**
company **71**
compare **100**
complete **48, 107, 110**
computer **110**
con **93**
conceal **93**
concern **17, 104**
concert **43**
condition **39, 70**
consider **97**
content **56**
continent **100**
continue **97, 110**
contract **87**
control **4, 68**
cook **79, 80**
cook up **80**
cookies **22**
cool **19, 22**
coolness **21, 66**
cop **82**
copper **135**
corn **51**
corner **29, 59**
correct **74, 75, 76, 126**
cost **30, 105, 110**
couch **110**
could **130**
count **85**
count on **12**
country **24, 145**
course **80**
courtyard **44**
cousin **102**
cover **40, 93**
cows **24**
crash **4, 6, 46**
crazy **120**
credit card **106**
criminal **41**
cross **85**
cry **90**
cup **98, 106**
cupboard **53**
custom **83**
cut **35, 102, 103**
cut up **103**

dad **19, 143**
damage **52**
damma 13
dance **59**
dangerous **47**
dark **78, 92**
darkness **78**
date **127**
daughter **24**
day **148**
daytime **138**
dead **133**
deceive **46, 77, 93**
December **54**
decide **102**
decision **102**
decline **58**
decrease **16, 104, 135**
deep **93**
deer **93**
delicious **115**
depend on **12**
desk **54, 129**
despite **58**
destroy **52**
determiner 8
develop **5, 138**
dictionary **100**
did not **125**
die **118**
different **121**
difficult **75**
dinner **86**
direction **3, 134**
dirty **120, 144**
discover **13**
discussion **137**
disembark **135**
dish **80**
dismiss **58, 80**
display **86**
disposition **80**
distant **23**
distinctive **130**
ditransitive 9
divide **102**
do **89**
doctor **52**
document **123**
dog **110**
doll **86**
dollar **53**
door **19**
double **77, 123**
downstairs **28**
draw **58**
drawing **58**
dream **43**
dress **96**
dressed: get ~ **114**
drink **70, 125**
drive **63**

drop **16, 135, 137, 145**
drown **92**
dry **33**
dual **123**
ducks **23**
dust **28, 137**
duty **123, 142**

each **110**
each other **23**
ear **144**
early **21**
earn **101**
east **71**
easy **22, 68**
eat **13, 109**
edge **80**
education **29**
effect **27**
eggs **25**
Egypt **125**
Egyptian **126**
Egyptian pound **37**
eight **31**
eighteen **31**
eighty **31**
elative 7
electricity **111**
elephant **98**
elevate **88**
eleven **41**
else **27**
email **18**
employee **132**
empty **95, 97**
enchantment **65**
end **8, 16, 48, 138**
enemy **85**
engineering **141**
English **16**
enjoy **3, 11**
enjoyment **29**
enormous **77**
enough **109**
enter **51**
entertaining **124**
entrance **121**
equal **101, 119**
equip **101**
era **87**
erase **124**
eraser **11**
escape **140**
establish **32**
esteemed **120**
et cetera **146**
Europe **17**
even **62, 119**
evening **8, 138**
event **131**
every **110**
evidence **52**
exactly **20**
examination **14**
except **118**
excited **16, 119**
exciting **44**
excursion **57**
excuse me **11, 68, 127**
exercise **4, 6, 31**
expect **7**
expense **30**
expensive **92**
experience **28**
explain **70**
extent **41**
eye **91**

façade **142**
face **144**
fact **43**
factory **126, 127**
fail **66, 96**
fair **83, 127**
fall **16, 47, 135, 145**
family **91**
family- **83**
famous **125**
fancy **56, 94**
far **23**
farewell **144**
farm **123**
fashion model **83**
fast **65, 66**
fat **28, 53, 130**
fatha 1
father **1, 19, 143**
favorite **128**
fear **45, 48**
feathers **60**
February **95**
fed up **62**
feed **13**
feel **42**
feelings emotions **125**
female **135**
few **107**
fiancé **48**
fiancée **48**
fifteen **48**
fifty **48**
fight **4, 39, 48**
figure **85**
fill **129**
film **98**
final **9**
finally **9**
find **115**
fine **44, 111**
finger **74**
finish **48, 110**
fire **42, 58, 77, 80, 134**
first **18**
fish **67**
fit **101**
fitting **114**
five **48**
fix **32, 76**
fixed **32**
flag **88**
flat **124**
flies **50**
flood **98**
floor **10**
flour **52**
flowers **144**
fly **79**
fold **80**
follow **3, 125**
food **13**
fool **46, 77**
foolish **17**
foot **57**
for **86, 113, 121**
for example **120**
forbid **132**
forbidden **130**
force **34**
foreign **7**
foreigner **7**
forest **92**
forget **135**
forgive **63**
fork **73**
form **72**
forty **9**
four **9**
fourteen **9**
fox **29**
framework **141**
France **96**

free **20, 41, 120**; set ~ **41**
freedom **42**
freeze **36**
fresh **79**
Friday **36**
friend **74**
friendly **115**
frighten **49**
from **130**
front **142**
fruit **95**
full **130**
full stop **137**
fun **29, 124**
funny **82**
furniture **87, 95**
further **27**
future **123**

gain **129**
game **115, 119**
garbage **61**
garden **37**
gas(oline) **24**
gate **25**
general **84**
German **14**
get **33, 46**
get in **81**
get on **81**
get out **135**
get up **75**
gift **140**
girl **24**
give **9**
glad **119**
glass **106, 111**
glasses **136**
go **56**
go around **50, 115**
go back **57**
go in **51**
go out **47**
goat **127**
God **56**
gold **53**
good **44, 111**
goodbye **67**
governor **39**
grade **51, 120**
graduate **4**
grandfather **34**
grandma **31**
grandmother **64**
grandpa **35**
grass **42**
grave **28**
graveyard **128**
gray **59**
graze **58**
great **59**
Great Britain **22**
green **9**
greenery **61**
ground **10**
group **51, 120**
grow **108**; make ~ **138**
grow old **84, 108**
guest **78, 127**
guitar **37**
gun **80, 124**
gym **38, 134**

habit **83**
hair **71**
half **136**
hall **100**
hammer **51, 69**
hamza 1
hand **18**
handsome **36**
handwriting **47**
hang **88**
hang up **104**
hanging **120**
happen **42**
happiness **66**
happy **119**
hard **34, 75**
hat **22**
hate **109**
have **90, 117**
have breakfast **97**
have dinner **5**
have fun **3**
have lunch **5**
have to **114**
he **141**
head **52, 56**
health **75**
healthy **75**
hear **67**
heart **104**
heat **41**
heat up **65**
heaven **36**
heavy **30**
height **81**
hello **17**
help **63, 123**
hen **95**
her **139**
here **140**
hi **140**
hide **11, 46**
high **83**
high-class **56, 94**
hill **30**
him **139**
his **139**
history **27**
hit **46, 77**
hobby **141**
hold **14, 69, 124**
holiday **90**
home **25**; go ~ **59**
homeland **145**
homework **142**
homograph 96
hope **6, 15**
horrible **22**
horse **42**
hospital **123**
hot **39, 65**
hotel **98**
hour **63**
house **25**
how **10**
how much **107**
huge **77**
hundred **133**
hung up **120**
hungry **33, 36**
hurry **11**
hurt **90, 143**
husband **37**

I **15**
I am **15**
ice **30**
idea **98**
if **9, 116**
ill **29, 90**
illuminate **138**
immature **90**
important **132**
in **23, 98**
in fact **97**
in front of **101**
in one's country **90**
in order to **71, 86**
incident **39**

increase **10**, **58**, **61**, **62**, **108**
individual **70**
inflate **136**
information **127**
injure **90**
insane **120**
inside **37**
intend **103**
interested in **132**
interesting **125**
internet **16**
intersection **29**
interview **128**
into **98**, **113**
intransitive 11
introduce **80**, **85**, **86**
inundated **92**
invent **8**
invite **86**
invitee **127**
iron **41**, **111**
is not **124**
island **36**
issue **132**
it **139**, **141**
Italian **18**
Italy **18**
itch **43**
its **139**

jacket **33**
jam **122**
January **148**
jeans **38**
job **71**, **72**, **145**
join **16**
joke **137**
journalism **74**
journey **57**, **66**
judgment **43**
juice **87**
July **148**
jump **136**
June **148**
just **22**, **120**

kasra 1
keep **7**
key **128**
kid **90**, **146**
kill **101**
killed **5**
kind **81**, **115**, **138**
king **129**
kiss **19**
kitchen **126**
knee **59**
knife **66**
knock on **46**
know **86**
knowledge **88**

label **88**
ladder **67**
lady **64**
lamp **116**
land **10**, **140**
language **115**
large **108**
last **8**, **9**, **94**
late **2**, **119**
lately **95**
later **23**
laugh **77**
law **100**
lazy **109**
lead **52**, **100**
learn **5**
leave **63**, **125**
left **73**
left-hand **73**
leg **57**
lend **67**
length **81**
less **13**
lesson **51**
let **67**
letter **41**, **58**
library **129**
lie **109**
lies **108**, **109**
life **44**, **89**
life span **89**
lift **58**
lift up **88**
light **48**, **138**, **146**
light up **138**
light-weight **48**
like **40**, **62**, **84**
like this **62**, **109**
limit **41**
line **47**
lion **11**
lip **72**
list **101**, **117**
listen **67**
little **73**, **75**
live **83**
lock **104**
lonely **144**
long **81**
long ago **62**
look **53**, **72**
look at **22**
looking **20**
looks **126**
Lord **56**, **68**
lose **47**, **78**
lot **18**, **108**
lot of **108**
love **40**
low **78**, **143**
lower **104**, **135**, **145**
luck **43**
lunch **92**
lying **108**, **109**

ma'am **121**
machine **129**
madam **121**
main **10**
majority **127**
make **48**, **89**
make laugh **77**
make up **5**
male **52**
man **56**
many **108**
map **47**
margin **80**
mark **51**, **88**
market **68**
marriage **37**
married **3**
marry **3**
marvel **85**
master **68**
match **119**
material **46**
matter **132**
May **119**, **130**, **147**
me **138**
meal **143**
mean **103**
meaning **128**
measure **100**
measure (verb) 130
measurement **105**
meat **115**
media **74**
medicine **53**, **79**
meet **100**

member **87**
memory **55**
merchandise **23**
mere **120**
merely **22**
message **58**
method **80**
meticulous **52**
middle **136, 144**
might **130, 147**
milk **114**
million **130**
mind **87**
minute **52**
misplace **78**
miss **16, 94**
missed by **143**
mistake **47, 93**
mister **10**
mixed nuts **129**
mixture **29**
model **138**
moderate **127**
modern **87, 132**
mom **118**
Monday **6**
money **98**
monkey **102**
month **73**
moon **104**
more **13, 27**
morning **74**
morsel **115**
mosque **34**
most **127**
mountain **34**
mouth **24**
move **4, 42, 86, 137**
movement **42**
movie **98**
movie theater **68**
Mr. **10**
Mrs. **121**
much **108**
museum **119**
music **132**
must **114**
my **147**
my darling **40**

nail **124**
name **12**
narrow **78**
nationality **36**
nature **80**
near **102**
nearly **29**
necessary **78, 114, 126**
neck **59**
necklace **87**
necktie **109**
need **77, 114, 120**
needle **2**
neighbor **33**
neighborhood **131**
neither... nor... **114**
net **70**
network **70**
never **2, 89**
never mind **146**
new **35**
news **46**
newspaper **35**
next **34**
next to **36**
nice **44, 81, 111, 115**
nickname **12, 115**
night **117**
nighttime **117**
nine **28**
nineteen **29**
ninety **29**
nisba 43
no **113, 146**
noise **53**
north **72**
nose **131**
not **124, 125**
notice **16, 20**
notify **24**
November **138**
now **52**
number **59, 85**

obey **3**
object **20, 39**
obligation **142**
obscure **93**
obtain **46, 134**
occasion **131**
ocean **121**
October **13**
of **130**
off **126**
offer **85, 86, 101**
office **129**
often **50**
oil **62**
okay **31, 81, 118**
old **84, 102**
olden days **62**
on **88**
one **142**
one's **20**
oneself **137**
only **22**
open **95, 128**
opposite **88, 103**
or **146**
orange **21**
order **81, 145**; put in ~ **57**
organize **57**
organized **119**
other **27**
our **134**
outerspace **97**
outing **57**
outside **22**
oven **96**
over **84, 98**
overweight **28**

page **75**
paid: get ~ **101**
pain **143**
paint **53, 58**
painting **58, 116**
pair **37**
palace **103**
pants **24**
paper **144**
pardon **11, 68, 127**
parents **17, 143**
park **37, 59**
parking lot **19, 133**
participate **69**
particle **35**
partner **71**
party **43**
pass **85, 103, 135**
pass by **85, 94**
past **118**
path **80, 130**
pay **51**
pay attention to **20**
peace **66**
pen **104**
people **71, 134**

peppers **98**
perfect **56**
perhaps **34**
period **95**, **121**, **137**
person **16**, **70**
phone **5**, **31**
phone call **128**
phone line **47**
photo(graph) **76**
piano **25**
pick **8**, **137**
pick up **116**
picnic **57**
picture **58**, **76**
piece **40**, **71**
pig **48**
pin **24**
pink **26**
pizza **25**
place **42**, **122**, **129**
plane **81**
plant **61**
plants **61**
plastic **24**
plate **80**
play **115**, **124**
plaza **133**
please **58**, **67**, **116**, **131**
pleased **56**
pocket **37**
poetry **71**
point **137**
poison **67**
police **25**, **70**
police department **102**
police officer **82**
polite **132**
pollute **116**
polluted **129**
poor **97**, **101**
popular **125**
portion **136**
position **57**, **122**, **131**
possible **130**
possibly **34**, **130**
post **131**
potatoes **23**
pour **74**
pour out **59**
practice **4**
pray **51**
precise **52**
prepare **42**, **80**
present **132**, **140**
press **50**, **74**
pretty **36**
prevent **132**
price **66**
prince **15**
prison **65**
private **45**
prize **34**
probably **34**, **92**
problem **125**
produce **16**
product **131**
products **23**
profit **129**
promise **145**
proper **131**
proper for **114**
proposal **86**
protect **44**
provide **101**
pseudo-verb 20
public **71**, **88**, **89**
publish **136**
pull **70**
punish **55**, **83**
pupil **30**
pure **74**
purify **137**
purple **133**
push **62**
put **42**
put on **114**
putty **76**

queen **129**
question **63**
quick **66**
quickly **65**
quiet **139**, **140**; make ~ **66**
quite **21**, **35**

rabbit **10**
radiant **136**
radio **56**
radio station **121**
rain **126**
raise **28**, **58**, **88**
rank **57**, **122**
rather **115**
reach **144**
read **102**
ready **34**, **123**; make ~ **42**
real **43**
reality **43**
really **18**, **21**, **97**
reason **63**
receive **33**
reconcile **5**
record **64**
red **8**
refined **56**, **94**
refrigerator **30**
refuse **58**
region **131**
rely on **12**
remember **95**
remind **97**
remove **69**, **104**
rent **7**, **18**
repair **76**
repeat **109**
reply **58**
report **24**, **30**
require **120**
required **78**, **114**, **126**
rescue **16**
reserve **40**
respectable **120**
respected **120**
respond **58**
response **58**
responsibility **123**
rest **9**
restaurant **126**
restroom **44**
result **135**
retail **28**
return **57**
rice **58**
rich **93**
ride **59**
right **43**, **74**, **126**, **147**
right-hand **147**
ring **45**, **59**, **77**
rise **10**, **61**, **62**, **71**
river **138**
road **80**
roam **6**
rob **65**
rock
04
rock **75**, **140**
role **53**
room **17**
rope **40**

round **122**
route **80**
rubber **107**
rubber- **107**
rude **145**
rule **43, 100**
ruler **39, 124**
run **35**
run after **35**
rush **11**

sad **42, 62**
safe **14, 47**
safety **66**
sail **70, 84**
salt **129**
same **137**
sample **138**
sand **59**
sandwich **68**
satisfy **58**
Saturday **64**
Saudi Arabia **66**
save **16, 44, 64**
say **100**
say goodbye **144**
scare **49**
scene **125**
school **122**
schwa 21
science **88**
scissors **128**
score **120**
sea **21**
search **53**
seaside **69, 71**
season **97**
seasoning **25**
second **27**
section **96, 143**
see **69**
seem **72**
select **8, 137**
selection **8**
sell **20**
send **23**
sentence **36, 43**
September **64**
serve **46, 101**
set **42**
seven **64**
seventeen **64**
seventy **64**
several **109**
sex **36**
shade **78**
shadow **49, 78**
shake **4, 57**
shape **72**
share **68, 136**
sharp **39, 55**
she **141**
sheep **47**
shelf **58**
shine **116**
ship **66**
shirt **104**
shoes **35**
shoot **77**
shop **12, 121**
shopping **4, 12**
shopping bag **112**
shore **69, 71**
short **103**
should **114, 128**
should not **128**
shoulder **108**
shout **61**
show **86, 144**
shower **11, 51**
shut **104**
sick **29, 90, 91**
side **34, 36, 134**
sign **59, 88, 126**
signal **26, 70**
significance **128**
silence **66, 140**
silly **65, 92**
silver **97**
simple **22**
since **130**
sing **93**
single **83, 95, 142**
sink **44**
sir **10**
sister **8**
sit **103**
situation **39, 145**
six **64**
sixteen **64**
sixty **64**
size **128**
skill **133**
skin **22, 36**
skirt **37**
sky **67**
sleep **135, 138**; go to ~ **135**
sleep over **19**
slice **40, 71**
slow **23**
slow down **23, 140**
slowly: go ~ **140**
small **75**
smart **69**
smell **60, 72**
smile **1**
smoke **51**
smoking **28**
snow **30**
so **18, 86, 94**
so that **86**
soap **74**
soccer **111**
social **7**
socks **70**
sofa **110**
soft **80, 139**
some **73, 107**
somebody **40**
someday **122**
someone **40**
something **39**
sometime **122**
sometimes **8, 17**
son **2**
song **13**
soon **102**
sorry **11, 68, 127**
sort **138**
sound **76**
soup **73**
south **36**
space **97, 123**
speak **6, 100**
special **130**
speech **47, 110**
speed **65**
speed up **65**
spell **6**
spend **75, 103**
spend the night **19**
spice **25**
spill **108**
spoon **127**
sport **59**
spread **53, 136**
spread out **131**
spring **57**
square **122, 133**
stable **32**
stake **136**
stamp **46, 79**
stand **146**
stand up **146**
star **125, 135**

start **21**
state **39**
station **121**
stay **97, 103**
steal **65**
steam **21**
step **47**
step on **50**
stiff **34**
still **115**
stipulation **70**
stomach **23**
stone **40**
stop **48, 121, 146**
store **47, 121**
storm **83**
story **103**
stout **130**
strange **92**
street **69**
strike **77**
stroll **6**
strong **104**
structure **141**
student **30**
studies **51**
study **51**
studying **51**
stupid **65, 92**
subject **118, 132**
substance **46**
subway **119**
succeed **85, 135**
success **135**
successful **134**
sudden **128**
sugar **66**
suitable **114, 131**
sukuun 4
summer **76**
sun **73**
Sunday **40**
sunny **125**
supermarket **68**
supply **101**
support **123**
sure **119**
surprise **94**
sweet **124**
sweetie **40**
swim **84**
swimming pool **44**
sword **68**
symbol **59, 88**

taa marbuta 111
table **80**
table cloth **128**
tail **54**
take **8, 46**
take off **104**
take part **69**
tale **103**
talent **133**
talk **6**
talking **110**
tall **81**
taste **50**
taxi **27**
tea **70**
teach **51**
teacher **10, 121**
team **96**
tears **52**
telephone **31**
television **31**
tell **100**
temperature **41, 51**
ten **87**
tennis **31**
terrible **22**
terrific **59**
test **14, 95**
than **130**
thank you **72**
thanks **72**
that **14, 15, 52, 54**
the **13**
their **140**
them **140**
then **23**
there **141**
there is **99**
there is/are **99**
therefore **86, 94**
these **53**
these days **148**
they **140**
thick **28**
thief **41**
thin **58**
thing **20, 39**
think **97**
think about **97**
third **27**
thirteen **30**
thirty **30**
this **52, 54**
those **53**
thousand **14**
threat **31**
three **30**
throw **59**
throw away **59**
Thursday **48**
thus **109**
ticket **28**
tidy **119**
tidy up **57**
tie **57**
tight **78**
time **122, 145**
tin **76**
tire **84**
tired **29**
title **12, 90**
to **86, 113**
together **23, 68**
tomatoes **81**
tomorrow **24**
too **22, 110**
too much **108**
tool **9**
tooth **68**
top **12**
topic **132**
total **7**
touch **116**
toward **134**
town **122**
toy **115**
train **103**
tranquil **139**
transitive 46
trash **61**
travel **63**
tree **70**
trees **70**
trip **57, 66**
trouble **125**
trousers **24**
true **126**
trust **32, 143**
truth **43**
try **35, 39**
T-shirt **31**
Tuesday **30**
turn **53, 115**
turn down **145**
turn off **81**
turn on **72**
turned off **126**
TV **30**
twelve **6**
twenty **87**

two **6, 148**
type **108, 138**

uncle **45, 89**
under **28**
understand **98**
unit **143**
unit noun 23
university **34**
unmarried **83**
until **41, 113**
unwell **29, 90**
up **98**
upset **62**
upstairs **98**
us **134**
use **11**
useful **128**

vacation **7**
value **105**
vegetables **47**
very **18, 35, 46**
very much **18, 108**
via **19**
view **99**
village **102**
visit **61, 62**
visitor **61**
voice **76**
volume **76**

wait **11, 16**
waiter **33**
waiting **16**
waitress **33**
wake up **75**
walk **125**; go for a ~ **6**
wall **44**
want **84**
war **41**
wardrobe **53**
warm **50**
warm up **65**
warning **16**
wash **93**
waste **61, 78**
watch **5, 63**
water **118**
way **80**
we **8**
weak **78**
weaken **78**
wear **114**
weather **37**
website **133, 146**
wedding **95**
Wednesday **9**
week **10**
weekend **7, 146**
weigh **144**
weight **144**
welcome **17, 57**
well **25**
well **25, 111**
well-known **127**
west **92**
wet **119**
what **18**
wheel **84**
when **14, 116**
where **99**
which **14, 16**
while **116**
white **2**
whiteboard **64**
who **14, 133**
why **117**
widespread **131**
width **86**
wife **122**
wild **120**
will **139**
will not **124**
win **109**
wind **141**
window **70**
wine **135**
winter **70**
wire **67**
wise **83**
wish **6, 15**
with **19, 126**
without **131**
woman **64**
wonder **11, 85**
wonderful **59**
won't **124**
word **110**
work **12, 71**
work **71**
worked up **16**
world **83**
worry **104**
worse **17**
worst **17**
wound **35, 90**
write **108**
written **5**
wrong **93**
yard **44**
year **68**
yell **61**
yellow **12**; turn ~ **12**
yes **18**
yesterday **14**
yet **115**
you **15, 16, 106, 111, 112**
young **75**
your **106, 111, 112**
zero **75**

Phonemic Transcription Index

3abr **84**
3āda **83**
3ádad **85**
3add **85**
3ádda **85**
3ādil **83**
3adúww **85**
3aḍm **87**
3afš **87**
3ágab **84**
3ágala **84**
3ággiz **84**
3agība **85**
3agūz **84**
3aks **88**
3ála **88**
3ālam **83**
3álam **88**
3alāma **88**
3álani **88**
3āli **83**
3álla **88**
3álla? **88**
3állim **88**
3ām **84**
3ámal **89**
3āmm **84**
3amm **89**
3ámma **89**
3ammítu **89**
3an **89**
3and **90**
3āqib **83**
3árabi **85**
3arabíyya **85**
3áraḍ **85**
3arḍ **86**
3āríḍit ?azyā? **83**
3árraf **86**
3arūsa **86**
3āš **83**
3áša **86**
3ašān **86**
3ášara **87**
3aṣfūr **87**
3āṣífa **83**
3aṣīr **87**
3aṣr **87**
3áṣri **87**
3áwwar **90**
3āyiz **84**
3áyyal **90**
3ayyān **90**
3áyyaṭ **90**
3ázam **86**
3āzib **83**
3ázzil **86**
3a?d **87**
3ā?il **83**
3ā?íli **83**
3a?l **87**
3ēla **91**
3ēn **91**
3ēš **90**
3īd **90**
3ílba **88**
3ilm **88**
3inwān **90**
3írif **86**
3išrīn **87**
3íyi **91**
3uḍw **87**
3úmla fáḍḍa **89**
3umr **89**
3umūmi **89**
3u?d **87**

-ak **106**

bā3 **20**
bá3at **23**
ba3d **23**
ba3dēn **23**
ba3ḍ **23**
bāb **19**
bāba **19**
báda? **21**
bádri **21**
baḫr **21**
bálad **24**
balakōna **24**
bállaɣ **24**
bálṭu **20**
bālu **20**
balūna **20**
bána **25**
bank **25**
banṭalōn **24**
banzīn **24**
bard **21**
bárḍu **22**
bārid **19**
barkíng **19**
bárra **22**
bárrad **22**
bās **19**
basīṭ **22**
baskawīt **22**
baskūt **22**
bass **22**
bášra **22**
bāṣ **20**
baṣṣ 3ála **22**
bāt **19**
baṭāṭis **23**
baṭī? **23**
baṭn **23**
baṭṭ **23**
báṭṭa? **23**
bawwāba **25**
bāyin **20**
báyyin **26**
bá?a **24**
bá?ar **24**
bēbi **25**
bēḍ **25**
bēn **25**
bēt **25**
bi- **19**
bi-balāš **20**
bi3īd **23**
bidāya **21**
bi-gádd **21**
biḍā3a **23**
bilástik **24**
bilūza **24**
bínsa **24**
bint **24**
bīr **25**
bīra **25**
biriṭanyā **22**
bíši3 **22**
bitā3 **20**
biyānu **25**
bíznis **25**
bi-ẓẓábṭ **20**
buhār **25**
búkra **24**
bulīs **25**
búnni **25**
burnēṭa **22**
burtu?ān **21**

buxār **21**
buʔʔ **24**

da(h) **52**
dá3a **51**
dáfa3 **51**
dāfi **50**
dáhab **53**
dáhan **53**
dákar **52**
dalīl **52**
dám3a **52**
damm **52**
dámmar **52**
daqīq **52**
dār **50**
dáraga **51**
dáras **51**
dárris **51**
dars **51**
dās 3ála **50**
dáwa **53**
dáwša **53**
dáwwar **53**
dáxal **51**
dáxxan **51**
dáyman **50**
dáyra **50**
dāʔ **50**
daʔn **52**
daʔʔ **51**
dēl **54**
di **54**
dibb **50**
dibbān **50**
dihn **53**
dilwáʔti **52**
dimāɣ **52**
dirā3 **51**
dirāsa **51**
disímbir **54**
disk **54**
diʔīʔ **52**
diʔīʔa **52**
dōl **53**
dōr **53**
duf3a **51**
duktūr **52**
dulāb **53**
dulār **53**
dúra **51**
dušš **51**
duxxān **51**

ḍā3if **77**
ḍa3īf **78**
ḍahr **78**
ḍáḥḥak **77**
ḍállil **78**
ḍálma **78**
ḍárab **77**
ḍárba **77**
ḍarūra **77**
ḍarūri **78**
ḍaxm **77**
ḍáyya3 **78**
ḍáyyaʔ **78**
ḍēf **78**
ḍi3if **78**
ḍíḥik **77**
ḍill **78**
ḍuhr **78**

-ēn **148**

fa **94**
faḍāʔ **97**
fáḍḍa **97**
fāḍi **95**
fāgiʔ **94**
faḥṣ **95**
fákha **95**
fākir **95**
fákkar **97**
fann **98**
far3 **96**
fáraḥ **95**
faránsa **96**
fárdi **95**
farīʔ **96**
farš **95**
fárxa **95**
fášal **96**
fāṣil **94**
faṣl **96**
faṣúlya **94**
fāt **94**
fátaḥ **95**
fátra **95**
fāxir **94**
fayaḍān **98**
faʔīr **97**
fēn **99**
fi **98**
fī(h) **99**
fi3lan **97**
fibrāyir **95**
fíḍil **97**
fíhim **98**
fíkra **98**
fīl **98**
filfil **98**
film **98**
filūs **98**
fingān **98**
firāx **95**
fiṭār **97**
fiṭir **97**
fōʔ **98**
fúnduʔ **98**
furn **96**
fúrša **96**
fúrṣa **96**
fúsḥa **96**
fustān **96**
gā3 **33**
ga3ān **36**
gāb **33**
gábal **34**
gábar **34**
gāff **33**
gāhiz **34**
gám3a **34**
gamb **36**
gāmi3 **34**
gāmid **34**
gamīl **36**
gámma3 **36**
gámmid **36**
gānib **34**
gánna **36**
ganūb **36**
gār **33**
gáras **35**
garḥ **35**
garīʔ **35**
gárrab **35**
garsōn **33**
garsōna **33**
gatō **33**
gawāb **37**
gawāz **37**
gaww **37**
gāyiz **34**
gayy **34**
gáyza **34**
gázar **35**
gázma **35**
gēb **37**
gēš **38**
gíbna **34**
gidd **34**
gíddan **35**
gíddu **35**
gidīd **35**
gih **37**
gild **36**

itɣáyyar **5**
ithágga **6**
itħákkim **4**
itħárrak **4**
itkállim **6**
itkássar **6**
itkátab **5**
itmánna **6**
itmárran **6**
itmášša **6**
itnáffis **6**
itnāšar **6**
itnēn **6**
itrá3aš **4**
itsállaq **4**
itsáwwaʔ **4**
itšākil **4**
itṣāliħ **5**
itṣárraf **5**
ittába3 **3**
ittálat **30**
ittáṣal **5**
ittigāh **3**
itṭáwwar **5**
itwálad **7**
itwáqqa3 **7**
itxāniʔ **4**
itxárrag **4**
itʔáddib **3**
itʔátal **5**
itʔáxxar **2**
ixtār **8**
ixtára3 **8**
ixtiyār **8**

kāb **106**
kabb **108**
kafē **107**
káffa **109**
kafīf **109**
kahrába **111**
kal **109**
kalām **110**
kalb **110**
kállif **110**
kam **107**
kamān **110**
kāmil **107**
kāmira **107**
kámmil **110**
kān **107**
kánaba **110**
karavátta **109**
kárrar **109**
kart **106**
kās **106**
kásar **109**
kaskíta **107**
kaslān **109**
kátab **108**
káwa **111**
kawítš **107**
káza **109**
kēk **112**
kēka **112**
-ki **112**
kibīr **108**
kíbir **108**
kída **109**
kídb **108**
kílma **110**
kimmíyya **110**
kinīsa **111**
kírih **109**
kīs **112**
kísib **109**
kitāb **108**
kitf **108**
kitīr **108**
kízb **109**
kízib **109**
kōra **111**
-ku **111**
kubbāya **111**
kúbri **111**
kull **110**
kumbyūtar **110**
kurh **109**
kúrsi **109**
kutr **108**
kuwáyyis **111**

lában **114**
laff **115**
láħma **115**
lākin **115**
láma3 **116**
lámas **116**
lámba **116**
lamm **116**
lámma **116**
láqab **115**
laṭīf **115**
law **116**
la... wála... **114**
law samáħt **116**
láwwin **117**
láwwis **116**
lāyiʔ 3ála **114**
lāzim **114**
lazīz **115**
laʔ **113**
láʔa **115**
láʔaṭ **115**
la-ʔínn **113**
lē **117**
lēl **117**
lēla **117**
li- **113**
lī(h) **117**
lí3ba **115**
lí3ib **115**
líbis **114**
libs **114**
líħya **115**
líssa **115**
lísta **117**
li-wáħdu **116**
lōħa **116**
lōn **117**
lúɣa **115**
lúʔma **115**

ma 3áda **118**
má3a **126**
ma3ād **127**
ma-3alíšš **127**
ma3láʔa **127**
ma3lūma **127**
má3mal **127**
má3na **128**
ma3rūf **127**
ma3zūm **127**
mablūl **119**
mábna **119**
mabsūṭ **119**
madām **121**
mádda **118**
madīna **122**
madrása **122**
mádxal **121**
máḍa **126**
māḍi **118**
máfraš **128**
mafrūḍ **128**
maftūħ **128**
maggāni **120**
magmū3 **120**
magmū3a **120**
magnūn **120**
maħáll **121**
maħáṭṭa **121**
makān **129**
mákana **129**
máksab **129**
máktab **129**
maktába **129**
mála **129**

malħ **129**
málik **129**
málika **129**
malyān **130**
māma **118**
mamárr **130**
mamnū3 **130**
mána3 **132**
manaxīr **131**
mánșib **131**
manțíʔa **131**
maqbára **128**
márkaz **122**
markázi **123**
márkib **122**
márra **122**
martába **122**
másaħ **124**
másalan **120**
masraħíyya **124**
mássil **120**
mastára **124**
masʔulíyya **123**
ma-...-š **125**
mašā3ir **125**
mašɣūl **125**
máshad **125**
mashūr **125**
māši **118**
mašrūb **125**
máșna3 **126**
mașr **125**
máșri **126**
māt **118**
máthaf **119**
máț3am **126**
máțara **126**
máțbax **126**
máțfi **126**
mațlūb **126**
máțțar **126**
mawḍū3 **132**
mawgūd **132**
mawhíba **133**
máwqi3 ʔiliktrūni **133**
máwʔaf **133**
māyu **119**
máyya **118**
máyyit **133**
mazrá3a **123**
maẓbūț **126**
máẓhar **126**
maʔās **128**
maʔáșș **128**
mí3za **127**
midān **133**
midáwwar **122**
miɣáyyim **128**
miħtāg **120**
mikassarāt **129**
miláwwin **129**
milyōn **130**
min **130**
mīn **133**
min fáḍlak **131**
min ɣēr **131**
mirábba **122**
mirāt **122**
misāħa **123**
misákkar **124**
mísik **124**
miš **124**
míši **125**
mit3ādil **119**
mit3állaʔ **120**
mit3áșșab **120**
mitrátib **119**
mítru **119**
mitwássax **120**
mitʔákkid **119**
mitʔáxxar **119**
míyya **133**
mōdirn **132**
mōv **133**
mōz **132**
mu3tádil **127**
mú3ẓam **127**
mubarā **119**
mubāyl **132**
mudárris **121**
mudarrísa **121**
múdda **121**
mufáḍḍal **128**
mufāgiʔ **128**
mufīd **128**
muftāħ **128**
mugárrad **120**
muhímm **132**
múhmil **132**
muhtámm **132**
muħīț **121**
muħtáram **120**
mukálma **128**
muláwwis **129**
mumássil **130**
mumáyyaz **130**
mumíll **130**
múmkin **130**
munásba **131**
munāsib **131**
múntag **131**
muntášir **131**
murábba3 **122**
murīħ **123**
musá3da **123**
musáddas **124**
musálli **124**
musáțțaħ **124**
musīqa **132**
musmār **124**
musta3ídd **123**
mustáhtir **123**
mustánad **123**
mustášfa **123**
mustáʔbal **123**
mušáwwiq **125**
muškíla **125**
múšmis **125**
mutaħámmis **119**
mutasāwi **119**
mutawáħħiš **120**
muwáẓẓaf **132**
muxtálif **121**
muzdáwig **123**
muʔábla **128**
muʔáddab **132**

-na **134**
nādi **134**
náḍḍaf **136**
naḍḍāra **136**
náḍir **136**
náfax **136**
náffaḍ **137**
nafs il- **137**
náfsu **137**
nagāħ **135**
nāgiħ **134**
nahār **138**
nahr **138**
náħya **134**
nāl **134**
nām **135**
naml **137**
námma **138**
namūzag **138**
náqqa **137**
nār **134**
nās **134**
nášar **136**
našāț **136**
nașīț **136**
nașīb **136**
natīga **135**
națț **136**
náwwar **138**
názaf **135**

názzil **135**
náʔal **137**
náʔʔa **137**
-ni **138**
nibīt **135**
niḑīf **136**
nígiɦ **135**
nigm **135**
nígma **135**
nihāya **138**
niɦās **135**
niqāš **137**
nísi **135**
nitāya **135**
nízil **135**
nō3 **138**
nōm **138**
núkta **137**
nūr **138**
nuşş **136**
nuvámbir **138**
núʔţa **137**

pīdza **25**
pīnk **26**

qā3a **100**
qá3da **100**
qād **100**
qāhíra **101**
qamūs **100**
qanūn **100**
qarār **102**
qārin **100**
qarn **102**
qārra **100**
qárrar **102**
qárya **102**
qáwi **104**
qáyma **101**
qíşşa **103**
qúdra **101**

rá3a **58**
rábaţ **57**
rabb **56**
rabī3 **57**
radd **58**
rádyu **56**
ráḑa **58**
rāḑi **56**
ráfa3 **58**
ráfad **58**
ráfaḑ **58**
raff **58**
ragg **57**
rāgil **56**
raɣmə ʔinn **58**
rahīb **59**
rāɦ **56**
ráɦɦab **57**
rákan **59**
ráma **59**
rámla **59**
ramz **59**
rann **59**
ráqam **59**
rāqi **56**
rās **56**
rásam **58**
rásma **58**
ráttib **57**
ráwwaɦ **59**
ráʔaba **59**
ráʔaş **59**
rāʔi3 **56**
ráʔşa **59**
rígi3 **57**
rigl **57**
rīɦa **60**
ríɦla **57**
ríkib **59**
risāla **58**
rīš **60**
rixīş **57**
riyāḑa **59**
rufáyya3 **58**
rugū3 **57**
rúkba **59**
rukn **59**
rumādi **59**
rútba **57**
ruzz **58**

sā3a **63**
sa3āda **66**
sā3id **63**
sāb **63**
sáb3a **64**
sab3īn **64**
saba3tāšar **64**
sábab **63**
sábbib **64**
sábbit **32**
sabbūra **64**
sābit **32**
sábt **64**
sádda? **75**
safaríyya **66**
safīna **66**
sāfir **63**
sággil **64**
sahl **68**
sahm **68**
saɦāba **65**
sákkit **66**
salām **66**
salāma **66**
sálla **67**
sállif **67**
sáma **67**
sámaɦ **67**
sámak **67**
sāmiɦ **63**
sána **68**
sandawítš **68**
sandūʔ **76**
sáraʔ **65**
sarī3 **66**
sárra3 **65**
sárraɦ **65**
sáwa **68**
saxīf **65**
sáxxan **65**
sáyţar 3ála **68**
sáyyid **68**
sāʔ **63**
sáʔ3a **66**
saʔ3ān **66**
sáʔal **63**
sēf **68**
si3r **66**
sibtímbir **64**
sign **65**
siɦr **65**
sikkīna **66**
silk **67**
síllim **67**
sími3 **67**
simm **67**
sínima **68**
sinn **68**
sínna **68**
síqa **32**
sirīr **66**
sitt **64**
sítta **64**
sittāšar **64**
sittīn **64**
síʔiţ **66**
sōri **68**
su3udíyya **66**
súkkar **66**
sulţaníyya **67**
sūpir márkit **68**
súr3a **65**
suxn **65**
sūʔ **68**

suʔāl **63**

ša3b **71**
ša3r **71**
šábaka **70**
šadd **70**
šāf **69**
šágar **70**
šaɣɣāl **71**
šáɣɣal **72**
šahr **73**
šákkil **72**
šakl **72**
šakūš **69**
šāl **69**
šám3a **73**
šamāl **72**
šamm **72**
šams **73**
šánṭa **73**
šarāb **70**
šáraḫ **70**
šáraʔ **71**
šāri3 **69**
šarīḫa **71**
šārik **69**
šarṭ **70**
šarʔ **71**
šāṭir **69**
šāṭiʔ **69**
šaṭṭ **71**
šaxṣ **70**
šāy **70**
šáʔaṭ **72**
šáʔʔa **72**
šēf **73**
ši3r **71**
šibbāk **70**
šíffa **72**
šimāl **73**
širā3 **70**
šírib **70**
širīk **71**
šírka **71**
šíta **70**
šōka **73**
šugā3 **70**
šuɣl **71**
šuɣlāna **72**
šúkran **72**
šukulāta **72**
šúrba **73**
šúrṭa **70**
šuwáyya **73**

ṣa3b **75**
ṣabb **74**
ṣábi **74**
ṣabūn **74**
ṣáfḫa **75**
ṣāfi **74**
ṣafīḫa **76**
ṣaḫāfa **74**
ṣáḫba **74**
ṣaḫḫ **74**
ṣáḫḫa **75**
ṣáḫḫaḫ **75**
ṣāḫib **74**
ṣállaḫ **76**
ṣáraf **75**
ṣáwwar **76**
ṣáxra **75**
ṣēf **76**
ṣifr **75**
ṣíḫḫa **75**
ṣíḫḫi **75**
ṣíḫi **75**
ṣilṣāl **76**
ṣōt **76**
ṣubā3 **74**
ṣubḫ **74**
ṣuɣáyyar **75**
ṣūra **76**
ta3āla **29**
ta3bān **29**
tá3lab **29**
ta3līm **29**
tadxīn **28**
tagríba **28**
tahdīd **31**
taḫt **28**
taklífa **30**
táksi **27**
talāga **30**
talāta **30**
talatīn **30**
talattāšar **30**
talg **30**
tālit **27**
tall **30**
tamām **31**
tamanīn **31**
tamantāšar **31**
tamánya **31**
tamrīn **31**
tāni **27**
tarīx **27**
tarʔíyya **28**
taškīla **29**
tazkára **28**
taʔāṭu3 **29**
taʔrīban **29**
taʔrīr **30**
taʔsīr **27**
tēta **31**
tí3ib **29**
tilifizyōn **30**
tilifōn **31**
tilmīz **30**
tínis **31**
tís3a **28**
tis3īn **29**
tisa3tāšar **29**
tislíyya **29**
tī-širt **31**
tixīn **28**
tiʔīl **30**
tuffāḫ **29**
tugāri **28**
turāb **28**
túrba **28**

ṭab3 **80**
ṭabanga **80**
ṭábax **80**
ṭábaʔ **80**
ṭabbāx **79**
ṭábbax **80**
ṭábbaʔ **80**
ṭābi3 **79**
ṭabī3a **80**
ṭáfa **81**
ṭálab **81**
ṭalabíyya **81**
ṭamāṭim **81**
ṭār **79**
ṭarabēza **80**
ṭárad **80**
ṭáraḫ **80**
ṭarf **80**
ṭári **80**
ṭarīʔ **80**
ṭarīʔa **80**
ṭawīl **81**
ṭayyāra **81**
ṭáyyib **81**
ṭāza **79**
ṭaʔíyya **79**
ṭibb **79**
ṭíli3 **81**
ṭūl **81**

-u **139**

viyū **99**

wá3ad **145**

wa3d **145**
wádda3 **144**
waḑ3 **145**
wāḑiḩ **143**
wāfiʔ **143**
wága3 **143**
wágba **143**
wágha **142**
wāgib **142**
wa-ha-káza **146**
wáḩaš **143**
wāḩid **142**
waḩīd **144**
wála **146**
wálad **146**
wālid **143**
wálla **146**
wálla3 **146**
wáqiḩ **145**
wára **144**
wáraʔ **144**
ward **144**
wárra **144**
wásaq fi **143**
wáşal **144**
wáşşa **145**
wáţan **145**
wāţi **143**
wáţţa **145**
wázan **144**
wazn **144**
waẓīfa **145**
waʔt **145**
wáʔʔa3 **145**
wáʔʔaf **146**
wi **142**
wib-sáyt **146**
widn **144**
wíḩda **143**
wíḩiš **143**
wīk-ʔind **146**
wilāda **146**
wísix **144**
wisţ **144**
wišš **144**
wíşil **144**
wíʔi3 **145**
wíʔif **146**

xábar **46**
xábaţ **46**
xábba **46**
xábbaţ **46**
xad **46**
xáda3 **46**
xádam **46**
xadd **46**
xāf min **45**
xafīf **48**
xāl **45**
xāla **45**
xāliş **46**
xálla **48**
xállaş **48**
xáltu **45**
xāma **46**
xamastāšar **48**
xamīs **48**
xámsa **48**
xamsīn **48**
xanzīr **48**
xárag **47**
xarīf **47**
xarīţa **47**
xarūf **47**
xāşş **45**
xátam **46**
xātim **45**
xáţar **47**
xáţaʔ **47**
xaţīb **48**
xaţība **48**
xaţţ **47**
xáţwa **47**
xáwwif **49**
xayāl **49**
xāyif **46**
xázna **47**
xázzin **47**
xíliş **48**
xināʔa **48**
xísir **47**
xiţāb **47**
xōf **48**
xuḑār **47**

yanāyir **148**
yīgi **148**
yimīn **147**
yímkin **147**
yōm **148**
yúlyu **148**
yúnyu **148**

zá33aʔ **61**
za3lān **62**
zād **61**
záhhaʔ **62**
záki **55**
zākíra **55**
zamān **62**
zánnib **55**
zār **61**
zar3 **61**
zára3 **61**
záwgi **62**
zāyir **61**
zayy **62**
zaʔʔ **62**
zēt **62**
zí3il **62**
zibāla **61**
zíbda **61**
zíhiʔ **62**
ziyāda **62**
ziyāra **62**
zurār **61**

žákit **33**
žība **37**
žim **38**
žīnz **38**

ẓābiţ šúrţa **82**
ẓarīf **82**

ʔá3ad **103**
ʔá3ma **12**
ʔa3r **103**
ʔábadan **2**
ʔábaḑ **101**
ʔabb **1**
ʔābil **100**
ʔabl **101**
ʔábyaḑ **2**
ʔadā **9**
ʔadd **101**
ʔáddim **101**
ʔadīm **102**
ʔáḑḑa **103**
ʔáfal **104**
ʔáfaš **104**
ʔáfḑal **13**
ʔagāza **7**
ʔággar **7**
ʔagnábi **7**
ʔaɣúsţus **13**
ʔáhbal **17**
ʔahl **17**
ʔáhlan **17**
ʔáhwa **104**
ʔáḩmar **8**
ʔáḩsan **7**
ʔaḩyānan **8**
ʔákal **13**
ʔákkil **13**
ʔakl **13**
ʔáktar **13**

ʔāl 100
ʔála3 104
ʔálam 104
ʔálaʔ 104
ʔalb 104
ʔalf 14
ʔállil 104
ʔalmāni 14
ʔámal 15
ʔamān 14
ʔámar 104
ʔāmin 15
ʔamīr 15
ʔamīṣ 104
ʔamrīka 14
ʔamrikāni 15
ʔána 15
ʔánhi 16
ʔānísa 16
ʔánqaz 16
ʔántag 16
ʔára 102
ʔárba3 9
ʔarbá3a 9
ʔarba3īn 9
ʔarba3tāšar 9
ʔarḍ 10
ʔarīb 102
ʔárnab 10
ʔās 100
ʔásad 11
ʔasāsi 10
ʔāsif 11
ʔássim 102
ʔastīka 11
ʔáštar 12
ʔáṣad 103
ʔáṣfar 12
ʔaṣr 103
ʔaṣṣ 102
ʔátal 101
ʔáṭa3 103
ʔaṭr 103
ʔáṭṭa3 103
ʔáwḫaš 17
ʔáwi 18
ʔáwwal 18
ʔawwalāni 18
ʔáwwil 18
ʔawʔāt 17
ʔáxad 8
ʔáxḍar 9
ʔāxir 8
ʔaxīr 9
ʔaxīran 9
ʔaxx 8
ʔáywa 18
ʔayy 18
ʔázraʔ 10
ʔaʔáll 13
ʔē(h) 18
ʔíbil 101
ʔibn 2
ʔíbra 2
ʔibrīl 2
ʔīd 18
ʔídir 101
ʔifl 104
ʔigāba 7
ʔigār 18
ʔigmāli 7
ʔíḫna 8
ʔīma 105
ʔimbāriḫ 14
ʔī-mēl 18
ʔímta 14
ʔingilīzi 16
ʔinn 15
ʔinsān 16
ʔínta 15
ʔínti 16
ʔíntirnat 16
ʔíntu 16
ʔinzār 16
ʔird 102
ʔism 12
ʔismə šúrṭa 102
ʔíswid 12
ʔitnēn 6
ʔiṭāli 18
ʔiṭálya 18
ʔiyās 105
ʔíza 9
ʔizāza 10
ʔizzāy 10
ʔōḍa 17
ʔuddām 101
ʔuɣníyya 13
ʔuktōbir 13
ʔumníyya 15
ʔuráyyib 102
ʔurúbba 17
ʔusbū3 10
ʔustāz 10
ʔuṣād 103
ʔuṣáyyar 103
ʔutubīs 7
ʔúṭṭa 103
ʔuxt 8

www.ingramcontent.com/pod-product-compliance
Lightning Source LLC
Chambersburg PA
CBHW070142080526
44586CB00015B/1800
* 9 7 8 1 9 4 9 6 5 0 6 9 3 *